管理学精品学术著作丛书

中国农户创业研究
A Study of Chinese Farmers Entrepreneurship

张应良 著

科学出版社
北 京

内容简介

本书从理论与实证角度出发，立足中国农业农村经济发展的现实背景，运用相关理论系统研究农户创业。在界定"农户创业"概念基础上，利用采集的农户创业数据，进行不同区域不同农户基于不同产业创业的比较研究，阐释内在条件与外部约束作用下农户创业的发生机理。研究农户创业对地区经济发展的传导，阐释农户创业对改造传统农业、发展非农产业、推进农村城镇化与工业化的促进作用。研究农户创业激励，激发农户主动参与创业。研究农户创业的公共支撑体系的建立，保障农户创业行为的持续。比较分析农户个体创业和群体创业，阐释创业农户合作的缘由及合作的利益分割。遵循农户创业活动的内在规律，研究创业路径，选择创业模式。最后提出促进中国农户创业的制度创新框架和政策建议。

本书既可以为从事农业经济学和创业管理学研究的学者提供研究参考，也可以为各级政府决策部门提供决策依据。

图书在版编目（CIP）数据

中国农户创业研究 / 张应良著. —北京：科学出版社，2016.12
（管理学精品学术著作丛书）
ISBN 978-7-03-050002-1

Ⅰ. ①中… Ⅱ. ①张… Ⅲ. ①农户–创业–研究–中国 Ⅳ. ①F325.15

中国版本图书馆 CIP 数据核字（2016）第 230603 号

责任编辑：马　跃 / 责任校对：邹慧卿
责任印制：霍　兵 / 封面设计：无极书装

科学出版社 出版
北京东黄城根北街 16 号
邮政编码：100717
http://www.sciencep.com

北京通州皇家印刷厂　印刷
科学出版社发行　各地新华书店经销

*

2016 年 12 月第　一　版　开本：720×1000 1/16
2016 年 12 月第一次印刷　印张：16 3/4
字数：338 000

定价：106.00 元
（如有印装质量问题，我社负责调换）

国家社会科学基金年度规划重点项目（10AGL007）
全国教育科学规划教育部重点项目（DFA100209）
重庆市人文社会科学研究基地重点项目（13SKB002）　　　资助
西南大学创新团队项目（SWU1509101）
西南大学学科建设专项经费

作者简介

张应良，男，1970年出生于重庆市潼南区。1993年获得学士学位，2001年获得硕士学位，2007年获得博士学位。西南大学经济管理学院教授、博士研究生导师，重庆市重点人文社会科学研究基地-西南大学农村经济与管理研究中心主任。国家社科基金重大项目首席专家，重庆市第二批高等学校优秀人才资助计划获得者、教育部人文社会科学研究项目评审专家、教育部科技发展中心中国科技论文在线通讯评审专家、重庆市科技咨询专家、重庆市第一届社会科学入库专家组管理学科组成员。长期致力于农业农村经济发展与管理中的重大问题研究，比较稳定地聚焦于农业经济理论与政策、农村经济组织与制度、政府管理与公共政策，以及城乡统筹与协调发展等领域。主持国家社科基金重大项目、国家社科基金重点项目、国家社科基金一般项目、国家软科学研究计划、教育部人文社科基金等30余项，公开发表学术论文60余篇，出版学术专著2部，获得科研成果奖励4项。

国家社会科学基金年度规划重点项目
"新农村建设背景下中国农户创业理论与实证研究"

团队成员

课题主持人：

张应良（西南大学经济管理学院　教授　博士生导师）

课题主研人员：

高　静（西南大学经济管理学院　副教授　硕士生导师）
刘新智（西南大学经济管理学院　副教授　硕士生导师）
刘自敏（西南大学经济管理学院　副教授　硕士生导师）
李国珍（西南大学经济管理学院　讲师）
李玉胜（西南大学经济管理学院　讲师）
祝志勇（西南大学经济管理学院　教授　博士生导师）
欧文福（西南大学经济管理学院　教授　硕士生导师）
杨　芳（西南大学经济管理学院　博士研究生）

前　言

读柳青的《创业史》，笔者不禁感叹中国劳动人民的坚韧意志、对党的忠诚和对美好事业的执著追求。两代人的创业故事恰是中国农民创业的真实写照。从父亲个人创业的失败中汲取教训的儿子梁三宝，选择了互助组的创业形式，在党的引领和个人的执著追求下，梁三宝的互助组取得了成功，还成立了当地第一个农民合作社——灯塔社。追随历史的脉络，梳理改革开放以来中国农户创业的历史，可以将其划分为四个时期。

萌发期：1978～1982年。

这一时期，家庭分户经营制度的制度红利充分释放，迅速地激发生产力，农业占GDP比重迅速上升，但农业的就业比重却缓慢下降，这充分说明劳动生产率较大幅度提升。从全国情况来看，1982年的三次产业的产值结构为33.4%、44.8%和21.8%，就业结构为68.1%、18.4%和13.5%。同时反映出这一时期农民创业特点：创业资源贫乏，大多白手起家、自寻创业门路、自筹创业资金，从而创业规模不大；创业领域主要集中在轻工、建材、纺织、服装，以及围绕农产品的加工、包装、储运等低技术含量、低档次产业。并且表现出创业方式选择的随机，缺乏计划和创业目的的不明确。

摸索期：1983～1991年。

随着经济体制改革的深入，制度创新动力趋缓，纯农增收机制受限，农村剩余劳动力非农转移、农民创新创业活动加速。20世纪80年代中期，农业专业户在一些经济比较发达的地区出现。这一个阶段，农民创业的主要特点表现为乡镇企业的异军突起，一时占了国民经济的"半边天"。1983年为134.6万家，1984年为606.5万家，1985年为1 222.5万家，乡镇企业数连年上涨，既带动了当地农民创业，更推动了地方经济的发展。而作为推动乡镇企业迅猛发展的农民，创业热情日渐强烈与高涨。

转型期：1992～2002年。

伴随20世纪80年代末、90年代初的体制整顿和调整，乡镇企业总数量始终保持1 900万家左右。特别是1992年后乡镇企业发展陷入徘徊增长、滞缓发展的状态，经济社会发展面临转型。1992年国家正式提出了建立社会主义市场经济体制，到 2002 年初步建成。这十年是中国经济体制改革的关键十年，也是中国经济发展转型的关键十年。与之相适应的是农民创业也面临转型。跳出乡镇企业单一创业就业的领域，向就业多元化、分配多样化转变，就业向农村流通服务领域拓展，收入向域外非农产业领域拓展。

再创业期：2002 年至今。

进入 21 世纪，"三农"问题更加凸显，城乡差距更加明显，统筹城乡实现一体化发展成了解决"三农"问题的思想共识。在这个特定的历史背景下，城乡二元格局的制度安排开始松动，导致城乡分离的制度壁垒开始弱化。以县域、镇域或村域为单位的区域经济迅速发展，城镇化进程加快，农民创业环境逐步优化，政府的政策支持与扶持作用显化，中国农民进入再创业时期。统计显示，农村私营经济与个体经济占全国比重由 20 世纪 90 年代的七成缓缓下滑到五成，近年来甚至下降至三成到四成。这与 20 世纪 90 年代以来的中国经济转型深化、体制改革日渐深入、市场体系日渐完善、城乡要素流动加速，从而推动农民"二次创业"密切相关。新一轮"创业潮"的兴起，形成了推进城乡发展一体化的新生力量，创业型经济也逐渐成为推动农村经济发展的新生动力。

梳理创业实践的发展脉络，历经多年的蓬勃发展，创业致富的意识已经深深根植于广大农民心田。因此，研究农民创业问题，挖掘农民创新实践，探寻农民创新创业活动的内在规律，构建农民创业的友好型政策环境支撑体系，对引导农民创业、搭建农民创业平台、孵化农民创业具有重要意义。

《中国农户创业研究》课题组
2016 年 6 月

目　　录

第一章　文献学术史梳理 ………………………………………………… 1
　一、农户创业概念 ………………………………………………………… 1
　二、农户创业现状 ………………………………………………………… 4
　三、农户创业过程 ………………………………………………………… 5
　四、研究评述 …………………………………………………………… 12

第二章　农户创业：一个研究范式 ……………………………………… 14
　一、研究视角：农户创业研究的基本问题 …………………………… 15
　二、研究基点：农户创业研究的概念框架 …………………………… 18
　三、研究框架：农户创业研究的主要内容 …………………………… 24
　四、研究手段：农户创业研究的工具系统 …………………………… 27
　五、新农村建设背景下中国农户创业研究的一个框架 ……………… 30

第三章　农户创业发生机理 ……………………………………………… 37
　一、关于创业发生的理论基础 ………………………………………… 38
　二、农户创业行为的特殊性 …………………………………………… 47
　三、农户创业发生的个案研究 ………………………………………… 54
　四、农户创业发生的机理分析 ………………………………………… 60

第四章　农户创业活动的多重功效及传导机理 ………………………… 63
　一、农户创业传导的理论分析 ………………………………………… 64
　二、农户创业活动的多重功效：个案分析 …………………………… 68
　三、农户创业活动的传导机理 ………………………………………… 74
　四、农户创业活动与县域经济发展的关联实证 ……………………… 80
　五、促进农户广泛参与创业的机制建设 ……………………………… 84

第五章　农户创业参与激励及创业持续的条件设立 …………………… 90
　一、影响农户创业参与的三维动因阐释 ……………………………… 90
　二、三维动因激励农户创业参与机理 ………………………………… 94
　三、三维动因对农户创业参与的实证研究 ………………………… 100
　四、保障农户创业持续的条件设立 ………………………………… 107

第六章 农户创业主体合作 ·············· 121
一、农户创业主体的合作基础及冲突 ·············· 121
二、农户创业合作类型 ·············· 122
三、农户创业合作偏好 ·············· 126
四、农户创业合作模式 ·············· 130
五、农户创业合作实现的运行条件 ·············· 136

第七章 农户创业模式选择及路径依赖 ·············· 149
一、创业主体、环境、社会网络影响农户创业行为的机理 ·············· 149
二、约束条件下农户创业行为选择 ·············· 156
三、多维因素下农户创业参与的典型模式 ·············· 171
四、农户创业的路径依赖 ·············· 180
五、农户创业的模式选择 ·············· 184

第八章 农户创业典型个案及地方政府创业支持 ·············· 187
一、农户创业典型个案 ·············· 187
二、农户创业环境分析 ·············· 198
三、创业成功与创业失败的对比分析 ·············· 204
四、地方政府对农户的创业支持 ·············· 206

第九章 推进农户创业的制度框架及政策取向 ·············· 214
一、农户创业制度创新方向与制度框架 ·············· 214
二、改善创业环境的主要维度 ·············· 222
三、促进农户创业的政策组合 ·············· 226

参考文献 ·············· 235
后记 ·············· 252

第一章 文献学术史梳理

在传统城镇化过程中，国家鼓励和支持农村剩余劳动力退出农业、农村，进入城市务工，实现劳动力的跨区域流动，同时，劳动要素的城乡流动既为新农村建设带来了获取新元素的机会，又使新农村建设逐渐丧失中坚力量。外出务工的农村剩余劳动力是农民工群体的主要来源，他们在一定程度上改变了农村劳动生产率低下的状态，同时也对城市地区的经济社会发展发挥推动作用。但是从现状来看，这并没有取得实现农民增收、改善其生活水平的成效，相反，这部分劳动力在城市面临着巨大的工作与生活压力。然而2008年金融危机之后，各地区掀起的农民工返乡创业热潮正为农户创业提供了一个新的突破。

在中国，农户创业并不是近年才产生的行为。从发展乡村工业时期开始，农户自主建立的乡镇企业就是农户创业的雏形。农户创业不仅与"三农"问题紧密相连，而且与工业化、城镇化等方面构成了一个复杂的系统。从实践来看，一方面农户创业能解决自身就业问题，并且能在短期内有效增加当地就业岗位，吸收农村剩余劳动力，解决农户的增收难题（李全伦和李永涛，2010）。另一方面，农户创业能够促进农村资源的整合与优化配置，激发农村经济发展活力，进而有序推进新农村建设。在国家推动发展新型农业经营主体的大背景下，农户创业更是不可或缺的实现途径。

农户创业所带来的经济、社会效益引起了学者的广泛关注。国外关于农户创业的研究起源较早，已构建起较完整的理论与模型分析框架。随着国内农户创业活动日益活跃，国内学者在现有研究的基础上不断丰富农户创业相关理论，以更好地指导创业者的实践活动。本书对国内外农户创业主要研究成果进行梳理，以了解农户创业研究的现状及发展趋势，并为农户创业提供理论依据。

一、农户创业概念

（一）创业定义之争

关于"创业"与"创业者"的定义之争。创业的本质是新价值的创造活动。

18世纪，古典经济学家理查德·坎特伦在《经济发展理论》中指出，创业家是经济活动的主要引擎（德鲁克，1989）。按照Schumpeter的观点，创新是关于生产要素与生产条件的函数，具体包括6种情况，即引进新产品、引进新技术、新市场、新思想、原料新供应、实现企业新组织。Schumpeter（1934）把创业定义为"引入全新的组合"，一旦创业者发现这种机会，就能迅速颠覆现有市场均衡系统（Eckhardt and Shane，2003），创新性地创造创业机会，从而打破经济系统的均衡状态，推动经济发展（Alvarez and Barney，2007）。创业者通过全新的"手段-目的"关系来提供新产品或新服务，虽然这样会面临较大风险，但能获得更大价值。Shane和Venkataraman（2000）认为，准确的定义是构建创业研究领域概念最重要的依据，也是最大的障碍。有些定义以创建新组织和开展新业务活动为出发点，有些以创业家个性与心理特质为出发点，而另一些则以识别与捕捉创业机会为出发点，Low和Macmillan（1988）提出创业即创办新企业，认为创业行为本身以及创业者怎样去完成创业行为是非常重要的，至于创业者是谁、有怎样的个性与心理特征并不重要；Morris等（1994）通过对创业行为的研究，得出创业者异质性的关键在于创业者资源禀赋差异的外化。

创业者概念的定义存在差异源于对创业概念的界定存在分歧。从广义上看，创业者是指通过发现和利用机会去创造新价值过程的人；从狭义上看，创业者即创办新企业的人。Drucker（1985）通过对创业精神的研究，得出创新精神是创业精神的根源，创业精神主要体现在行为上而不是个性特征上，多以观念与理论的形式出现，而非直觉；创业前阶段、创业阶段、早期成长阶段和晚期成长阶段是Holt（1992）提出的创业的四个阶段，他通过对创业过程生命周期的研究提出每个阶段相应的活动内容和重点；Reynolds等（2005）的实证研究表明创业过程既不存在固定的模式，也不存在既定的顺序，不同个案在各阶段所花费的时长差异很大。Singh等（1999）以区别创业主意和创业计划为出发点，着重分析了对创业机会的感知及评价过程；Ardichvili等（2003）主要考察了创业机会的开发、利用过程；Shane和Venkataraman（2000）提出以"创业机会的识别、开发和利用"为主要线路的创业过程新主张；薛永基（2014）指出林区农户的生态创业是在一定的社会、经济和政治背景下实施的，旨在向社会系统供给生态产品。

创业的主体、过程和环境是创业研究的三个焦点。就创业主体层面而言，各类创业主体的特征及其之间的比较等问题是研究的焦点，而创业主体层面的研究焦点随着"创业"概念的延伸也从对企业家个人行为的研究延伸到对整个公司行为的研究。就创业过程层面来看，部分学者，如Timmons和Spinelli（2008）、Shane和Venkataraman（2000）等，试图寻找创业过程的一般规律，并归纳其中的理性成分，揭示现象背后的法则。从创业环境层面来看，全球创业观察（globe entrepreneurship monitor，GEM）提出的理论模型，提到了创业活动能有效地促进经济增长和创业就业的传导机制，提出了政策、金融、政府项目、商业环境、教育与培训、专业基础设施、有形基础设施、研发转移效率、市场开放程度及文化与社会规范十大影响创业环境的因素。

就创业研究的框架和理论体系而言，Busenitz（2003）认为创业研究既没有发展出一个不同于其他领域的真正意义上的理论，也还未形成一个较为统一的分析框架和累积性的学术成果。现实研究中，学者从不同领域、不同角度尝试构建自己的理论体系，建立充满价值的概念框架结构模型。类似的，Low 和 Macmillan（1988）构建了以个人、团队、公司、行业和社会（区域和国家）为影响因素的研究模型，该模型从上述五个层面上展开，并认为不同层面的因素决定创业活动能否取得成功；Timmons 和 Spinelli（2008）构建以机会、资源和团队三者为影响因素的动态平衡模型。创业机会的研究框架逐渐引起学者的广泛关注。

就创业研究方法而言，大量经验研究方法为更有价值的研究模式、纵向研究及更复杂的研究方法奠定了基础，因此推动了创业管理研究。就创业研究趋势而言，创业研究的焦点是创业过程系统中整体要素之间的相互作用，而不再是创业者本身或创业环境要素等单一层面。因此，未来的创业研究将更注重研究创业环境因素、资源获取、创业主体特性、信息收集和机会识别、新企业经营战略和成长模式、创业活动结果的考核等因素的综合作用。

（二）农户创业概念界定

农民创业的系统研究需要明确农户创业的含义。国外学者根据区域的不同把创业划分为城市创业（urban entrepreneurship）和农村创业（rural entrepreneurship）。Wortman（1990）认为农村创业是指"在农村创建新组织以生产新的产品或提供新的服务，或者创建新市场或采用新技术"。Ray（1999）认为农村环境对创业过程的影响是农村创业有别于城市创业的根本原因。Stathopoulou 等（2004）认为区分农村创业与城市创业不应从创业过程的角度出发，应考虑创业机会差别及约束条件的不同。国内文献中，对农户创业的概念界定因主体较多，所以内容比较丰富。韦吉飞和李录堂（2010）把农民创业界定为农民以家庭为主体，借助城乡资源进行的商业经济活动，其主要目的是谋求发展机会。我国对农户创业的定义主要体现出以下几个特点：其一，依托家庭组织。这是由目前中国农村的现实情况决定的，农户创业的人员少、起点低、风险大，只有依靠家庭共同参与才能满足创业后企业的分工，共同承担创业的风险。其二，创业的过程是改变生产要素组合。无论是扩大种养业规模，还是细分农业产业链条的创业，其本质都是原有资源（可控的和非可控的）重新组合。例如，合作社的创业模式，通过合作的方式，在合作社成员内部重新配置资源，创新农业经营模式。其三，农户创业的目的是增加财富。这恰恰是目前农户创业多为生存型与机会型创业并存的原因所在。80%以上创业者主要是通过财富的增加改变家庭生活状况，使自己的家庭生活更富裕，而不是解决基本生活问题。

一般政府的创业支持政策体系中，将农户创业归类为微企创业（如重庆、四川等地的政策规定）、非正规创业（于晓宇等，2013）及新型经营组织的范畴（如合作社、家庭农场）。高静等（2012）从五个维度界定农户创业：①依托家庭组织。农村经济家庭经营的特点，是由农业的不完全分工特点决定的。农村家庭的成员结构不可能像企业组织一样完全分工，农业的生产特点也不需要完全分工，所以家庭成员都是根据各自特点共同参与生产过程，这也是城镇居民创业和农户创业的主要区别之一。②创业者是农村户口。农民或农户在某种意义上仍然是一种身份象征，虽然现在提出新型职业农民、国家也在淡化户籍的概念，但目前还尚未全面改革户籍管理。统计数据上，仍以户籍为标准进行城乡居民的分类。同时，我们希望农户创业的价值创造要留存农村，如果是非农村户口，可能会造成对农村资源的二次掠夺，对城市产业链在农村的延长会在一定程度上造成城乡二次分化。③创业地点在农村或乡镇。规定地点在农村，这主要区别于现在另外一个研究领域，农民城乡流动过程中的城际创业。④创业者雇佣创业人数在10人以内。⑤创业者家庭收入的80%以上来自经营性收入。最后两点主要是根据农业部和重庆市关于微企创业扶持与新型农业经营主体摸底调查中的规定来定义的。高静和张应良（2014）将资源拼凑理论应用到农户创业案例研究中，分析资源拼凑方式对农户创业价值的实现机理，得出采用选择性拼凑策略有利于农户实现更好的创业价值。郝朝艳等（2012）根据"农户是否有自营工商业"的问题来划分创业农户与非创业农户。

二、农户创业现状

中国的农户创业活动从新中国成立以后就逐步开展起来，农村剩余劳动力开始部分或完全退出农业、农村，实现跨产业、跨区域的转移，从事多种经营活动。创业是经济发展的新增长极（焦晓波和关璞，2012），随着工业化、城镇化的发展，农户创业群体不断扩大，逐步发展成影响农村经济的重要力量。韦吉飞和李录堂（2010）探讨了农户创业与农村经济增长之间的关系，发现农户创业可以显著且持久带动农村地区非农产业的发展。古家军和谢凤华（2012）基于1997~2009年的省际面板数据分析了中国东部、中部、西部三个区域农户创业活跃度对其收入的影响，结果证实了除西部地区以外，东部和中部地区的农户创业活动对农户人均纯收入均表现出显著的正向促进作用。从总体上来说，农户的创业活跃度对促进农民增收具有明显作用，但从区域来看，各地区农户的创业活跃度对其收入的影响效应又存在差异，其中东部地区的农户创业率对农户收入的贡献较大，中部地区次之，而西部地区则表现出反向效应。

中国农户创业活动的主体主要包括返乡农民工和失地农民（周易和付少平，2012）。农民工返乡创业是近年来农村外出劳动力回流的一种特殊现象，表明农村劳动力开始由单向输出向双向流动转变，而失地农民创业是在城镇化的作用下，因土地从事农业生产而不得不从事其他经营活动。王丹宇（2011）将农户创业主体的研究范围扩大化，提出了四种类型，即创业型农民、农村创业的城市人、农业产业集群大型农业龙头企业和涉农中小微型企业、农民合作经济组织。理论和实践表明，农民基于乡村或庄园的家庭创业是适应中国现实的（杨丽琼，2009）。农户作为全国创业活动的重要成员，与其他群体相比，具有优势，也存在不可避免的劣势。优势在于：一是掌握的创业条件更充分；二是创业的机会成本较小；三是创业的风险小。而劣势在于：一是知识技能匮乏；二是视野不够开阔；三是信息渠道少；四是创业形式传统（黄敬宝等，2012）。农户创业活动的起点和重点都在种养业（牛静，2013），并且具有明显的兼业性特征（汪浩和吴连翠，2011）。虽然根据学者的调查表明，中国存在大规模的农民创业者及潜在的创业者，但真正能获得较好绩效的只占很少一部分。焦民赤等（2013）指出，当前限制农户创业活动的主要问题在于资金短缺且筹资困难。农户进行创业大部分都是依赖自有资金，而有贷款需求的农民创业者中近一半难以从正规金融机构获取信贷资金（肖华芳和包晓岚，2011）。

三、农户创业过程

随着研究不断深入，学者发现创业是一个复杂、动态变化的过程。准备阶段、进行阶段、早期成长阶段和晚期发展阶段是创业过程的四个阶段（Holt，1992）。正是创业活动的复杂性，以及不同要素在其中互相组合，造成了创业实践的差异性，也引发了学者对各个创业阶段的不同关注点。

（一）农户创业意愿及影响因素

农户创业行为产生的首要前提是创业意愿。Wennekers 和 Thurik（1999）认为，创业者感知经济机会，因此市场过程中的重要环节是创业意愿。要促使农户实施一系列创业行为，就必须让农户形成相关的创业意愿或动机。罗明忠（2012）指出，农户创业动机主要来源于生存需求、自我实现和发展及就业需求。基于 Maslow（1943）的需求层次理论，当人们的温饱问题得以解决时，就会产生更高层次的需求。因此可将农户的创业动机分为经济性动机和社会性动机。在创业初期，或是当农户的经济条件相对困难时，其经济性动机表现强烈。随着创业者的经济状况有所改善，社会性动机就会逐渐增强，并且使创业动机复杂化。不同的创业动机体现了创业者对创业活动的不同看法，其创业意愿的强度也会有所差别。国内外学者围绕影响农户创业意愿的因素进行了大量研究，主要分析农户特征和外部环境两部分，具体如下。

1. 农户特征对创业意愿的影响

Blanchflower 和 Meyer（1994）的研究发现，农户创业意愿受年龄与性别影响，其中年龄越大者其创业的意愿越低，而男性比女性则更愿意创业。农户的受教育水平是决定其是否产生创业动机的一大因素。Fafchamps 和 Quisumbing（2003）根据对巴基斯坦农村地区的调查研究得到，文化程度较高的家庭成员主要从事非农劳动，用于农业生产的时间较少。他们认为这样的分工情况会使人力资本相对丰富的农户与市场活动更加接近，并进一步推断出，这部分农户更有可能成为参与市场竞争的创业者。Haugen 和 Vik（2008）对挪威乡村工业的调查再次证实了这一结论，他们发现农民创业者普遍比其他农户的受教育程度要高，而且接受相关教育更有可能提高农村女性创业的概率（Kaushik，2006）。

有学者指出农户的创业心理特征及社会资本同样是影响创业动机和意愿的重要因素。农村居民长期处于相对封闭的环境中，他们的行为选择除了取决于自身特征外，还在很大程度上受制于社会结构，也就是农户积累的社会资本。拥有丰富社会资本的农户往往能及时发现并抓住创新机会，大大提高其创业的可能性。而在其中，创业榜样是激发农户创业动机的显著因素。由于农户存在较严重的信息缺失，他们对事物进行判断通常会选取参照物加以比较。若农户的社会网络中有成功的创业者，那他们的创业意愿将会增强，同时激励农户从事相应的创业准备工作（Lafuente et al.，2007）。

国内学者关于农户特征对创业意愿影响的探讨更具体化，在国外理论基础之上结合中国现实，尤其是着重考虑农民工这一特殊群体。由于中国农民工的数量多、结构复杂，他们的创业意愿表现出多层次性。例如，张改清（2011）将回乡创业作为影响变量来分析农民工的创业意愿，结果发现老生代农民工和新生代农民工的选择大为不同。回乡创业对老生代农民工的影响显著，但若不考虑回乡这一约束，新生代农民工的创业意愿则强于老生代农民工。在研究方法上，国内学者大多数采用了实证分析，表1-1是部分学者相关研究成果的总结。

表 1-1 国内部分学者关于农户特征影响其创业意愿的研究成果梳理

要素层面	影响因素	相关学者
个体层面	年龄	朱红根等（2010）；朱明芬（2010）；张晖等（2012）；彭艳玲等（2013）
	性别	朱红根等（2010）；墨媛媛等（2012）；戚迪明等（2012）；彭艳玲等（2013）
	婚姻状况	朱红根等（2010）
	受教育程度	钟王黎和郭红东（2010）；朱红根等（2010）；朱明芬（2010）；汪三贵等（2010）；戚迪明等（2012）；彭艳玲等（2013）
	外出务工经历	钟王黎和郭红东（2010）；朱红根等（2010）；刘斌（2011）；墨媛媛等（2012）；戚迪明等（2012）
	专业技能水平	朱红根等（2010）；墨媛媛等（2012）
	就业培训	汪三贵等（2010）；戚迪明等（2012）；张晖等（2012）
社会资本层面	创业榜样	钟王黎和郭红东（2010）；朱红根等（2010）；汪三贵等（2010）；蒋剑勇和郭红东（2012）
	获取信息途径	戚迪明等（2012）
心理认知层面	创业态度/风险态度	刘斌（2011）；彭艳玲等（2013）

2. 外部环境对创业意愿的影响

农户内部因素和所处的外部环境都是决定其创业意愿的不可或缺的因素。物理环境、社会环境和经济环境是影响农户创业活动的三大环境因素（Stathopoulou et al.，2004）。这些外部环境既蕴藏着丰富的创业机会，也可能成为农户创业的约束条件（Fuller-Love et al.，2006）。因此，外部环境在很大程度上直接或间接影响着农户创业的决定。

物理环境因素主要是指农村的地理位置和自然环境。North 和 Smallbone（2000）认为信息资源的可获得性受到村庄地理位置的影响，同时地理位置还通过影响信息传播、政策执行及创业投入产出来影响农户创业意愿。而自然资源较为丰富的农村，可以围绕资源开发进行创业活动，不同农村地区的自然资源、自然风光能造就不同的创业机会（孙红霞等，2010），如发展乡村旅游等，这些都能带动当地农户的创业积极性（Shields，2005）。

经济环境因素是决定农户是否选择创业行为的根本动力。朱明芬（2010）通过实证检验证实了，在中国的创业实践中，区域经济发展水平对农户创业存在积极的影响。然而，钟王黎和郭红东（2010）却在研究中得到相反的结论，即中西部地区的农户比东部地区的农户有更强烈的创业意愿。对此，笔者认为中西部地区的经济发展状况相对较差，农民收入偏低，他们有更强烈的愿望来改变落后的现实状况，因此该地区的农户想通过创业实现增收。

政策环境因素对农户的创业意愿具有深刻影响。绝大多数的国内外学者认为农户创业活动的实现是离不开政策支持的。政府制定的政策与制度对创业者的意愿、行为都具有重要影响,若在政策扶持下能有效降低创建企业的成本,个人成为创业者的意愿就将提升(Fonseca et al.,2001)。一些发展中国家通过向农户推行小额信贷项目,完善农村金融体系,对鼓励农户创业发挥了积极的作用(Sankaran,2005)。North 和 Smallbone(2006)通过实地调研指出,不同国家(地区)的农村创业政策应该因地制宜,政策制定者应根据农村周边地区的需要,直接或间接地对农户的创业精神进行刺激,制定促使农户创建新企业及加强现有农村企业竞争力的政策。在各项政策、制度中,金融服务政策是激发农户创业意愿的关键所在。政策环境既能促进也能抑制农户的创业意愿。例如,政府索取高额租金的寻租行为,会严重挫伤农户的创业意愿(肖华芳和包晓岚,2012);完善的农村金融环境能有效促进农户的创业行为(张海洋和袁雁静,2011)。

基础设施建设环境是促使农户产生创业意愿的基本保障。国内学者普遍反映了中国农村基础设施建设严重滞后、农户满意度较低等现实问题。因此,完善基础设施是农村创业者在农村地区进行创业的前提条件(孙红霞等,2010)。

(二)农户创业机会识别

1. 创业机会概念

Shane 和 Venkataraman(2000)提出的创业活动研究分析框架,着重分析了机会可信,该分析框架受到学术界的广泛关注,并为之后的研究提供了切入点。Shook 等(2003)建立的创业过程模型表明创业过程是具有方向性和顺序性的,以创业者产生相关创业意愿或动机为逻辑起点,然后进行搜寻和发现创业机会,做出创建新企业的决策,实施机会开发活动,最后才真正形成新企业并产生绩效。Busenitz(2003)提出创业机会与个人和团队、组织模式及环境共同构成创业研究的四大主题,而创业机会起到联结其他三项主题的作用。因此,机会识别是创业者开展创业活动的关键,具有非常重要的意义(Shane,2003)。目前,对创业机会定义的研究主要集中在国外文献。Timmons 和 Spinelli(1994)从创业机会的特征和价值角度对创业机会进行了界定。创业机会表现出吸引力、持久性和适时性特征,并且可以伴随着能为购买者或者使用者创造或者增加使用价值的产品和服务。Hills 等(1997)之后进行了更具体的定义,把机会识别看成新业务存在的一种可能性程度,以及影响创业者自身创业活动成败的可能性程度。Ardichvili 等(2003)对创业机会识别采取了模型化,提出了"门式结构"概念,他们表示机会来源于市场需求,并在此基础上形成商业概念-商业模型-创业机会。总体来看,比较被学术界认可的创业机会定义如下:创业机会是一种情景,在这种情景中通过形成新的目标、方法,以及"目标-方法"关系来引入新的产品、服务、原材料、市场和组织方法（Sarasvathy et al.，2010）。

关于创业机会的形成与来源，学者提出了两种观点，一种是来自于外在刺激的机会识别，另一种是来自于内在刺激的机会识别。Schumpeter（1934）最早提出了"机会创造"这一概念，他认为创业机会是由自动型创业者创造出来的，并不是等着人们去发现的客观存在，其最终结果就是创业者创造出了一个新的市场；外部环境的变化也能孕育出创业机会。Gartner（1985）进一步指出这些外部环境因素主要包括国家政策、行业发展空间、竞争对手的威胁等方面。

结合中国实践，尽管国内农户创业活跃度越来越高涨，但真正能正确识别创业机会并践行创业活动的农户并不多。中国的创业农户仍以生存型创业为主导类型，对机会型创业机会的识别能力较弱，这导致农户创业的短期性和低收益。因此，学者开始将创业机会加入农户创业的研究框架中去。陈文标（2012）以农民企业家精神理论为支撑，将创业农户识别机会的过程分解为主动搜寻机会，结合个人特征识别机会，利用创新精神开发和把握机会。国内对创业机会的研究主要是采用实证分析，重点探讨影响农户创业机会的要素，以了解农户进行创业机会识别的路径选择，并基于此，达到帮助农户正确识别创业机会的目的。

2. 农户创业机会识别的影响

国内外学者就创业机会对农户创业的重要意义已达成共识，而针对"如何才能引导创业农户正确识别创业机会，为成功创业做好充足的准备"这个问题，学者着重研究了影响农户创业机会识别及其作用机制的因素。若创业农户没有足够的创业知识技能、相关创业经历和足够的资金支持，就会在某种程度上限制他对创业机会的识别。已有的结论主要体现为以下三点：一是创业机会的识别受到创业者自身的影响，主要探讨了具有什么特征的创业者能更容易及时且准确地识别出创业机会；二是社会网络对农户创业机会识别的影响，主要探讨了社会网络对农户获取创业信息的能力产生影响，从而影响到农户机会识别的效率；三是农户创业机会识别受到创业环境的影响，主要探讨了外部环境的变化如何为农户营造良好的创业氛围，并为农户提供丰富的创业机会。

（1）创业者。农户是创业活动的主体，这使创业机会识别是主观性较强的行为，因此农户的个体特质是影响创业机会识别的重要因素。在早期的研究中，学者关注点集中在农户的个体特质方面。从该视角入手的确发现了创业农户与非创业农户在资本存量（Evans et al.，1989）及职业经验（Cooper et al.，1989）等方面的差异性。学者基于创业者个体特质的论证受挫后，逐渐将研究重点转变到创业者的心理特质。鉴于创业机会识别本就是创业者在一定环境下感知到商业机会，并将其转化为企业形式的一个过程。许多的创业决策是创业者的多种认知相互作用所促成的。因此，学者从创业者的认知观着手，从而更好地了解他们的心理状况，并解释创业行为。

创业者认知研究的核心内容是创业警觉。创业警觉概念最初是由经济学家Kirzner（1973）提出的，它被定义为不进行大规模搜寻就能注意到之前一直被忽略的创业机会的能力（郭红东和周慧珺，2013）。Gaglio和Katz（2001）建立了以创业警觉为中心的理论模型，并指出不是所有人都能成功识别创业机会，但是创业警觉性高的个体成功识别出创业机会的概率更大。Ko和Butler（2003）采用实证研究再次证实了创业警觉性会显著影响创业者识别出商业机会的数量。创业警觉的提出为学者提供了新的分析视角，并且带动了更深层次的实证研究工作。Ardichvili等（2003）的研究得出创业者的先前经验是创业警觉的前因，它会通过影响创业警觉进而作用于创业机会识别的活动。也就是说，创业警觉可以作为创业者个体特质作用于机会识别的传导媒介。关于"先前经验—创业警觉—机会识别"创业机会识别路径这一论点，在郭红东和周慧珺（2013）基于中国农户创业实践的研究中得到证实，结果表明：创业警觉在先前工作经验与农户创业机会识别、先前培训经历与农户创业机会识别的正向关系中扮演中介作用，但是在先前创业经历与农户创业机会识别中的中介作用并不明显。

（2）社会网络。创业者扎根于社会网络之中，尤其是生活在环境相对闭塞的农村地区的创业农户。社会网络是由个人的主要社会关系所组成的人际关系网（蒋剑勇和郭红东，2012），与城市相比，农村地区成员之间的互动更加频繁，也更容易产生信任。有学者提出信息是创业机会的主要载体，个体拥有的机会与其拥有的信息密切相关（Shane，2000）。个人社会网络影响创业者接受的信息种类、质量、数量及效率，创业机会识别可以看做创业者收获信息、了解信息价值的过程（Eckhardt and Shane，2003），那么创业者拥有信息的存量和获取信息能力的差异也就导致其识别创业机会的数量和类别不同。因此，创业农户想要及时、准确地发现并抓住创业机会，就必须获取尽可能多的信息，以帮助自己做出决策。而长期的实践表明创业农户最便捷也最有效的信息获取渠道就是农户个人积累的社会资本。社会网络是创业者最常用的获取外部信息和资源的平台（李文金等，2012），Burt（2004）创立的网络"结构洞"理论中提到，在社会网络中创造出的"结构洞"，即当人们聚集在一起形成若干个与中心人物有不同关系的群体，个人通过这些群体所获取的信息不具有重叠性。在之后的研究中，Burt还进一步指出，个体的社会网络规模越大，其识别到创业机会的可能性就越大，而且数量越多，创新程度越高。

在国内，学者通过调查研究获取的第一手数据再次强调了社会网络对创业机会识别的重要意义。周冬梅和鲁若愚（2011）认为，借助于自身的网络关系进行创业信息的搜寻与整合，结果是创业主体的信息增加，其对网络创业成员联系的选择和变动也产生影响。农民创业者的社会资本中包含的强连带数量越多，越有可能产生"机会识别";而弱连带的数量越多,越可能导致"机会创造"(黄洁和买忆娱,2011;高静等,2012)。总之,社会网络是影响创业农户识别创业机会的极其重要的因素,其价值不仅体现在解决信息不对称问题,更有助于网络成员间共享非公开信息(黄晓勇等,2012)。

(3)创业环境。创业活动作为一种社会活动,自然与外部环境紧密相连。张秀娥和孙中博(2013)指出,创业本质是一个开放的动态发展过程,是创业者在社会环境的影响下做出反应、不断改善和适应环境的发展过程。Eckhardt 和 Shane(2003)认为,外界环境的改变很大程度上影响着创业机会的产生,基于此,在研究创业机会识别时更多地关注外界环境因素。优化创业环境会形成一种鼓励机制,鼓励创业型经济的发展,从而有利于构建创业型社会;良好的创业环境有利于规避创业风险,保证创业活动的成功率;设计出良好的创业扶持政策也得到了政府部门越来越多的关注。基于上述三个方面的原因,创业环境成为创业研究的焦点,根据 GEM 开发的较为成熟的创业环境分析框架,得出影响创业环境的十方面因素,分别是政策、政府项目、金融、教育与培训、研发转移效率、市场开放程度、商业环境、专业基础设施、有形基础设施可得性及文化与社会规范。从国内研究来看,黄金睿(2010)研究得出创业环境对创业机会产生和创业机会识别具有重要影响。高静等(2012)利用全国农户创业的调查数据进一步发现,创业环境对创业者的社会网络、先前经验具有较强的调节作用。根据 GEM 对中国创业活动的观察,中国的创业活力高,但是创业环境差,尤其是农村地区的创业环境,还有待完善和优化,这也就为学者的研究提供了更多发展空间。

(三)农户创业效果

农户创业作为非正规创业的重要组成部分对缓解贫困、促进社会进步具有重要作用(Khavul et al.,2009)。由农户非农活动及农民创业而实现的农村劳动力分工分业,是改革开放以来中国农村社会伟大变迁之一。当今农业产业发展的一大趋势是农户创业,一个国家或地区的发展活力可以通过当地农户创业能力的强弱得到集中体现(张晓东和郭成芳,2009),农村创业活动之所以得到重视源于世界各国经济发展的大趋势,之所以得到开展源于中国经济发展的必由之路(付文杰,2007)。创业是经济发展的新增长极,农民创业是全民创业的重点,是实现创业型经济的重要组成部分。高静等(2012)研究发现:农民创业能够有效促进农村分工演进,农村交易效率与农村分工之间表现出明显的正向相关关系。农户创业能够有效增加农民收入、缩小城乡收入差距,是促进国民经济活跃的重要手段(刘新智和刘雨松,2013)。

从微观上看,农村创业和创业教育与农民增收存在显著的内在关系,农民创业活跃度对农民收入的影响存在显著差异，除西部地区外，东中部地区的农民创业活跃度对农民人均收入具有显著的促进作用（古家军和谢凤华，2012）。农民创业对农村经济增长具有显著的拉动效应，农户创业引致的农村劳动力分工对农村经济增长的贡献率最低为4%，最高近9%（韦吉飞和李录堂，2010），农村创业对农业分工的贡献率为20%，对农业全要素增长率的贡献高达50%，农户中每百人增加1%的创业参与，将带动农户实际增收6.17%，带动农业全要素增长率增加8%（高静等，2012）。从宏观上看，创业可以增加人民财富，就业是社会稳定的基础。大力开展农民创业可以有效提高农民就业，充分体现出以人为本的科学发展观，创业有助于农民收入的提高，从而有助于城乡统筹的实现（仇广先，2009）。对中国广大农村来说，农户创业有利于提高农民收入、转移农民就业、减小城乡差距，同时对农村经济的发展也起到积极的推动作用（郝朝艳等，2012）。创业带来的示范效应将农民工转移就业内生化（庄晋财，2011），促进城乡二元经济和二元文化的转变（任东峰，2011）。对特殊群体，如农民工返乡创业催生的"创业潮"是农民个体理性选择的结果，有利于推进农村现代化的实现（谢韶光，2011）。农户创业能够为解决新农村建设中所面临的村集体经济薄弱、农民增收乏力、村庄建设规划滞后和长期投入机制尚未建立等难题奠定基础（杜博文和刘德忠，2013）。

四、研究评述

随着国内外学者对创业活动研究的不断丰富，在创业主体、创业过程及创业环境等方面不断深入，并建立起了逐渐趋于完善的创业理论体系，但这些理论分析框架还主要集中于一般意义上的创业活动，还未构建有关农户创业活动的理论体系。虽然近几年，特别是在国内，农户创业活动蓬勃发展引发了学者的讨论，但目前对农户创业现象的研究仍处于起步阶段，大多停留在总体描述性研究方面，在深入性研究方面还显得零散，缺乏针对性、系统性。

从国外文献来看，国外学者关于创业活动的研究重点集中在创业机会识别方面，这也是创业者成功开启创业活动的关键环节。但已有文献主要停留在城市创业或企业创业，以农户为主体的创业问题研究相当少，仅有少数学者关注。而从国内文献来看，虽然国内学者对农户创业问题进行了较多的实证研究，但并没有系统地厘清农户创业活动的发生机理。有学者将西方国家提出的创业观点和实证结果应用于中国农户创业实践，但是否适应中国农户创业情景还有待进一步检验。另外，国内研究探讨的创业农民大多是特殊群体（农民工和失地农民），研究范围较窄，且多为问题导向型，并不能揭示整个农民群体的创业活动特征。同时，国内当前的研究重点还集中于对农户创业现状的描述分析，对农户创业行为和创业过程的研究还停留在创业意愿上，以农户创业机会识别为主线展开的研究较少。虽然创业意愿或动机是观察创业活动最先获取的信息，但局限于此将无法洞悉农户创业行为的内在规律及其特殊性。除此以外，创业环境同样是影响整个创业过程的重要因素，特别是农户创业所处的农村环境，国内外学者都对此予以了肯定。目前中国对农户创业环境的研究并不充分，这也为之后的研究指明了方向。

综上所述，得益于国外学者对创业及农户创业的先行研究，中国的农户创业研究已拥有了可供学习和借鉴的丰富成果。在认同已有研究成果的同时，也必须清楚地认识到中国农户创业问题的复杂性和艰巨性，以及西方国家的理论体系是否适应中国国情。当然，只有认识到问题才会不断去寻求解决方案，这也正为本书的深入研究提供了明确的研究方向及逻辑线索。

第二章　农户创业：一个研究范式

摘要　农户创业是提高农民收入和增加农业效益的有效途径，也是建设新农村的重要活动。本章主要围绕中国农户创业问题的研究视角、研究基点、研究框架、研究手段四个方面进行详细解释，旨在以已有创业研究为理论基础，为中国农户创业提供一个相对完整的研究范式。与以往研究不同，本章将研究主体界定为"创业农户"，并对"农户创业"进行科学界定。以经济学和管理学等学科为基础，基于GEM提出的理论模型，构建基本研究范式：将农户创业研究置于新农村建设的时代背景下，基于农户创业动机，强调创业主体特征与外部约束的"创业主体（创业才能、产业特性与区域差异影响创业主体行为选择）-创业过程（创业机会与创业主体资源禀赋相互交融的动态演进）-创业环境（博弈分析筛选农户创业最优路径与模式）"三者交织的独立于其他领域的创业研究理论范式，以创业过程为主轴线，从"创业参与-创业开展-创业提升-创业再选择-创业成功"分析不同阶段推进农户创业行为的关键因素。旨在此分析框架下，为农户创业活动的内在机理提供一个合理科学的分析范式。这些内在机理主要包括农户创业发生机理、农户创业政策保障机理、农户创业的各种约束机理。同时，还将为农户创业的传导、合作、模式、路径等提供分析范式。

"范式"的概念由美国著名科学哲学家库恩提出，并在《科学革命的结构》中得以系统阐释（库恩，2012）。经济学范式一般以经济效益为中心（张宇燕，1991），其基本内容包括合作、交易和分工，分析的方法论主要是边际分析、供求分析、成本收益分析和矛盾利益分析等，这些内容和方法论均从不同的经济学理论角度进行抽象概括，最终形成经济学范式。当然，不同的经济学理论对应不同的理论范式。现代经济学拥有自己的经济行为和经济现象的分析研究框架，它由三个基本要件组成，即研究视角（perspective）、研究参照（reference）和分析工具（analytical tools）。从实际现象出发看问题的角度叫做"研究视角"。研究视角指导我们避开一些细枝末节，把注意力集中在研究问题的关键上。首先，经济学家看问题的出发点依赖于现代经济学四大理论基石，即资源禀赋、个人偏好、生产技术和制度约束，生产者也好，消费者也好，工人也好，农民也好，这些经济活动的微观主体在做决策的时候，因经济人的自利假设，他们的出发点都将是自利的，在他们能够支配的资源限度内和现有的制度约束条件下，自身利益最大化将是其追求。其次，现代经济学也提供多个"研究参照"。这些参照的重要性不在于它们是否准确地描述了经济现实，而在于它们是否建立了一个让人们能更好地理解现实的尺度，如阿罗-德布罗定理（Arrow-Debreu theorem）、科斯定理（Coase theorem）等都被经济学家用做他们分析的基准点。最后，现代经济学提供了强有力的"分析工具"，针对具体的现实问题，建立各种逻辑模型、图像模型或数学模型，来描述经济现象，透视经济活动内在规律。现代经济学提供的这种视角、参照系和分析工具结合在一起便构成了现代经济学的理论分析范式，也是一种科学的研究方法，以概念框架的建立为基础，帮助我们运用这些概念来支撑分析框架深入描述经济现象和解释经济行为。

关于农户创业问题的研究，国外文献更多集中在一般意义上的创业问题的研究，农户创业问题的研究还不多见，国外研究的关注点主要聚焦于发展中国家城镇化进程中剩余劳动力迁移、农户教育及农户创业影响的计量分析上；而国内研究主要集中在农户创业的外部环境、教育培训、模式选择、体制机制、价值取向及资金支持等单一问题上，研究成果主要表现为学术论文、资政报告或政策文件等，还没有完全形成一套研究农户创业的分析范式或研究框架。在研究方法上，当前研究缺乏较大规模样本的普遍调查，以定性研究居多、计量分析偏少，描述研究居多、实证分析偏少。在研究视域上，中国当前的创业研究更多关注城市创业，而关于农村尤其是针对农户微观主体创业的研究则偏少。国内外研究成果虽为农户创业研究提供了理论支持，但构建一套基于中国农户创业的分析范式十分必要且重要。

一、研究视角：农户创业研究的基本问题

20世纪90年代以来，中国农业发展面临从传统到现代的战略转型，农村发展面临完成工业化和城镇化的双重任务，而农民始终是推动农村经济发展的主体。我们认为，推进农村经济发展、实现农业现代化的基本手段和途径便在于以家庭为基础的农户创业。

农户创业有助于改造传统农业、实现农业现代化。农业的现代化要求用现代化的思维进行推进，即运用先进的技术改造落后的农业生产方式、用先进的物资条件武装农业、用先进的组织模式经营农业、用先进的发展理念引领农业、用现代的产业体系优化农业。创业农户掌握了先进技术和经营理念，他们会不断开发农业功能，充分利用农业资源，优化生产方式和结构，改进生产流程，推动农业

向更广、更深方向发展，促进农业分工分业，降低交易成本，助推传统农业向现代农业转变。

农户创业有助于推进农村非农产业发展。建设社会主义新农村是统筹城乡发展的必然选择，而新农村建设的关键环节是保障农民稳定增收。保障农民增收必须充分尊重农民意愿，还农民以经济发展和社会进步的主体地位。农业功能不断拓展，集生产、生活、生态于一体，它具有原料和食物供给、食品保障等功能，有助于促进农户就业、增加收入；农业植根于土壤和自然，良好的农业正向功能有助于保护生态环境，给人们提供休闲观光的场所，如时下兴起的农家乐、观光农业等，可以实现从农耕文明向现代文明转变。可见，这种多功能性特征使农业具有了前所未有的发展空间，为更多农户提供了创业的机会。当然这种农业的多功能性也助推农户创业形式的多样性，如发展家庭手工业、原料加工业、农产品物流运输业、农村休闲观光旅游业等，这些创业形式的多样性不仅增加了农户创业的机会、繁荣了农村经济，还有助于农村非农产业与农业产业的结构优化，为农村经济持续发展注入源泉。

农户创业还有助于农业现代化、工业化和城镇化三化协同发展。随着工业化的发展，资本、技术和劳动力的供给条件不断改善，农业的技术装备越来越先进，农业的资本有机构成越来越高，以前过密的农业逐渐释放出剩余劳动力。当越来越多的农村劳动力出现剩余的时候，他们必然要求进入工业、转移到城镇，实现非农领域的就业。基于中国当前的现实发展状况，这些富余劳动力很难在城市与非农产业领域找到就业门路，这不但受到城市失业人员再就业的影响，而且现在城市就业的农民工也大多游离在城市和工业的边缘。他们的出路在哪儿？有人提出，在工业现代化没有实现、城市服务业发展还较迟缓的背景下，农业问题只能在农业内部解决，通过创新发展农业、创造创业机会，以农户创业的形式来消化和解决农村富余劳动力的就业问题。当前中国县域城镇和中心集镇的经济发展水平普遍不高，准入门槛普遍偏低，但同时也充满了经济发展与社会进步的活力，他们将成为县域工业化发展、城镇化发展乃至区域经济社会发展的桥头堡，也是农户创业的主平台。农户创业主要集中在县域城镇和中心集镇。一旦他们落户县域城镇和中心集镇创业或居住，必将产生对城镇规划布局、生产生活基础设施、医疗教育等公共服务的多维配套需求，这有助于提高城镇化水平、挖掘工业化潜力，从而助推农村城镇化和农村工业化发展。

农户创业有助于中国农业农村经济发展中相关现实问题的解决。"三农"问题的演进和城市化、工业化推进，造就了大量失地农民，这部分人群的生产生活问题乃至面临的困境加剧了研究农户创业问题的紧迫性与必要性。中国农业发展进入了一个新阶段，而新阶段却面临着许多急需解决的新问题，如粮食保障问题、产业安全问题、人力配置问题、农民收入问题等，这些问题若得到解决，农户创业将是一种比较有效的途径。通过制度供给以创设条件，引导农民回归农村，发展现代农业，稳定粮食生产，保证粮食供给；通过产业拓展以延长产业链，充分挖掘农业内部就业渠道，实现农民就业，帮助农民稳定增收；通过培育合作经济组织以创新农业经营体系，创造农户合作创业的有效实现形式，从而提高农民的组织化程度，实现小生产与大市场的有效对接。

纵观中国20世纪80年代以来的农村改革历程，很多都是农户自发兴起的，农户基于农村的实践经验，创造了无数改革神话，充分体现出中国农民的创造性和开拓性。20世纪70年代末，安徽凤阳小岗村自发将土地承包给农户，从而开创了具有历史影响力的家庭联产承包责任制；20世纪80年代，江浙沿海兴起乡镇企业，从而刮起乡镇企业之风；20世纪90年代，农民大规模外出务工，给中国经济腾飞提供了廉价的劳动力资源；进入21世纪，随着家庭联产承包责任制的制度效率逐渐降低，家庭工业开始兴起，农业生产、流通领域出现专业大户，农业由过去的独立生产变为产业化经营，越来越多的农民回到农业。以上农业领域的改革成就，为提高农业生产力做出重要贡献。当然，从30多年的改革历程中，我们也总结出了中国农业领域的许多经验和教训。其一，随着农业生产规模化运作，农户创业的广度和深度不断拓展，农业创业机会越来越多，农民增加收入的机会也越来越多；其二，农户创业优化了产业结构和劳动力结构，从产业结构来说，它推动了农村内农业和非农产业的优化配置，实现农民就业机会的增加，从劳动力结构来说，农户创业将有头脑、有思想的农民分离出来，让他们成为致富带头人，而其他农民成为打工者，或者转移到城镇非农产业中。因此，农户创业实现了农业生产要素的重新配置，改进了传统生产方式，缓解了二元经济的对立矛盾。然而，不论是在理论研究中，还是在实际工作中，有些问题一直被忽视。由于中国农民素质参差不齐，区域经济发展极不平衡，农户创业存在很大差异，东部发达地区农户创业的比重大且主要在非农领域，西部欠发达地区农户创业比重低且主要立足于传统种植业和养殖业，发达地区政府对农户创业的重视程度远远高于欠发达地区。这些差异其实蕴涵了农户创业的相关理论问题，包括什么样的农户才可以成功创业；农户选择什么产业进行创业；创业所依存的制度环境和基础条件如何影响农户创业；等等。我们提出研究农户创业问题，将其置入新农村建设的时代背景，以农户创业为研究主题，通过对这些差异的认识和对这些理论问题的诠释，探索农户创业活动的内在规律，这在特定历史背景下有助于推动中国农户创业。理论上，对不同区域不同农户基于不同产业创业进行比较分析，探寻农户创业活动的内在规律，为丰富发展创业理论提供素材；从内源条件和外部约束探索农户创业发生机理，将有助于丰富农户创业理论和分析范式。实践上，农户创业活动在推动传统农业向现代农业转化，促进农村非农产业快速发展，促进农村富余劳动力有序转移，实现农村工业化、农村城镇化与农业现代化的协调发展都具有现实意义；同时，为政府制定农户创业政策提供实践支撑；研究农户创业的参与激励和保障创业持续的条件设立，可以为设计农户创业的激励机制、建设农户创业的公共支撑体系提供新途径；研究农户创业相关主体的合作博弈，可以为加强农户创业合作、推进农户创业组织创新提供新思路；研究农户创业的路径依赖与模式优选，可以为寻求具有明显适应性特征的农户创业路径和创业模式提供新方法。

二、研究基点：农户创业研究的概念框架

任何一个分析范式，都应该有一套基本的概念框架。关于农户创业研究，也应该以"农户创业"为核心概念，构建一套基本的概念框架，为"中国农户创业研究"提供一个研究基点。本书提出中国农户创业研究，界定"农村"为创业地域，界定"农户"为创业主体，界定"农业产业或农村领域的非农产业"为创业产业，通过这样的界定，形成农户创业研究的基本概念框架和范畴。

（一）创业与创业理论的简明体系

1. 创业的概念

"创业"包括两个方面："创"是开创、创造、创新、兴办的意思，是指在原有的或没有的基础上，通过努力而发展或形成新事物的一种行为；"业"，可以指企业、业绩、事业或成就等。梳理创业研究的学术史发现，创业多用以下术语进行描述，如能够承担风险的、有创造性的、有活力的、灵活的、新颖的、敢为人先的、创新的等。国际管理科学学会认为，创业就是经营企业的过程，这些企业包括小型企业、家庭企业或新企业等。创业者要善于发现机遇，并把握机遇，这种发现并把握机遇的能力是创业活动的重要组成部分。创业是个体或群体通过投资于某个产业领域，通过组建企业并经营产品或服务，实现企业盈利、创造价值的过程。Hisrich 和 Peters（1992）认为，创业是创造价值的过程，这种价值创造过程，需要个体或群体投入资本、劳动、技术及时间等，同时还要承担各种风险（心理风险、金融风险和社会风险），最终实现财富的回报。玛丽·库尔特认为，创业是个体或群体运用组织理论去寻找机遇、创造价值、实现发展的过程，这个过程要求他们具有创新或特立独行的特质，对他们拥有的创业资源不是很看重，而更看重企业家的创业禀赋（吴秀云，2004）。Brazeal 等也认为创业是寻求机会的过程,而不太重视现有资源的限制（费方域和段毅才，1997）。同样，Krueger

(1997)也比较看重创业的潜能,在企业或社区寻求发展革新时,应该了解自身是否具有创业潜能。通过以上对创业的研究,可以发现学者对创业的现有资源并不是很看重,他们更看重创业者与众不同的个体特质,这些特质主要包括乐观、创造力、领导力、审时度势、冒险精神等。但创业是一项复杂的经济活动与社会活动,只重视创业者的心理特质肯定是行不通的,还必须结合现有的创业资源,如资本、环境、创业能力、创业者背景等,只有这样,才能形成完整的创业概念模型。

综上,创业概念可以这样理解,或者理解为创业具有如下基本特征。

第一,体制机制、组织制度,即创业活动的进行需要基于特定的体制机制、组织框架内,外部的如政策法规等,内部的如创业者自己制定的规章制度等。这种体制机制,可以是新建立的;组织制度可以是新设计或建立的,同时可以是现成的。

第二,资本,创业活动的组织需要通过资本投入才能实现。创业活动是停留在观念层面,还是付诸实践,关键在于是否有资本投入。

第三,价值,即创业活动是一个创造价值的过程,而这种价值可以用多种方式表达,如社会价值、精神价值和资本实物价值,但资本实物价值或许更贴近创业实质。

第四,新事业或家业,创业活动是一种创新活动,是对创业者原先从事行业的一种突破,通过创新,达到创业活动的实现,它不再是对原有行业的延续。

综上所述,创业是基于特定体制机制、组织制度环境,通过资本投入,经营一项全新活动以实现价值增值的过程。

2. 有关创业的简明理论体系

创业理论的简明体系包括以下四个方面的内容。

第一,创业精神。管理学大师德鲁克(2002)认为,创业精神主要基于创业者的行动而非个体特质,其来自于创业者对创业理论或观念的认识,单凭直觉是不能具备创业精神的。Zahra 和 Covin(1995)认为,创业精神可以促进企业盈利,其原因如下:一是创业精神激发创新,不断提升企业竞争力;二是具有创业精神的创业者往往具有乐观积极、健康向上的态度。这种态度又会促使创业者积极参与创业活动,获取创业的竞争优势。他们研究了创业精神与企业长期财务业绩的关系,通过计量分析,发现前者对后者具有促进作用。他们也指出,由于创业风险的存在,并非具有创业精神的创业者的创业活动都会提高创业绩效。

第二,创业过程。学者 Holt(1992)根据企业萌芽、成长、成熟、衰落的生命周期理论指出,创业过程也会顺次经历创业前(pre start up stage)、创业(start up stage）、早期成长（early growth stage）、晚期成长（later growth stage）四个阶段，每个阶段的创业活动都有不同的内容。Oliver（1990）基于创业者视角，提出了创业过程八阶段，即创业萌芽、寻找机会、分析项目、组建团队、制订计划、采取行动、企业运营、获得成功。由于创业是一项富有风险和不确定性的创新活动，创业过程是完全没有固定模式可言的。Reynolds 等（2005）通过研究发现，创业活动没有固定顺序，但有固定流程，每个创业者在每个创业阶段所花费的时间和经历有很大不同。

第三，机会识别。学者 Singh 等（1999）基于创业机会角度，研究了创业机会的感知与评价；Shane 和 Venkataraman（2000）认为，创业过程的关键是识别创业机会，他们主张创业过程应当以"创业机会识别、开发与利用"为主线。创业活动的开发与利用应该从创业机会的发现、识别与利用等视角进行分析。总之，目前创业过程与机会识别的研究过程还处于探索之中，但大多学者都已经确定创业机会的识别将是创业研究中非常关键的内容（Shane，2003）。

第四，创业行为。Morris 和 Vella（1998）认为，由于创业者自身所具有的资源禀赋有所差异，其在创业过程中所表现的行为也各不相同。这种异质性便是创业者自身特质的外显。随着环境的演变，创业者自身所具有的资源禀赋会不断变化，必然呈现出创业者异质性与创业行为差异的动态演变，这种关联性主要是为了解释创业者所具有的资源和性格特质在创业机会的感知评价中有何影响，创业者所具有的禀赋资源如何外化出来并快速实现创业，创业者所具有的资源禀赋在创业所形成的企业发展过程中扮演的角色及其动态改变（Greve and Salaff，2003）。

（二）创业农户与农户创业

1. 创业农户

农户通常是指以家庭为特征的从事相关农业经济活动的基本单元。关于创业农户的概念的诠释意见不一，我们研究农户创业，应该基于"创造社会财富、帮助农民增收、实现就业创业、促进经济发展"的创业目标，把创业农户定义为具有如下属性特征的家庭经营单位，并表现出个体与群体、普通与异质的不同。

（1）从生活地域来看，生活在县域（含城镇与农村）范围的农户家庭，包括县域范围本身的农户家庭，也包括外来本县域创业的农户家庭。

（2）从从事活动来看，在农内从事农业生产及其与农业生产相关的行业或部门经济活动。

（3）从人员构成来看，一个农户家庭中至少两人参与该项经济活动，他们之间具有血缘亲缘关系，或父子关系，或夫妻关系，或兄弟关系，如父子、夫妻、兄弟姊妹等。

（4）从投入要素来看，创业农户从事相关经济活动有劳动投入（含自我雇佣与雇佣别人）、技术投入（提供技术服务或技术入股）、资本投入（最低资本限额、专用性资本投资）等主要生产要素投入。

（5）从收入来源来看，创业农户家庭收入应该主要来自于其经营性收入（即创业活动的收入）而非工资性收入。

（6）从农户成长来看，通过创业，农户将逐渐成长为拥有经营头脑、风险意识、管理才干、运作资本、正确决策等特质的创业主体。

（7）从创业者年龄看，创业农户中的经营管理者（或创业决策者）年龄一般为 18～65 岁。

2. 农户创业

西方学者把环境对创业的影响看得十分重要。当城市与农村的环境不同时，创业者的创业也必然会受到影响。因此他们把创业分为农村创业与城市创业两种情形。农户创业便是农村创业的研究范畴，他们把农村创业界定为"在农村通过劳动、资本、技术的投入实现企业价值增值的过程"，这种创业过程要么采用了新技术、要么创建了新市场、要么提供了新服务、要么生产了新产品。为了突显环境的重要性，他们也强调通过农户组织来创造就业潜力的重要意义，并与农村经济社会发展联系起来。

强调环境对农户创业影响的重要性，固然是很有意义的，毕竟农户创业的环境处于农村这个特殊的环境之中，资本匮乏、劳动力素质不高、技术落后等，都是现实的环境制约。但除了环境，更为重要的是农户创业者自身所具有的资源禀赋与其他创业者有所不同，农户创业者自身所具有的人格特质和素质与城市创业者有很大差异，创业机会、整合资源和驾驭创业环境的能力也与城市创业者有很大差距，因此研究农户创业、提升他们的创业能力，实现创业成功，在创业研究领域更有价值。农户创业正是基于环境与创业者自身特质的角度提出的，只有充分认识创业农户的身份特殊性，调动他们的主观能动性，才能对中国的农户创业研究有所把握。

传统意义上，中国农村经营主体主要是以家庭为单位的农户，农户创业通常以家庭决策为基础。可见，"农户创业"的概念比"农民创业"的概念范畴更广、研究更具说服力，这是从中国特殊国情出发的。因此，在本章研究中，将"农户创业"作为创业研究的范畴。结合前述分析，我们对农户创业定义如下：农民家庭（农户）运用自身所具备的创业能力和创业资本，将农业生产要素进行组合，以实现在农村市场上开辟新的生产领域或开辟新的经营方式，拓展创业就业空间，实现价值增值的创业过程。

（三）创业地域与创业产业

1. 创业地域

农户创业的目标是促进农业农村经济发展和农民收入增加，进而推动新农村建设目标的实现。农户创业研究应把创业地域界定在县域范围。农户创业的绝大部分是在县域内进行的。对在大中城市中的农户创业者，他们所从事的创业行为可以在县域内体现。因此，研究样本选择应该舍弃大中城市农户创业者，集中研究县域经济范围内的创业农户。

2. 创业产业

关于农户创业研究应该以分工理论为理论支撑，从农业的横向分工（平面分工，即农业产业内的行业分工）与农业的纵向分工（立体分工，即农业产业内的部门分工）两个维度来界定创业产业。其一，农业产业的横向分工。从农业横向分工来看，创业产业应该包括大农业的范畴，即种植业、养殖业、畜牧业和林业，既有农业产业的规模化经营，也有基于区域化布局、专业化生产视角的对传统农业改造的新兴产业。其二，农业产业的纵向分工。从农业纵向分工来看，创业产业主要是指农内与农业及其相关的行业与部门，对农业产业链延伸而言，包括产前的农资供应与信息提供、产中的生产服务和技术指导（包括农事活动的分工）、产后的产品加工和物流运输等行业与部门。

基于对农户创业内涵与外延的定义描述，可以将农户创业界定为农民在农业内（与非农产业相对）从事农业产业及其涉农行业，其目标在于通过创办新的农业企业或农业专业合作社等途径把农业改造为高生产力、高附加值的创造性产业，以达到解决农民就业、增加农民收入、繁荣农村经济的目的。这种创业主要通过开展农业领域的新业态、建立农村非农产业、创建新组织等形式，降低交易费用，实现农业专业化生产、规模化经营。

（1）规模化经营。这里主要是指传统意义上的规模化经营。传统意义上的农业规模化是指通过扩大土地规模，以实现连片生产，通过增加产量以达到规模化经营、实现农业收入增长的目标。这种规模化经营正是当前地方政府热衷的工作，试图通过土地流转方式实现土地连片经营。本章采用以下指标来界定"传统意义上的规模化"。

一是农地面积相对量。农地面积相对量是指农户实际经营土地面积与当地人均拥有农地面积的比值。一般将5~10倍于人均农地面积的情况界定为规模化经营。

二是养殖牲畜绝对量。这里的牲畜包括养猪、牛、羊、兔、鸡、鸭、鹅等，一般用养殖的绝对量来衡量。另外，养殖的海产品、水产品，一般用年盈利来衡量。

（2）建立新产业。建立新产业主要是指通过改造传统农业，建立新的产业，改造技术主要包括新方法、新品种、新技术、新工艺等。因此，农户创业新型业态可以用是否采用了新方法、新品种、新技术、新工艺等来衡量。具体方法是计算新型业态的规模化面积（产量）与总的土地面积（总产量）的比值，如果超过规定比值，便可界定为新产业创业。

（3）专业化生产。专业化生产界定农户创业可以用专业化生产的商品比率来衡量。它主要是指创业农户对某个产业进行了专门投资，或从事了某种产业、产品的专门化生产。可以采用产品的商品率，或某个产业生产的专门化率来衡量是否属于专业化的农户创业。

（4）开展新业务。开展新业务是指基于专业分工的视角，农户对某个农事活动进行专门化投资、生产等专业化活动。例如，创业农户购买播种机在不同区域对农产品进行播种服务，就是典型的开展新业务。其衡量方式主要是农户开展新业务所生产的产量规模或产值规模的绝对量是否超过某个特定产量或特定产值，超过某一个参考值的农事活动可以界定为开展新业务，从而界定为农户创业。

（5）创建新组织。创建新组织是指创业农户建立农资供应中心、农产品运销企业（合作社）、农产品加工组织（合作社）、农业技术服务中心等涉农组织，旨在实现农产品快速流通、农业生产社会化服务等。其衡量指标主要是新组织所生产的产量或产值，如年盈利价值、年经营产值、每年带动农户数量等。当达到某一参考值就可以界定为创建新组织，从而界定为农户创业。

（四）创业成功与创业失败

什么是创业成功？什么是创业失败？对此目前没有专门文献研究界定。从农户创业研究的初衷来看，考察创业产业的生存能力和可持续发展，可以采用如下相关属性特征或相应指标来界定创业成功或创业失败。

（1）用市场的接受或认可程度来判断。即使经济活动发起的时间不长，但市场的接受程度或认可程度较高者可界定为创业成功。

（2）采用单纯的经济活动生存时间来衡量。凡是连续三年都有比较明显经济效益的创业活动，可以界定为创业成功。

（3）某项经济活动一开始就未发起，或者昙花一现（一般是两年以内）就垮掉了，或者经济活动虽在持续但没有明显的经济收益时，将其界定为创业失败。

上述界定的相关范畴可以从图 2-1 的"农户创业研究概念框架——研究边界模型"得到它们之间的相互关系及逻辑关联，这构成了农户创业研究的概念框架。

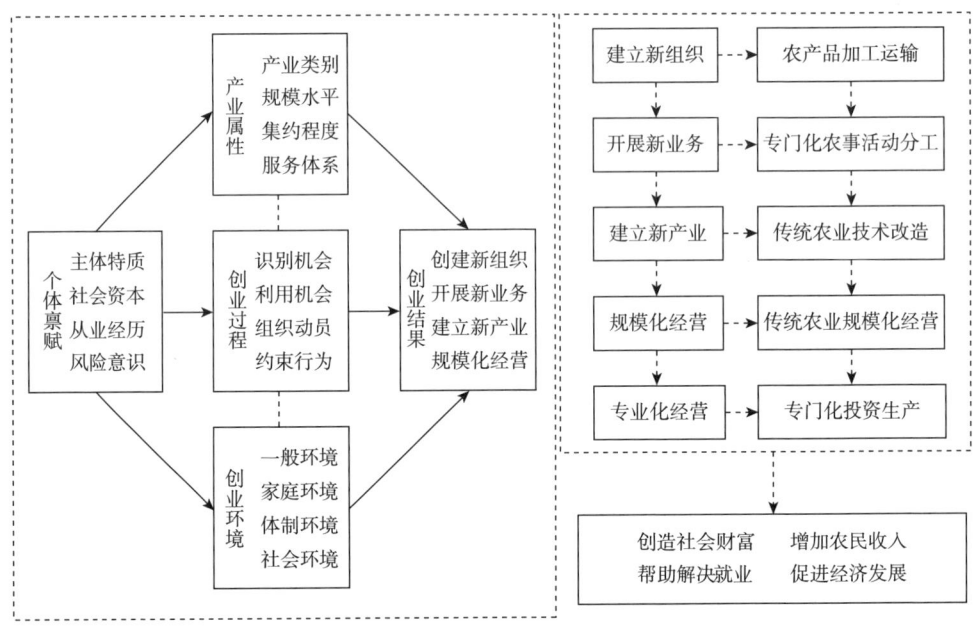

图 2-1　农户创业研究概念框架——研究边界模型

三、研究框架：农户创业研究的主要内容

本书以新农村建设为时代背景，以农户创业活动为研究主题，通过对不同区域不同农户基于不同产业创业活动的对比分析和对农户创业理论的解释，以期发现农户创业活动的一般规律，设计一套促进中国农户创业的制度框架与政策建议，为推进农户创业的决策与管理提供理论借鉴和实践参考。基于此目标，农户创业研究的主要内容包括农户创业相关概念释义、内在条件与外部约束作用下农户创业发生机理分析、农户创业活动的多重功效及其传导机理、农户创业的参与激励与行为持续的条件设立、农户创业相关主体的合作博弈分析、农户创业的路径依赖及模式选择、农户创业推进的制度框架与政策取向等内容。

（一）概念框架与分析范式构建

本部分属于理论研究范畴。一是界定相关范畴以构建一个农户创业的分析框架。

由于农户创业涉及众多概念,如农户创业、创业农户、农民创业、创业动机、创业过程、创业机制,以及创业成功与失败的界定等,目前学术界对这些范畴的界定都意见不一,没有人给出反映创业全貌的完整概念框架。本书将在众多学者关于农户创业研究的基础上,界定"农户"或"创业农户"为创业主体、界定"农业"或"农业创业"为创业领域、界定"农村"或"农村创业"为创业范畴,从而形成一个概念框架。二是基于经济学和管理学等学科基础构建研究农民创业的理论范式。从现有文献看,农户创业研究还没有形成一个相对统一的分析框架,也还没有发展出一个有别于其他领域的真正意义上的创业理论(Busenitz,2003)。因此,农户创业研究要发展其独立的理论体系,必须建立一套独特而规范统一的能够解释创业活动和预测创业效果的分析框架。本书尝试在这方面做出一些努力,以经济学和管理学等学科为基础,构建一个基于创业动机的强调创业主体特征与外部约束的,即"创业主体(创业才能、产业特性与区域差异影响创业主体行为选择)—创业过程(创业机会与创业主体资源禀赋相互交融的动态演进)—创业环境(系统仿真并筛选农民创业最优路径)"三者交织的独立于其他领域的创业研究理论范式。

(二)农户创业机理透视

农户创业其实是创业农户的主体素养(文化素质、合作意愿、创业冲动、风险意识等)与创业活动的外部约束(产业识别和环境差异包括产业规模、结构水平、制度资源、基础条件等)相互作用的过程,表现为农户创业机制功能发挥作用的结果。本部分内容将运用不同区域不同农户基于不同产业创业的实证研究结果,尝试从影响农户创业的内在素养与外部约束相互作用透视农户创业过程的内存脉络和机理。

(1)农户创业的发生。农户创业活动的发生,有其创业动机的驱动和外在压力的推动,所以农户创业的发生机理应包含农户创业的推动机制、动员机制和激励机制等。

(2)农户创业的约束。农户创业的过程面临机会的难以识别和风险的难以规避、收益的难以确定和成本的难以计量等约束,所以农户创业的约束机制应包含农户创业的机会-风险约束机制、成本-收益约束机制等。

(3)农户创业的保障。农户创业的成功受制度环境、资金资源、基础条件、主体企业家才能的影响,所以农户创业的保障机制应包含保障农户创业顺利开展的创新机制、融资机制和培育机制等。

(三)农户创业实证研究

本部分内容拟将选择的具有典型特征的样本县(市)作为调查区域,对典型区域的样本农户进行全面调查，从农民创业的主体特征（企业家才能）、产业属性与环境约束（区域差异）三个维度，运用 Logit 离散选择模型实证研究我国农户的创业行为，解释农户创业现象，挖掘农户创业的影响因素，分析农户创业的主体素养与外部约束相互作用的机理。

（1）农户创业行为选择。农户成员即农民作为有限理性经济人，其创业动机有财富动机与非财富动机差异，动机的不同会导致农民不同的行为选择。本部分内容将基于行为学理论与激励理论，通过典型农户调查，实证研究农民创业的参与激励与行为选择。

（2）农户创业的主体特征。农户创业表现出不同的主体特征，有个体创业与群体创业的区别，也有普通农民创业与异质农民创业的差异。本部分内容将创业农民的主体特征，包括文化素质、合作意愿、创业冲动、从业经历、风险意识、性别年龄尤其是企业家才能等，作为变量进行实证分析，回答"为什么A农户创业成功而B农户创业失败"，阐释农户成功创业应该具备的基本素养。

（3）农户创业的产业属性。不同产业有不同的产业属性，对创业者有不同的要求。本部分内容将影响农民创业的产业属性，包括产业规模、结构水平、产业组织、集约程度、服务体系等，作为变量进行实证分析，回答"为什么农户在A产业比B产业更容易实现创业"，阐释农户成功创业应该如何选择产业。

（4）农户创业的区域差异。不同区域有不同的制度环境和基础条件，对农户创业产生不同的影响和制约。本部分内容将区域环境，包括资金约束、技术支持、制度资源、基础条件、培植系统等，作为变量进行实证分析，回答"为什么A区域比B区域更有利于农户创业"，阐释农户创业受到哪些制度资源和基础条件的约束，以验证理论假设。

（四）农户创业路径优选

本部分内容将以制度变迁的路径依赖理论为指导，遵循农户创业活动的作用机制，基于农户创业的基本目标，利用最优控制模型系统仿真创业路径，以优选农户创业路径。本部分将依托"创业主体-创业过程-创业环境"创业过程理论模型，建构农户创业过程演进的动态优化模型，包括演进目标（促进现代农业转型，包括农民就业增加、农民收入提高、产业结构逐渐优化、区域发展日渐均衡等）、控制变量（包括创业才能、产业特性、制度环境等）、约束条件（包括经济发展、原生资源、创业成本等），并采用系统动力学方法和 Vensim 等系统仿真软件，求解模型寻求路径，将最优化模型通过微分方程组的形式，代入各要素变量的具体数值进行系统仿真，并采用蒙特卡罗模拟的手段进行各选择路径的概率判断和风险分析,以进一步寻求和筛选最优路径。

(五)制度安排与政策组合

这部分内容主要以新制度经济学中的制度变迁理论为指导,设计出农户创业的制度安排和政策组合。当前中国农户创业还面临诸多问题,如农户创业能力较低、创业资本匮乏、政府支持体系不完善、农户创业保障不到位、农户创业动力较低等。解决这些问题的良方就在于制度安排和政策变迁。制度创新和政策调整的方向将参照前述的研究成果,并以革除这些障碍为目标,围绕以培植创业农户为重点,以产业引导和环境塑造为主导,为推动中国农户创业营造良好的制度环境、为推动中国农户创业出台有效的政策措施,从创新创业教育(创业志向、创业品质、创业精神、创业能力)、创新融资体制(构建多层次金融市场体系、正确引导民间融资、支持农民成立合作金融组织)、创新创业环境(为农户创业提供政策支撑、为农户创业搭建平台、为农户创业营造高效政务环境)等方面去着手思考。

四、研究手段:农户创业研究的工具系统

(一)研究的基本方法

农户创业活动的研究,既有对一般理论问题的定性探讨,也有对相关问题的定量刻画。因此农户创业研究应该是多种研究手段和分析方法的集成。力求规范分析与实证分析、定量分析与定性分析、一般分析与个案分析相结合。因此,依据研究的基本目标,农户创业研究的方法论系统应该由两个子系统构成。

1. 进行一般分析的方法论子系统

(1)以创业理论为指导,构建农户创业研究的理论分析框架,并在获取农户创业的微观数据的基础上,运用 Probit 计量模型进行实证分析。

(2)运用典型案例分析农户创业活动功效的传导,同时分析农户创业对改造传统农业、促进非农产业发展、协同城镇化与工业化的作用等。

(3)应用系统理论方法分析农户创业的发生机理、主动参与和时间持续。

(4)运用合作博弈理论分析中国农户创业的合作问题。运用激励相容理论设计促进中国农户创业的可持续机制。采用关联博弈分析创业合作与激励中政府与

市场的协调配合。

（5）采用实证研究方法进行农户创业路径与创业模式的选择问题研究。

（6）以制度创新理论为指导，采用制度主义分析方法分析创业促进的制度创新和政策取向。

2. 进行个案分析的方法论子系统

克服学院派的研究缺陷，突出应用经济学的研究方法论特点，放弃从理论到实践的逻辑延伸，回归客观现实。搜集比较典型的案例，进行个案分析。同时以唯物辩证法为指导，具体问题具体分析，从具体的个案入手，通过对个案的分析，实现理论的升华，揭示其内在规律来解释农户创业行为，指导农户创业活动。

（二）研究的逻辑思路

农户创业研究需要以经济学和管理学为学科基础，构建一个基于创业机会的强调创业者与新事业者之间互动的，即"创业主体（个体禀赋、产业属性与环境差异影响创业行为）-创业过程（基于微观、中观和宏观视角的农户创业的内在素养与外部约束相互交融的动态演进，涵盖创业发生、创业合作、创业传导和创业激励等领域）-创业效果（系统仿真并优化农户创业最优路径、筛选农户创业适宜模式、建立公共支撑以保障创业行为持续等）"三者交织的独立于其他领域的创业研究理论分析范式。农户创业研究的观念模式如图2-2所示。

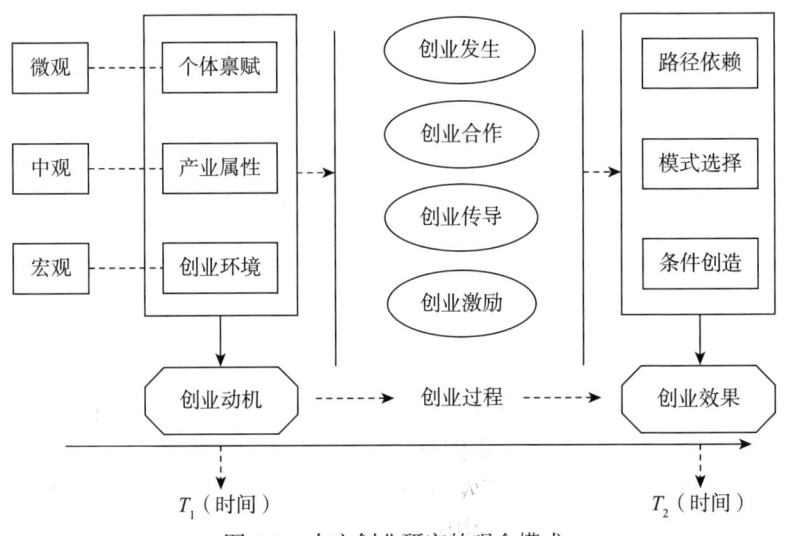

图2-2 农户创业研究的观念模式

（三）研究的基本假定

农户创业研究旨在揭示不同农户基于不同区域而选择不同产业（行业）创业的不同创业效果，即创业对一个区域经济社会发展的作用可以用相关指标衡量，其中参与创业的人数和创业的生存时间是两个重要指标，也就是说，参与创业的农户越多、创业的生存时间越长，那么就越会推动一个区域的经济社会发展，反之则延缓区域经济社会的发展。该命题涉及的变量及其关系假设如图 2-3 所示。

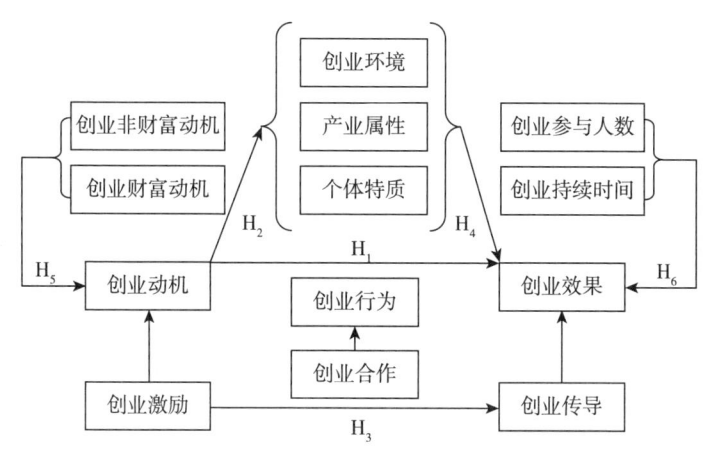

图 2-3　研究变量及其关系假设图示

从各变量之间的关系可以看出，农户创业研究的基本假定如下。

H_1：农户的创业动机影响农民创业行为选择，选择不同的创业行为会导致不同的创业效果。

H_2：农户创业动机与创业绩效之间的关系会被创业个体特质、产业属性和创业环境中介。

H_3：农户创业动机驱使创业效果受制于创业激励、创业合作和创业传导的影响。

H_4：不同区域（创业环境）的不同农户（个体特质）基于不同产业（产业属性）创业会有不同创业绩效。

H_5：农户创业需要政府的支持和市场的激励，其财富动机依赖于农户对利益的诉求，非财富动机则需要社会动员。

H_6：参与创业的农户越多、创业的生存时间越长，越会推动一个地区经济发展，反之则延缓或阻碍地区经济的发展。

五、新农村建设背景下中国农户创业研究的一个框架

本书主要以中国社会主义新农村建设为研究背景，立足于农户创业这个微观视角，以合作博弈理论、交易成本理论、制度变迁理论、行为选择理论、激励相容理论等为理论基础，研究中国的农户创业活动，试图通过对创业农户的抽样调查和典型个案的采集，解剖创业农户创业成功和失败个案，进行不同区域不同农户基于不同产业创业的比较研究，从影响农户创业的内在因素与外部约束相互作用的内在机理探索农户创业活动，透视出农户创业发生、传导、合作、行为持续、模式选择、路径依赖等内在规律，进而提出促进农户创业活动持续推进的制度框架与政策取向。

（一）问题提出

研究任何问题，都必须置于特定的时代背景。农户创业是现代农业农村经济发展的必然。农户创业不仅有利于改进农业生产方式，而且也能对城乡二元体制产生冲击。农户创业也是建设社会主义新农村、实现城乡统筹发展的历史选择，以农户或其集合体为基础的农户创业是推进中国农业现代化的重要途径。"三农"问题的演进及城市化进程中大量失地农民的出现，凸显了农户创业研究的紧迫性和必要性。在这种特定的历史背景下，农户创业不能仅仅研究创业的意义、环境、资金、模式等单一问题，而应该转换研究视角，通过对不同区域不同农户基于不同产业创业的比较研究，来对农户创业相关理论问题进行诠释，探索农户创业活动的内在规律。基于本书的逻辑起点，立足于中国新村和全面小康的现实背景，基于劳动分工视角，以交易成本经济学为范式，从农业的横向分工和纵向分工两个维度展开农户创业研究。在前人研究成果基础上，以构建"农户创业"的概念框架为研究的逻辑起点，采集不同经济发展水平（如东、中、西部）典型样本，进行不同区域不同农户基于不同行业（农业产业的行业分工、部门分工和农事活动分工）创业的比较研究，阐释内在条件与外部约束作用下农户创业的发生机理。继而研究农户创业的传导、合作与激励，揭示农户创业活动规律。研究农户创业活动对农村区域发展的传导机制，解释其对改造传统农业、推动城镇化与工业化协调发展、促进非农产业发展的多重效果与促进作用。以行业分工理论为指导，比较分析不同农户创业的风险与成本，阐释创业农户合作的缘由、合作的实现及合作利益的分享。研究农户创业激励，激发农户主动参与创业；研究农户创业的

公共支撑体系，保障农户创业行为的持续。遵循农户创业活动的内在规律，以制度变迁理论为指导，研究创业路径，选择创业模式。本部分研究将为推进中国农业农村现代化建设的微观决策与宏观管理提供有力的理论指导和丰富的实践参考，具体体现如下。

1. 农户创业是现代农业农村经济发展的必然

当前，中国经济发展已经由传统意义上农业为工业做资本原始积累的阶段步入"以工促农"、"以城带乡"、工业反哺农业的阶段。这对中国农业和农村发展来说，是一种千载难逢的机遇。当然，由于中国农业积贫积弱的局面已经形成，农村和农业领域内依然矛盾突出。通过转变经济发展方式以实现农村发展已被证明对农村是无效的。因此，我们需要把研究的焦点重新聚集于农民、农村和农业之上，深刻理解党和国家所提出的工业化、城镇化、农业现代化和信息化"四化"协同推进的战略意义，以期寻找中国"三农"问题的出路。虽然中国农村农业有了很大发展，政府对"三农"问题也更加重视，发展的环境也不断得到优化，但农业的产出效率依然低下，农业的保护与支撑力度依然不够，城乡二元经济依然对立，农业成为最薄弱产业的局限依然没有得到改变。因此，推进农户创业，是农村经济发展的必然选择，它将成为改造中国传统农业、促进四化协同发展、促进农村非农产业发展的重要载体。

2. 农户创业是社会主义新农村建设的"根本"

社会主义新农村建设的目标在于实现农村经济的快速发展和繁荣，要实现这一目标，其途径便在于推动农户创业。农户创业的意义重大，它可以解决农村剩余劳动力转移问题，还可以为农民收入增长提供长效机制保障，进一步夯实新农村建设的根基。社会主义新农村建设的总体方针是"多予、少取、放活"，同样对农户创业也要做到"多予、少取、放活"，对农户创业来说，"多予"是指加大对农户创业的投入，这种投入既包括国家财政和税收优惠，也包括银行贷款，还包括农户自身务工经营所得的收入，以及社会资本的进入等；"少取"是指少给农户创业制造麻烦，只要符合政策优惠条件的，就尽量减免税收；"放活"是指政府要正确处理农户创业环境问题，即正确处理农村内部潜力的挖掘与外部支撑力度的关系问题，在农户自身"造血"的基础上，加大对"三农"的投入，建设以工促农、以城带乡的长效机制，推进农村体制改革，激发农户创业的无限潜能。

3. 农户创业是解决富余劳动力的现实选择

随着改革开放的深入，农业的装备水平明显改善和提高。农机购置补贴政策实施多年，中国的农业机械化水平显著提高。统计表明，2012年中国农产品耕种收的机械化率达到了57%。小麦基本上实现了全过程的机械化，水稻机械种植的比例也由2005年的7.1%提高到2012年的30%以上，玉米机收比例也从2005年的4%提高到2012年的40%，农业生产方式快速转变。农业机械的社会化服务水平明显提高，一到播种收割季节，农机专业合作社（或农机公司）的农机服务队便跨区域作业，播种收割完全实现社会化服务。随着农业科技的广泛使用和农业资本有机构成水平的提高，农业中的富余劳动力越来越多。如何解决这些富余劳动力的就业问题，现实的选择只能通过农业内部产业的发展而逐步消化吸收。而依托农业产业和涉农产业的创新创业活动将是当前解决富余劳动力就业和帮助农民长效增收的现实选择。

4. 农户创业在工业化、城镇化与农业现代化进程中有其必要性和紧迫性

中国目前正经历着前所未有的城镇化推进。到2030年中国人口峰值将达到15亿人，城镇化率按70%计算，意味着短短20年，将有3亿多农村人口进入城市（城镇）生产与生活，难度有多大，难以预测。即使如此，仍然还有4亿~5亿人在农村生活生产。而在当前的城市化进程中存在两种倾向，一是土地城镇化快于人口城镇化。政府为了政绩，大势兴起造城运动，征用农民土地，城市建设得越来越现代化。但对农民的保障却没有到位，农民无法就业，生活无着落；二是地方政府为了响应国家提出的社会主义新农村号召，将农民统一集中在中心场镇，集中安置。但却没有经过充分调查，导致农民生产生活不便。这些问题怎么解决？农民离开土地要就业、要生活，来源是什么？政府没有办法创造必要的条件，那就只有依靠农民自己救自己，而"创业"就是一种有效的手段。农户创业可以说是实现农民就地就业、增加农民收入的重要途径，同时也是实现农村城镇化的有效方式。当前，农民拥有土地这个保障，国家更多地关注城市市民的创业研究，而对农户创业涉及较少。但由于上述农户创业所体现出的意义，所以有必要加强对农户创业问题的研究。

（二）内容框架

新农村建设背景下研究农户创业，需要对不同区域不同农户基于不同产业创业的比较研究和对农户创业相关理论问题的诠释，探索农户创业活动的内在规律，研究农户创业的制度安排与政策组合，为推进农业现代化、繁荣农村经济提供理论指导和现实参考。研究设计时需要抓住以下几个关键。

（1）农户创业行为为什么在有的农户身上发生，在有的农户身上没有发生？创业行为为什么在有的地方发生，在有的地方没发生？

（2）农户创业活动对农业、农民、农村经济发展有多大贡献？如何推动现代农业农村经济的发展？其内在的传导机理是什么？

（3）在已有的创业活动中，为什么有的创业能够持续，有的却难以持续？创

业失败的根源是什么？创业成功在秘诀在哪儿？

基于几个关键点，新农村建设背景下农户创业研究的内容框架如下。

第一，内在条件与外部约束作用下农户创业发生机理。

以调查数据和典型案例为基础，立足农户创业的个体特质、行业特征和区域差异三维视角，研究在农户创业内在条件（创业能力与创业动机等）和外部约束（产业约束与环境约束等）作用下，如何激发创业动机、诱发创业行为，即在发现创业机会前提下，研究创业主体基于机会-风险和收益-成本如何理性创业。这里的创业环境包括有形基础设施、创业文化与创业教育环境、创业融资环境、商务环境（如电子商务、信息咨询、法律服务、会计服务）及法律和政策环境。尝试回答以下问题：①为什么 A 农户创业成功而 B 农户创业失败？②为什么 A 产业比 B 产业更容易成功创业？③为什么 A 区域比 B 区域更有利于农户创业？

第二，农户创业活动的多重功效及其传导机理。

农户创业环境的优化，对培育创业的新主体、培育农户创业市场、诞生新企业、带动其他农民就业，有着重要意义，可以促进一个地区的经济发展。本部分内容主要分析"农户创业萌芽→培育创业氛围→开展创业活动→提升创业水平→推动区域发展"，通过这种分析，形成农户创业活动的传导机制，进一步分析农户创业对改造传统农业，协调城镇化、工业化和农业现代化，发展农村非农产业的重要意义。尝试回答以下问题：①农户创业对农业发展有多大贡献？②农户创业如何推动现代农业发展？③农户创业对农业发展的传导机理？

第三，农户创业的参与激励与行为持续的条件设立。

创业动机驱使创业行为，不同的行为选择导致不同的创业效果。而创业效果受制于创业内在条件与外部环境的约束。照此逻辑，鼓励农户创业，政府在给予必要支持的同时还应发挥市场的激励功能，创业者自身财富动机驱动的同时还需要有创业者非财富动机的社会动员。本部分内容将从政府政策驱动、农户创业冲动和社会动员组织三维视角研究农户创业激励，分析如何激励创业主体主动参与，探讨如何建立农户创业的公共支撑体系以保障农户创业行为的连贯持续，阐释农户创业激励与约束相容。

第四，农户创业相关主体的合作博弈。

单个农户创业面临自然风险和市场风险，作为有限理性经济人的创业农户亦有最小努力与最大产出的"机会主义动机"，而合作不但能够规避双重风险、节约交易成本，而且能够带来合作剩余，对双边都有利。本部分内容以行业分工理论为基础，比较分析不同农户（从事不同行业的创业农户）创业的风险与成本，研究创业农户合作偏好、合作方式、合作组织及利益分割等内容。

第五，农户创业的路径依赖及模式选择。

依托"创业主体-创业过程-创业环境"的创业过程理论模型，以创业资源获取的难易程度、创业农户自身能力素质提升的成本代价和区域经济发展的制度成本等为主要变量，建构农户创业过程演进的动态优化模型，研究农户改造传统产业、发展新兴产业及创办新型企业等各种创业路径，探寻农户低成本、高效益、低风险、高保障的创业模式。

第六，推进农户创业的制度框架与政策取向。

以创业培植为核心，以产业引导和环境塑造为主导，研究创业教育创新（发展创业品质、塑造创业精神、培养创业能力）、融资体制创新（构建多层次金融市场体系、正确引导民间融资、支持农民成立合作金融组织）、创业环境创新（为农户创业提供政策支撑、为农户创业搭建平台、为农户创业营造高效政务环境）等内容，阐释农户创业内在条件塑造与外部环境支持。

（三）研究方法

本书旨在揭示农户创业规律，探索农户创业机理，所使用的资源既有来自第一手的现场调查，也有现成的第二手素材。项目采用的研究工具主要有图书馆及其所拥有的信息资源、计算机及其软件（如 Logit 离散选择模型等）、赋予权重等计量技术及描述和推理等统计手段。而研究的根本方法则是以马克思的唯物辩证法（即"具体—抽象—具体"的研究方法论）为指导。本书拟运用分别居于东部、中部和西部的典型县（市）的样本数据（具体），通过 Logit 离散选择回归实证研究农户创业，揭示农户创业规律、透视农户创业机制（抽象），进而优选中国农户创业路径（具体），其具体运用如下：在对创业研究的概念框架与分析范式构建的时候，采用的是定性的内容分析研究。本书出于专家学者对创业、创业者、创业活动等基本概念和已形成的 Gartner 创业模型、Timmons 创业模型、Christian 模型等的识别，在分析现有研究文献基础上，界定研究对象，定义相关范畴，进而建立起本项目研究的概念框架与理论分析范式；在实证研究中国农户创业的时候主要采用了抽样调查法、重点调查法、全面调查法和回归分析的方法。本部分的主要任务是实证中国农户创业，所以需要采用统计学和计量经济学的方法对数据进行收集并加以分析，其中回归分析是主要的分析方法。因为本项目是研究基于不同区域的不同农户在不同产业创业的比较，所以在选择典型区域的时候采用的是典型抽样的方法，需要对样本区域的全部农户进行研究，因而对样本区域的样本农户采用全面调查法，同时需要对典型农户进行解剖，因而典型农户采取重点调查法。在实证分析中涉及的是主体特征、产业属性和区域差异对农户创业影响的判断，其表现的主要是虚变量或限制性变量（如制度资源、资金约束等）的形式，所以 Probit 模型、Tobit 模型和 Logit 模型都是可以采用的分析工具，而根据项目研究内容和模型本身特点，本书主要采用 Logit 离散选择模型；在透视农户创业机制的时候采用归纳演绎法。通过对不同区域不同农户不同产业创业的实证研究，找到约束农户创业的变量，运用这些约束变量从农户创业的发生、农户创业的过程和农户成功创业的保障三个层面归纳演绎出农户创业的发生机制、约束机制和保障机制；在对农户创业的路径优选研究时，采用的是最优控制理论和系统仿真方法。创业过程的演进具有惯性，因而具有路径依赖性。我们知道，无论是技术演进还是制度演进，由于自强化机制的作用，都会强化路径依赖，无论是走上好的路径还是不好的路径，都会因惯性作用而不断得到强化。因此，为促使农户顺利创业，走上良性创业之路，农户要建立一套动态优化模型，选择恰当的控制变量，在相关约束条件下进行系统仿真，对可选择的路径进行风险评估从而选择出最佳路径；本书的制度设计与政策建议部分将在制度经济学的制度创新理论基础上根据前述的研究成果进行归纳分析。项目研究的基本思路及技术路线图如图 2-4 所示。

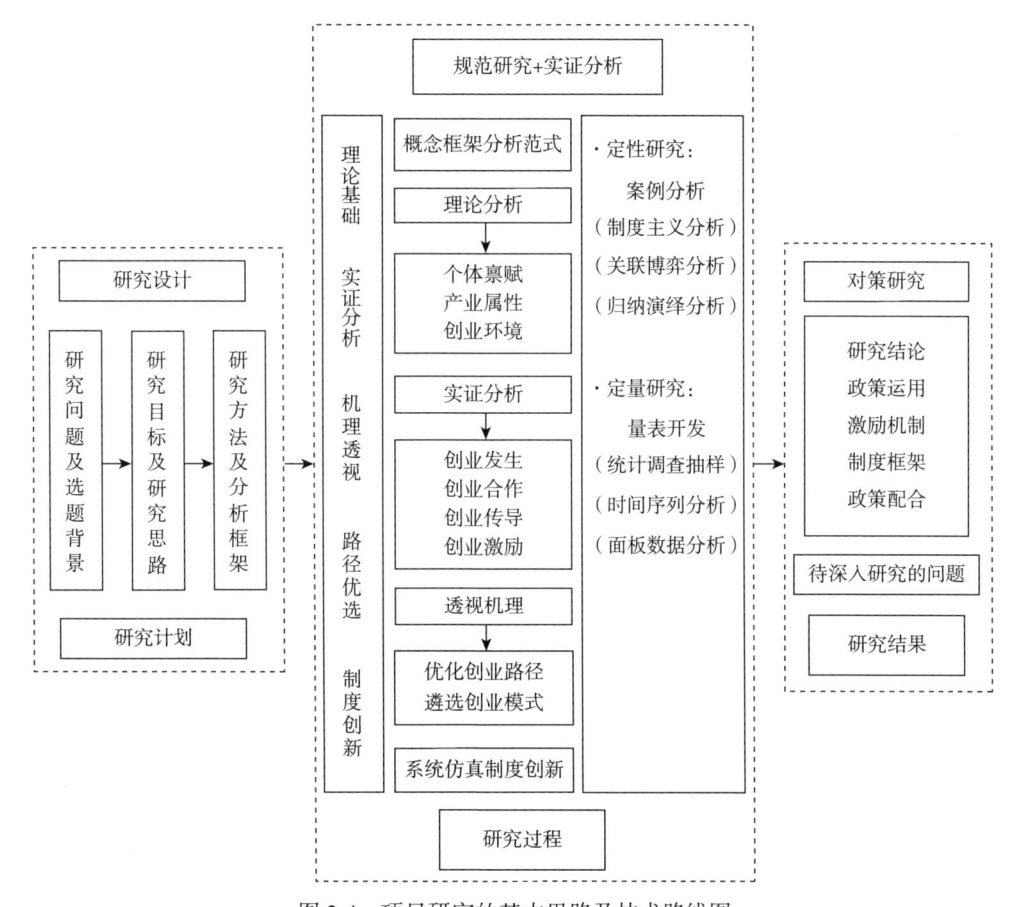

图 2-4 项目研究的基本思路及技术路线图

（四）资料来源及样本情况

1. 资料来源

项目研究资料和数据主要来源于两个方面。

（1）统计年鉴和间接资料。

统计年鉴包括《中国统计年鉴》（近 20 年的相关统计数据）、《中国农村统计年鉴》（近 20 年的相关统计数据）。

间接资料主要采集了近 20 年国内外专家学者以"农户创业""劳动力转移"等关键词检索的研究成果，包括论文、研究报告、学术著作等 300 余份（篇）。

（2）现场采集第一手资料。

本书主要在东、中、西部选取了典型县区进行现场抽样调查。选取的样本区域如下。

东部地区：浙江嘉兴海盐县。

中部地区：河南洛阳市。

西部地区：重庆的黔江区、合川区、潼南区、荣昌区、铜梁区等；四川的双流县、井研县和大英县等。

2. 样本分析

根据本部分研究需要，选择创业开始时间在调查时点的一年内，因为创业机会一般在创业活动的初期，若调查时间距创业间隔得太长，会因调查对象的记忆退化而影响样本质量。本部分研究采用分层随机抽样方法，先在重庆范围内发放 200 份问卷做预调研，对收回的问卷做效度、信度分析，对信度值低于 0.5 的问卷题项进行删减和修改，然后进行正式的调研。正式调研选定了河南洛阳，浙江嘉兴的海盐县，四川成都的双流县、大英县、井研县，以及重庆的黔江区、合川区、潼南区、铜梁区、荣昌区十个典型地区进行问卷发放和案例访谈，进行农户创业情况的微观调查，样本发放及回收情况见表 2-1。发放问卷 1 000 份，回收 692 份，由于问卷题项较多，所以有效问卷共 518 份。从地区上分，东部浙江地区的有效问卷 99 份，中部河南地区的有效问卷 99 份，西部四川成都、重庆地区的有效问卷 320 份。

表 2-1　调查问卷发放及回收情况（n=518）

	发放问卷	回收问卷	有效问卷	回收率	有效率
问卷总量	1 000 份	692 份	518 份	69.2%	51.8%
问卷分类	东部地区		99 份		
	中部地区		99 份		
	西部地区		320 份		
调研案例	访谈 31 人，其中创业者 27 人，基层干部 4 人				100%

第三章 农户创业发生机理

摘要 本章着眼于农户创业的起点——农户创业行为的发生,从马斯洛需求层次理论(Maslow's hierarchy of needs)、资源基础理论、资源依赖理论、资源拼凑理论四个理论出发,充分考虑创业农户的特殊性,结合农户自身资源禀赋特点和创业环境特征,详细分析主观意识、内部动机、外部动力及创业机会识别能力等农户创业动力机制。在界定农户创业行为发生的前提下,通过农户创业的四个典型个案,对生存型创业和机会型创业进行具体描述和分析,基于此,透视出农户创业活动的发生机理:无论是生存型农户创业还是机会型农户创业,农户创业活动的发生都离不开内部资源和外部资源的有效拼凑,以及创业农户对创业机会的有效识别。对农户而言,农业生产技术、务农经验、熟识的农村社会网络关系及政府为鼓励农业经济发展营造的政策环境是农户创业行为发生的主要推动力量。除此之外,资源的有效组合、绑聚、拼凑和利用,是创业行为发生并保持稳定的关键。因此,农户创业行为的发生在马斯洛需求理论的导向下,严格遵循资源基础理论、资源依赖理论及资源拼凑理论的创业规律,同时,利用农户这一主体、农村这一区域和农业这一产业的特殊资源优势和制度环境优势,深入识别、挖掘和开发创业机会,是农户创业行为发生的根本保障,也是保证农户创业活动稳定性、持续性和经济性的重要前提。

农户作为理性经济人,具有追求自身利益最大化的愿望与动机。选择创业道路是其在趋利避害原则和成本-收益约束下所做的理性决策。农户创业具有创业活动的一般共性,更有其特殊性。本章探究农户创业发生机理,立足于农户自身特点与其所置身的具体创业环境,研究农户在内在条件和外部约束共同作用下,为什么会选择创业道路,影响其选择创业道路的因素又有哪些。基于农户自身禀赋的差异和特点,以及农户所处外部环境因素的约束,挖掘农户在创业过程中的特殊性与局限性,激发农户的创业动机、诱导农户的创业行为及维持农户的创业活动,亟待在理论上澄清什么样的人更容易看到创新机会,这不仅有助于把握创业机会发展的本质,深化农户创业理论研究,而且是谋求鼓励并扶持农户创新性创业活动、改善中国农户创业活动结构的针对性政策措施的关键。

本章将探讨个体禀赋、机会识别和创业环境与农户创业行为发生之间的内在因果关系，揭示三个要素对农户创业行为选择的作用机理，并运用项目所采集到的创业农户的调查数据（如无特别说明，以下所称调查皆指本项目团队所做调查）和典型案例等经验事实，探讨以下问题：为什么有些农户创业成功而其他农户创业失败？为什么有些区域比其他区域更有利于农户创业？因此，本章内容安排如下：与创业发生相关的主要基础理论归纳、农户创业发生机理的理论依据、农户创业的特殊性、农户创业类型、运用理论诠释发生机制的案例分析，以及依据创业发生理论揭示农户创业活动发生的内在机理。

一、关于创业发生的理论基础

回顾创业相关的研究，发现创业理论的形成过程和完善过程融合了两种理论构建策略：一种为"从研究到理论"（research to theory），另一种为"从理论到研究"（theory to research）。不论是引入多学科的主流理论，并经由经验证据检验对创业现象的解释，还是针对创业行为和过程的独特性去展开理论摸索，都是对主流创业理论的基本假设和解释逻辑的补充、完善或挑战，由此可见，创业理论正在逐渐成熟。张玉利等（2012）的研究发现，现有创业相关研究正向两个方面深入：一方面是立足于解释与预测创业这一现象，探讨创业过程中行为与要素间及要素自身间关系的内在逻辑和作用方式；另一方面是挖掘创业过程的独特性，尝试在现有创业理论基础上进行理论创新，并对理论中的新观点进行经验检验。总体看来，大多数研究集中在前一方面，并忽略构建特别创业理论之倾向（Gartner，2003）。本章的研究重点在于创业行为发生条件和逻辑选择，即创业发生机理研究，主要研究思路如下：梳理现有创业理论，应用这些理论解释并分析不同类型创业行为发生的基本条件和不同路径，并运用调研数据对个体禀赋、产业属性和创业环境等方面进行描述，并运用理论通过典型案例对创业活动的发生机理进行分析和揭示。

（一）需求层次理论

1. 需求层次理论的主要观点

米塞斯在《人类行为的经济学分析》中指出，人类行为是在意志实施之后转化而成的行动，具有明确目标性，是行为人对外界刺激和环境状况做出的有意识的反应和调整；人类行为的最终目的通常是满足行为人的需求（米塞斯，2010），即意识产生需要、需要转化为动机，进而导致人类行为。创业行为产生于各种需求的刺激，即创业的直接动机就是需求。马斯洛需求层次理论，亦称为"基本需求层次理论"，源于1943年美国心理学家亚伯拉罕·马斯洛的《人类激励理论》。马斯洛认为，行为动机由多种不同层次和不同性质的需求组合而成，不同的需求有层次和顺序之分，不同层次的需求状况和满足程度决定了行为主体的发展状态。人的行为需要被马斯洛分为五个层次（图3-1），由低到高依次是生理需求（physiological needs）、安全需求（safety needs）、社交需求［即爱和归属感（love and belonging）］、尊重需求（esteem needs）和自我实现需求（self-actualization）。在低层次的需求得到满足后，个人就会追求满足较高层次的需求。最终自我实现需求达成后，还有自我超越需求（self-transcendence needs），但一般不作为必要的层次被列在需求层次理论当中，大多数研究会把这种更高层次的需求合并到"金字塔"最高层级的自我实现需求中。以上五种需求可分为三级，生理需求与安全需求属于低级阶段，这两种需求通过外部条件即可实现；而社交需求和尊重需求属于中级阶段，自我实现需求则属于高级阶段。同一阶段，行为也有可能存在一种或几种需求，但每个时期总是有一种主要的需求来支配人的行为，对行为的发生起决定性作用。一般而言，只有较低层次需求满足后，较高层次需求才有可能活跃并起到支配行为的作用。位于"金字塔"底部的三种需求被称为缺乏型需求，只有满足这三种需求之后，行为主体才可能基本得到满足感；"金字塔"顶端的两种需要被称为成长型需求，主要是因为它们构成了行为主体成长与发展的重要支撑和动力。

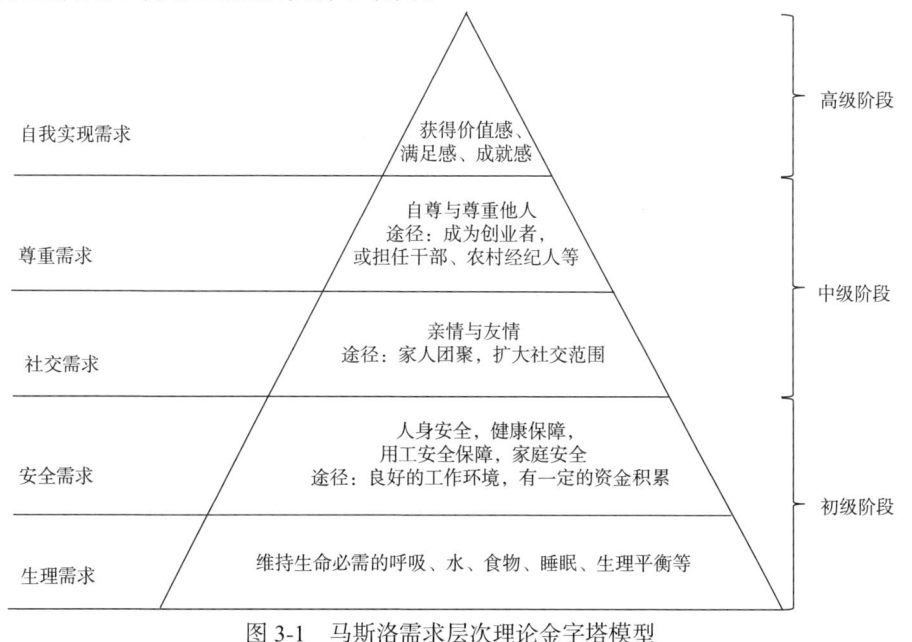

图3-1 马斯洛需求层次理论金字塔模型

2. 需求层次理论与创业的关系

马斯洛层次需求理论在人力资源管理方面有着广泛的应用。对不同类型的创业者而言，五个需求层次都可能成为其主动创业的动机。在初级阶段，生理需求是最基本的需求层面，一些仅为了生存而发生的创业行为多数较为脆弱；安全需求同样属于低级别的需求，主要包括生活稳定等，此类需求很难成为创业者主要的创业动机；中级阶段，社交需求属于较高层次的需求，创业者可能会为了友谊、爱情或亲情选择创业行为，满足其归属感；尊重需求也属于较高层次需求，创业者在满足基本要求之外，还要通过创业寻求心理上的尊重和社会地位的提高，此时社会及他人对自己的认可和尊重是创业者创业行为发生的原动力；而自我实现需求是最高层级的需求，是一种衍生性需求，创业行为的发生动力在于实现自身价值，能够为社会带来价值，这一层面的需求是创业行为发生最高层次的动力。

（二）资源基础理论

1. 资源基础理论的主要观点

资源基础理论最早可追溯到 Barnard（1938）的研究，明确提出资源基础概念的第一人是 Selznick（1957），而资源基础论的奠基人则是 Al-Khalifa 和 Peterson（2004）。Al-Khalifa 和 Peterson（2004）《企业成长论》的发表标志着战略研究更加关注企业内部资源，而非原有研究重点的企业外部环境。同时形成了战略管理理论的一个新主流理论，即资源基础理论（resource-based view，RBV）。传统战略理论以对企业竞争环境和市场地位等外部因素的分析为主，认为企业应该挖掘其内部优势和劣势，制定出与外部环境中的机会和威胁相匹配的战略，只有这样，才能有效获取持续的市场或行业竞争优势。但研究结果显示，即使在相似的环境里，企业间的经济绩效也存在比较大的差异。因此，企业战略管理研究的重点逐渐转向企业内部，企业内部资源的充分利用和企业经营管理能力的提高，对保持企业的持续竞争优势有十分重要的作用。

企业是资源的集合，可通过一定的行政框架将其汇聚起来，具有潜在的生产性服务功能（Al-Khalifa and Peterson，2004）。企业这种资源在战略要素市场难以贸易（Dierickx and Cool，1989），是长期开发的结果。资源基础理论的核心理念来自于独特的资源拥有和配置的企业具有异质性，且这些独特的资源是竞争优势的主要来源和实现绩效的主要驱动力（Wernerfelt，1984；Barney，1986；Varadarajan and Fahy，1993），同时，资源数量、质量和类型使企业经营范围和方式受到限制。Barney（1991）将内部资源分为三类，即实体资源、人力资源和组织资源。企业会在企业内部资源和外部机会匹配的情况下形成良好的竞争环境（Conner，1991）。

从资源基础论可以看出，企业在市场中的竞争优势主要来自企业内部的核心资源，这些具有异质性的核心资源会形成一种被同行模仿或复制的隔离机制，从而能有效保持企业竞争优势的持久性。对初始创业者来说，亦如此，资源基础理论也是创业者获得市场竞争优势的重要指导理论之一。

2. 资源基础论与创业的关系

资源基础观被广泛用于管理学的各种研究，该理论表明企业的竞争优势是企业内部异质性资源和能力的函数，资源的限制是阻碍创业发生的重要因素。早期创业相关研究试图从创业者心理特征、意志品质等抽象而空洞的主观因素出发，识别自身异质性及其与创业过程的作用关系，不仅没能澄清创业者异质性与创业行为的关系，还阻碍了对创业者异质性与创业行为差异性关系的研究进展。Morris 和 Vella（1998）研究认为创业者异质性实质上体现在创业者资源禀赋差异的外化和表现；蔡莉等（2007a）对 1981~2005 年的 FER（frontiers of entrepreneurship research，即创业研究前沿）会议论文中创业相关研究的研究重点分布情况进行了统计，发现在以创业者、机会识别和资源为关键词的研究中，有关创业者的研究最多，比例约为 66%，有关创业机会识别的研究占 24%，而有关创业资源的研究只占 10%，已有研究表明，在创业行为产生的研究中，创业资源方面的研究起步相对比较晚，最早出现在 1997 年和 2001 年的会议论文中，直至 2003 年创业资源才成为"创业研究前沿"中连续性的研究主题；Alvarez 和 Busenitz（2001）提出了创业资源理论，并拓展了创业资源研究的边界，从广义资源的角度考虑，创业者的人力资源、认知能力（识别和产生新机会的能力）、与其他个人和组织建立的信任关系、引导组织必要的资源、设立企业的能力，以及通过企业创造市场需求的产出能力，都是影响创业活动的资源；Brush 等（2001）对构建创业资源基础进行了深入研究，将创业企业对资源的配置过程分为四个阶段，即集中资源、吸引资源、整合资源和转化资源，并运用案例研究方法，对资源平台构建时存在的主要问题，进行深入分析和经验检验。研究提出的企业资源整合过程为资源视角下的创业问题研究提供了更好的切入点，即资源管理过程包括资源外部获取和内部转化两个过程；Sirmon 和 Hitt（2003）对成熟企业进行了分析研究，构建了一个较为系统的资源管理过程模型，并将创业资源管理过程分为三个阶段，即资源构建（structuring）、资源绑聚（bunding）和资源利用（leveraging），这一成果对创业问题研究具有十分重要的借鉴作用；张茉楠和李汉铃（2005）遵循资源基础理论的主要逻辑，拓展了企业资源概念的外延，将企业家认知禀赋视为一种具有较高生产效率的主导性资源，并分析了资源禀赋框架下的创业机会识别问题；杨俊和张玉利（2004）认为创业是基于创业者资源禀赋演变的机会驱动行为过程。

创业者的资源禀赋差异及动态演变过程凸显了创业者异质性和创业行为差异性的内在关系，核心是对以下问题的解释：①创业者自身的资源禀赋差异在创业机会感知、识别和评价过程中的作用；②创业者自身的资源禀赋特征怎样才能转化为可控资源以确保成功实现创业行为；③创业者自身资源禀赋特征在创业初期新企业的生存和成长过程中的作用及其演变规律（Greve and Salaff, 2003）。创业者资源禀赋特征是创业资源的重要组成部分，是创业前所拥有的各种资本总和，主要表现为人才、资本、技能和机会，创业主体的资源禀赋条件通过影响创业过程中的资本积累、机会认知和决策等过程，来影响创业行为。

由此可见，创业者资源禀赋特征对创业行为的影响非常重要，创业者资源禀赋条件差异在一定程度上决定、促进或制约了创业行为。农户在创业过程中的身份较为特殊，是一个相对弱势的群体，相对于其他创业主体，创业农户拥有的经济资本、人力资本和社会资本都相对欠缺，创业行为的发生更容易受到资源禀赋条件的制约与影响。基于此，本章拟将创业主体的资源禀赋理论用于解释和预测农户创业行为的发生过程是合适和合理的。

（三）资源依赖理论

1. 资源依赖理论的主要观点

资源依赖理论是指组织或个人在发展过程中较为重要的资源供给方面，总是试图降低对其他组织或个人的依赖程度，并试图以此来影响周围环境以保障所需资源的供给。组织或个人在发展过程中对资源的依赖性取决于其对组织或个人发展的重要程度、掌控资源的组织或个人对该资源的配置与利用的决定权或垄断权的大小。

作为组织理论重要分支的资源依赖理论，主要聚焦于组织变迁的研究。随着资源依赖理论被不断充实和丰富，也经常被用来研究组织关系等问题。Pfeffer 和 Salancik（1978）的《组织的外部控制》对资源依赖理论进行了较为全面的阐释，提出组织生存有赖于组织获取和持久保持资源的能力，其中，主要在于和重要资源供给者保持良性互动的关系，这也为企业在决策过程中要考虑环境中的相关利益主体奠定了研究基础。同时，利益相关主体或资源供给主体对组织的影响或控制程度将取决于其所能提供的资源价值，即对资源的依赖程度决定了利益相关主体和资源供给主体在组织变迁中的地位与作用。

资源依赖理论的观点对开放系统中的组织特征做了如下分析：无法孤立运转、组织内部没有发展所需的全部资源、企业为了生存必须从外部环境中获取必要的资源。由此可见，资源的短缺导致组织对环境中的其他组织产生了资源需求，为了解决资源需求问题，就要在边际效益基础上，通过充分利用组织之间的资源互补性以完成与其他组织之间的交易活动。

在一定范围内，组织为了生存需要与外部环境中的组织进行交换，主要表现在组织与生存环境中的其他团体、组织或机构的交易活动（Jurkovich，1974）。这些交换活动在进行过程中可能会涉及大量信息和资源，以满足组织运行的需要。据此可知，组织会通过依赖周围环境中的组织或团体或机构，以获得发展所需的信息与资源。资源依赖理论不仅强调了周围环境对组织运行的影响和作用，还强调了组织与组织之间、组织与其他团体之间的关系，同时强调了经营环境中不同资源对组织生存和发展的重要作用。资源依赖理论还说明了组织可以采用与经营环境中其他组织的相互影响、沟通和交易等形式获取所需资源。组织对周围环境供给资源的利用和控制主要形式或具体行为主要包括建立组织网络，或者以横向整合的形式减少对手数量，或者通过扩大组织经营领域，选择多元化的产品战略，来避免对环境的依赖。

资源依赖理论主要基于以下四个假定：①组织存在的最基本目标是生存；②组织为了生存，对外界环境可能供给的资源产生需求；③组织为了生存甚至发展，需要与环境中其他组织、团体进行沟通、交换和交易等活动；④对组织间的关系控制力决定了组织生存能力。其中，第二个假定条件是资源依赖理论的核心（Pfeffer and Salancik，1978）。

不同组织资源禀赋结构差异性较大，组织运行过程中，组织外部资源可通过市场获取，如原材料、劳动力、资本和设备等；但是，通过市场获取管理协调能力、资金融通能力等流动性相对较弱的资源难度较大。相对而言，流动性较弱的资源对组织来说更为重要，能够形成更强的市场竞争力，然而这种资源也是相对匮乏的。基于此，在资源依赖理论分析框架下，组织主要通过以下两个过程来获得资源：一是明确组织的资源需求及所需资源的来源；二是寻找这些关键资源的获取渠道。综上所述，资源依赖理论的主要内容包括以下方面：第一，环境不确定性和组织内部的资源短缺将使组织对异质性的资源产生需求，以此缓冲外部环境的不确定性带来的影响；第二，合理地选择、获取、配置、积累和管理资源，能为组织带来持久的竞争优势；第三，组织对外部资源的筛选和管理过程，主要由组织能力和能够获取的信息量决定，并决定了其差异性和竞争优势；第四，组织对稀缺资源的控制能力决定了自主性，这种自主性也将为组织带来高额的经济回报，一般说来，对稀缺资源有控制权的组织，将对其他相对缺乏控制能力的组织或团体产生影响；第五，外部环境中资源的不可替代性使组织形成了对关键资源的控制管理能力的差异性，组织依次保持长期的相对较强的竞争优势。

2. 资源依赖理论与创业的关系

资源依赖理论从创业环境视角出发，为创业方面的相关研究奠定了坚实的理论基础，分析了创业活动的发生、持续过程中创业主体与外在环境之间的相互联系，以及所需的外部资源在创业主体与创业环境之间互动中的作用,在明确了外部环境对创业活动产生影响的基础上,激发了创业主体整合资源、辅助创业活动的主观能动性,使创业主体对外部环境的适应与改造及资源的获取过程得到理论上的支撑。

资源依赖理论对创业研究的重大贡献在于赋予了创业主体以主观能动性,指明了创业主体受到创业环境影响后,除了采取实际行动去适应外部环境,还会积极努力地改变环境,增强创业主体自身对外部创业环境的适应性。资源依赖理论明显区别于其他环境决定理论,更加强调创业主体主观能动性,因此资源依赖理论是解释创业主体对创业环境适应行为的理论。资源依赖理论的重要意义在于使研究者意识到创业主体可采用多种差异性的战略改变自身资源禀赋结构,以适应创业环境,缺点则在于研究视角的单调性,即仅从资源这单一视角分析复杂的创业行为,解释力不足。

(四)资源拼凑理论

1. 资源拼凑理论的主要观点

法国人类学家 Lévi-Strauss(1967)在对人类文化和思维的研究中提取了"拼凑"理论,他在 1967 年发表的著作《野性思维》(*Weightman: Savage Mind*)首次使用了该理论,提出了拼凑主义的经验思维模式可以改造世界。Lévi-Strauss 认为科学的思维模式属于抽象认识论,其注重的是规划和形式主义;而拼凑思维模式是一种新的认识的规则和手段,更加重视对现有元素的重新解构和整合。

Lévi-Strauss(1967)吸收了对美国、法国及巴西等不同国家人群历时数年的田野调查结果,奠定了"拼凑"理论的实证分析基础。Derrida 在 1981 年将拼凑理论引入哲学研究范畴,考察了拼凑在人文社会科学研究中的结构效用,发现既有的单元化社会秩序总是不可避免地出现破裂,需要连续性修补,这种连续性修补不是偶然、意外发生的,而是本质性的、系统性的和理论性的,他认为这种修补性的解构主义即是拼凑。

Weick 和 Roberts(1993)将拼凑理论引入组织研究领域,他在 1993 年以 16 个消防员在曼歌峡谷的火灾扑救事件为案例,分析了组织即兴和拼凑在角色结构形成及组织规范互动过程中的积极作用。1997 年,Campbell(1997)在研究制度变迁中,发现制度变迁的路径依赖是将现有制度拓展到一个新行为领域,实质上则属于一种制度拼凑。拼凑包含了资源的整合、任务识别、解决方案的提出和结构评估的动态过程。有些学者开始考察拼凑作用于不同管理学领域的模式,并形成了资源拼凑、即兴拼凑、管理拼凑与创造力等多元化的研究视角。

Garud 和 Karnoe(2003)、Baker 等(2003)将拼凑理论引入创业研究领域,

他们在《科研政策》上分别考察了拼凑理论在技术创业中的作用和对新企业创业资源整合的影响效应。到了 2005 年，Baker 等（2003）又围绕创业拼凑开展了实证研究，分析和识别创业拼凑的理论边界、过程模式、理论效度和测量方式，在学科层面上区分了创业领域和其他领域对拼凑理论的研究，厘清了创业拼凑理论对创业发生和新企业成长过程的驱动机制，从而为创业研究的理论发展和创新做出重大贡献。

Duymedjian 和 Rüling 在 2010 年提出要重新配置资源，需在情景中进行拼凑，采用柔性控制系统和非制度化的组织设计，可视为管理拼凑。Domenico 等定量研究英国社会企业时，建立了一个延伸性的社会拼凑理论研究框架，正式将拼凑理论应用于社会创业行为。

本章根据学者的已有研究成果，将拼凑理论的学科演化及其概念内涵界定总结如表 3-1 所示。

表 3-1 拼凑理论的发展演进与内涵界定

学者	学科	"拼凑"内涵
Lévi-Strauss	文化人类学	对已有要素的重新解构和整合，而后形成新规则或手段
Derrida	解构主义哲学	一种连续性的、修补性的解构主义
Weick 和 Roberts	组织社会学	嵌入即兴而作，强调了行为计划与执行的密切关系，认为面对意外需要立即采取行动
Campbell	制度理论	制度拼凑是指通过将现有制度惯例扩展到新的行为领域，从而实现制度变迁，具有路径依赖特性
Kallinikos	动态资源基础观	资源的创新过程，需要权变性和归纳性逻辑
Cunha 等	组织即兴	偶发性事件推动了拼凑发生，是组织及成员利用可获得的物质的、感知的、情感的和社会化的资源实现的
Duymedjian 和 Rüling	组织理论	嵌入组织中，是一种对组织资源的重新配置，需要采用柔性控制系统和非建制化的组织设计机制
Garud 和 Karnoe	技术创业	强调利用现有资源，通过建立某种结构来解决具体问题
Baker 等	创业管理	是一种即兴发挥观，并不否认创业中的计划行为，但认为问题的解决是一个渐进的过程，创业者要注重缩短计划和行动间的时间间隔

2. 资源拼凑理论与创业的关系

匮乏的资源禀赋使许多创业者无法顺利整合创业所需资本，这对创业行为的发生形成了巨大的挑战，创业主体必须依靠自身资源优势，通过对有限资源的整合利用进行创业，这种创业模式称为创业拼凑。资源拼凑理论为创业者在高度资源束缚条件下发生创业行为的解释奠定了理论基础。2003 年，Garud 和 Karnoe 将资源拼凑理论用在技术创业研究上，2005 年，Baker 等研究了拼凑在创业资源整合过程中的影响效应，标志着资源拼凑理论正式被应用到创业管理领域的研究中。

Baker 等（2003）基于扎根理论研究了 12 个通过拼凑资源开展创业活动的创业者后发现，资源拼凑过程主要包括并行拼凑和连续性拼凑两种方式，之后又将连续性拼凑方式改为选择拼凑。如表 3-2 所示，采用并行拼凑方式组合资源的创业者试图在资本、技术、劳动力、市场和制度等方面进行全面整合，这种拼凑方式能够为创业过程带来新理念和新市场，但要在多个领域中投入更多的时间和精力，因而会产生强烈的认同强化和过度承诺，使资源拼凑行为不断发生，久而久之会制约创业活动。选择性拼凑是指创业主体在有限的资本、技术、人力、市场和制度等创业资源中，根据创业过程中的资源需要，有选择性地进行拼凑，从而有效突破资源约束，实现创业活动的高效持续。深入剖析以上两种创业资源拼凑方式过程中的价值创造的内在机理，就可以发现，由于资源数量和创业精力的有限性，并行的资源拼凑方式不能使创业资源及时有序到位，拖延创业项目进展，前期的资源拼凑会因资源的搁置而产生暂时性的冗余，甚至造成创业过程的价值损失。由此可见，选择并行拼凑方式的创业行为通常只能维持创业项目的生存。对资源选择性拼凑方式来说，创业者具有一定的资源基础，因此个别资源拼凑的过程中较易获得其他相关组织或团体的信任，外部交易成本也会由此降低，前期已有的资源积累使创业者有能力、有意愿去拼凑个别资源及开发创新性机会，也可能创造出更高的创业收益。

表 3-2 资源拼凑与创业行为的关系

拼凑方式	并行拼凑	选择性拼凑
定义	拼凑创业所需的全面的资源，创业者本身并不拥有基本资源	有选择地拼凑创业所需的个别资源
对创业者要求	较强的组织协调能力，不需要太多的创新能力，多发生于生存型创业过程中	敏锐的市场洞察力，能将现有资源和市场机会有机结合起来，常见于创新型创业过程中
资源配置方式	资源配置不到位，创业活动可能就会停滞	有选择地集中资源用于创业活动
资源利用特点	个别资源可能会产生闲置性冗余	资源利用较为充分
对创业的作用	创业时会过多关注创业的经济性价值、较少关注社会性价值，而忽略了环境价值	利于创新型机会的开发，价值创造较大，能获得较高的经济性价值，有环境价值和社会价值理念

国外学者近年来对创业拼凑理论的实证研究成效显著。总体来看，资源拼凑理论在创业领域的实证研究主要分为四类：一是对创业拼凑理论的模式识别和效度检验；二是考察创业拼凑理论的前置因素和应用情境；三是致力于创业拼凑理论的操作化研究和应用，包括对创业拼凑理论构念的测量和相关量表的开发；四是分析构建创业资源拼凑理论对创业活动绩效的影响机制。现有创业资源拼凑的实证研究主要采用的是案例研究、内容分析、扎根研究和基于量表的调查问卷等研究方法，如表 3-3 所示。

表 3-3　拼凑理论在创业中的实证研究

作者	方法	结论
Garud 和 Karnoe	跨案例研究	相对于传统的计划战略来说,拼凑战略更有助于进行技术型创业
Dorado	内容分析	选择拼凑方式来整合资源,通过与环境和机会的交互作用形成社会建构过程,促进新创企业成长
Baker 等	纵向跨案例分析	创业者的社会网络关系与强度对创业资源的拼凑具有前置效应
Baker	田野调查	创业拼凑包括平行拼凑和选择性拼凑两种模式,平行拼凑阻碍了创业活动的开展,选择性拼凑模式有助于新创企业的成长
Westenholz	单一案例研究	新企业的组织合法性得益于制度拼凑
Ferneley 和 Bell	纵向跨案例研究	创业资源拼凑的有效性会受到组织学习能力和组织成员信任的影响
Senyard 等	案例研究问卷调查	开发了创业资源拼凑理论建构的八个测量量表
Mair 等	单一案例研究	非营利组织通过资源拼凑过程来获取社会认同,促使组织进一步成长
Steffens 等	问卷调查	创业资源拼凑战略促进了新企业绩效的提高
Senyard	纵向跨案例研究	全球性金融危机和合法性制度约束提高了创业者采取创业拼凑战略的可能性
Stinchfield 等	扎根研究	获得效益提高的新创企业大都采取了创业资源拼凑行为来开发现有资源和创造新资源
Senyard 等	纵向跨案例研究	创业资源拼凑的前端驱动因素主要包括以下内容:①对新企业创建的资源约束条件的评估机制;②现有创业资源的价值属性;③创业者整合和利用现有资源的能力;④对创业资源拼凑结果的可能性预期

二、农户创业行为的特殊性

(一)创业农户特点分析

事实上,中国农民创业以乡镇企业为最初形式开始于 20 世纪 50 年代,1958 年以后,社队企业作为农村经济中的综合性产业,从农业分离出来,1978 年十一届三中全会之后,出现了除原社队企业之外的联户办、跨区联办等多种形式的合作企业。1978 年以前的农民创业活动相对较少,虽存在农民创业行为,但基本是以社队为单位的集体创业活动,创业形式、结构较为单一。1978 年以后,伴随农村改革的逐步扩大和逐渐深化,农民创业进入新时期。农户创业过程具有自身特殊性,这些特殊性使农户创业区别于其他创业主体展开的创业活动。因为创业主体的差异性明显，农户创业区别于其他创业主体的创业行为，具有以下特殊性。

首先，农户拥有农村土地承包经营权。相对于其他创业主体来说，在一定程度上，农户拥有创业资产，是农户在农村领域、农业产业范围内顺利开展创业活动的重要资源优势之一。

其次，创业农户的身份差异性。由于城乡"二元"结构分割明显，制约着农户创业者创业范围的可选择性，迫使农户的创业行为开展只能停留在农村，而农村的产业层级低下、基础设施条件差、人力资本匮乏等，又严重地制约着农户创业行为的多样性和多元性，相对于城市创业者的选择范围大、机会多等创业优势而言，农户身份直接制约着农户创业的发生、持续和成功。但就农村这一创业领域而言，农户创业具有先天优势，如土地资源、生产经验、农业技术和农村丰富的人情网络。

最后，农户创业领域的发展滞后性。长期的城乡分割导致农村市场发育滞后、农业产业经济效益低下、农民观念和信息闭塞等不利条件直接制约了农户主观上积极、主动参与农村范围内或农业领域的创业活动。农村作为农户创业的重要领域，公共服务水平低、创业配套的基础设施供给不足、市场信息流通不畅等问题凸显，对农户这一特殊群体来说，在一定程度上形成了创业阻力和障碍，增加了农户创业的机会识别难度。

基于上述创业农户特殊性的分析可见，农户创业是一个依托家庭组织或非正式松散组织，或通过创建新组织，投入一定数量的生产性资本，在农村社会这一特定创业环境下，扩大现有农业生产经营规模，或从事新的与农业生产相关的活动，以增加经济收益并谋求自身发展为目标的过程。农户在农业产业中创业而形成的组织形式多种多样，由于集体创业的复杂性和混合性，本部分研究主要将研究对象锁定在农村领域个体创业的以家庭组织为基本依托的农户，这一部分群体力量较为薄弱，可能有丰富的生产经验和熟络的农村社会网络关系，但是由于文化素质偏低，缺乏创新意识和先进技术，人力资本水平总体偏低，这就需要通过对创业农户个体禀赋（人力资本、经济资本、社会资本）、产业属性（产业结构、产业竞争度、进出壁垒）和创业环境（家庭环境、社会环境）等方面进行创业行为发生分析，其中，对个体禀赋因素的研究，主要通过其内在素养对创业机会识别能力这一创业发生过程中的重要影响因子进行分析；而创业环境主要包括政策环境、社会环境、经济环境等内容，也将作为农户创业发生的主要考察变量之一进行研究。

（二）农户创业动机分析

农户创业发生机制的研究，主要考察内容如下：农户创业动机是什么；什么原因促使农户创业；农户创业的动力机制是怎样形成的。

1. 农户的主观创业意识

农户创业活动的发生建立在创业意识的基础上。在创业过程中，创业意识是产生创业动机的根本动力，创业动机引发创业行为。

农户的创业意识实质上是产生意识需要的过程，即创业收益的追求在创业意识的催化下转变成创业动机。事实上，多种要素的相互作用促进了经济发展与社会进步，其中，思想观念与思想意识起着关键性作用。农户创业意识源于创业农户内心对创业利益与财富的追求，是创业者自身必备的思想观念与精神面貌。这种对利益与财富的追求是创业活动的持续性和持久性的根本保证。创业意识作为企业家意识中的一种，是创业行为产生的基本驱动力，与企业家精神和创业精神在一定程度上基本保持一致。

农户创业意识受到哪些因素的影响呢？可以根据企业家意识的鸟形模型（图 3-2）和预测创业意识的 ACE 模型（图 3-3）进一步分析农户创业意识的关键影响因素。

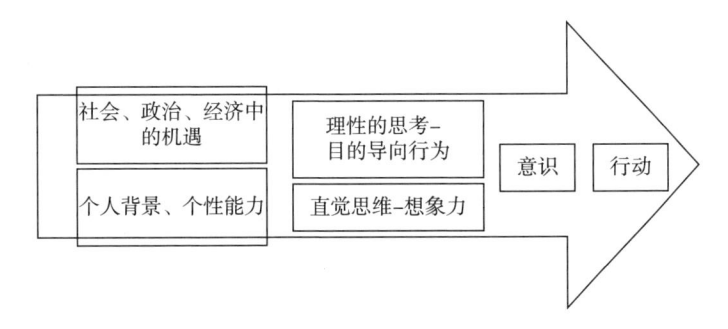

图 3-2 企业家意识的鸟形模型

资料来源：库尔特（2004）

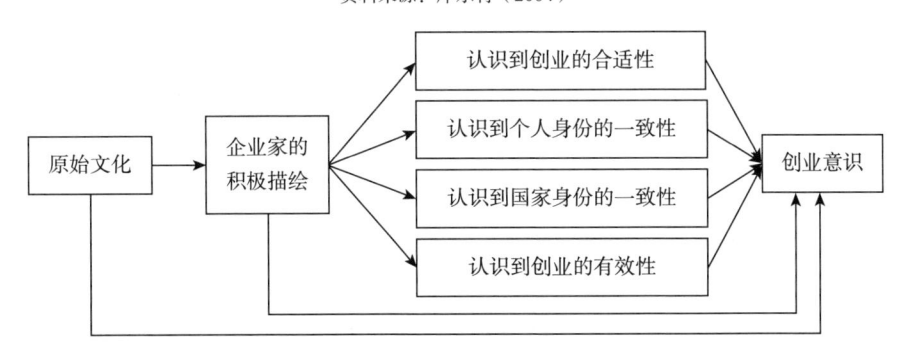

图 3-3 预测创业意识的 ACE 模型

资料来源：库尔特（2004）

从图3-2和图3-3可以看出，创业行动是建立在创业意识之上的，对农户创业来说，对农民创业意识因素分析与上述分析基本一致。

从外部环境看，社会环境、政治环境、经济环境、文化环境及机遇都对农户创业意识产生重要影响。如果创业意识成为一种社会普遍的氛围和风尚，也将对经济社会发展产生不竭动力。实际上，外部环境是通过中国城乡二元结构导致的城乡分割局面，对农户创业的主观意识产生影响的。在中国现有制度框架下，农户固守中国农村的传统观念，远离城市社会、现代市场化经济和现代化观念，在农村自然资源和田园式的生活方式下，形成了"靠天吃饭、听天由命"的无为意识。因此，农村丰富的自然资源和农户薄弱的创业意识形成了巨大反差。对生活在农村这一创业氛围相对较差环境下的创业农户而言，自主创业意识更为重要，但城乡隔离的制度障碍和农户自身相对较低的综合素质，以及对农业产业和农村区域的过度依赖性导致了农户这一特殊的创业主体生活经历过于单一、生产经验过于传统、管理和学习能力偏低，也直接导致了农户自主创业意识的薄弱性。

2. 农户创业的内部动机

心理学研究表明，人的行为动力基础与源泉来自需求，人的行为动力是大脑对生理和社会需求的反映，是满足各种行为动机的欲望的途径。对创业利益追求的欲望使农户产生了创业动机，即农户创业动机是满足和实现其对多层次利益的心理追求。

在农户创业过程中，农户需求主要表现在对创业利益和财富的追求，这也构成了农户选择创业行为的根本动机与出发点。农户选择参与或者退出创业活动由参与创业活动之后能否获得创业收益决定。由于农户创业主要依托家庭组织，因此农户创业过程中所获得的利益主要是指家庭整体利益，以经济收益为主要表现形式，也是农户开展创业活动的根本动力。同时，摆脱贫困状态、追求富裕生活、谋求自身发展、实现经济独立和自我价值等不同层次的动机都是农户追求创业利益的、创业内部动机的外在表现形式，本质上是一种利益追求的体现形式。

3. 农户创业的外部动力

农户具有了内部创业动机，是否一定发生创业行为？结果并不能确定，将这种内部创业动机转化为实际创业行为还需要来自外部环境的推动。农户自身的创业动机并不一定能成功诱导农户创业行为的发生和持续。那么，农户创业的外部动力来源于何处？寻找能够将创业内部动机转化为现实促进农户创业活动的力量，使农户真正进入创业领域，是重要和必要的。

对创业利益的追求是创业活动发生的最大内部动机，要把对创业利益的追求转化为创业行动，还需要以下外部动力因素：第一，创新能力是创业活动发生的重要支撑力量。不同类型创业活动的共同的首要特征是创新，较强的创新能力能够促使新事业的创立，相反，新事业的开创过程，不论创新程度高或低，都是一个创新的过程。类似的，农户创业也是一个创建新事业的过程，农户对新事业的憧憬使其突破了原有农业生产的思维模式，发挥其创新能力，在农村领域、农业产业中发生创业行为。第二，改善自身生活或生产环境的意愿成为农户创业关键外在前提。农户创业不仅为家庭和社会创造财富，还有利于改善自身生活、生产环境。第三，政府的鼓励、政策的支持和引导是农户创业的重要外部推动力量之一。创业活动产生的社会利益是创业活动产生的正外部性，主要表现为全社会在创业活动中获取的外部利益，如经济增长、就业增加和社会进步等。因此，作为社会利益代理人的政府有支持创业活动的动机，对农户创业来讲，农户在农村范围内或者农业领域创业，有利于促进农业经济发展和新农村建设、激发农村市场活力、缩小城乡收入差距、提高农民收入、弱化城乡矛盾。第四，成功的农户创业具有示范效应，也是带动农户发生创业行为的重要外部力量。创业成功的农户给其他未创业或正创业且拥有创业资源和创业能力的农户起到了好的带头示范作用，带动了其他农户选择创业活动。

4. 农户创业的机会识别

农户有了创业意识、创业动机和外部动力之后，还需要成功识别创业机会，并采取创业行动。农户成功进入创业领域的一个重要的前提是识别创业机会，特别是在农村领域可能存在的创业机会。近年来，国内有关创业机会识别主题的理论分析和经验研究成果日益丰富，这也为起步较晚的围绕农户群体的创业机会识别的研究工作提供了许多可供借鉴的分析思路和研究方向。本部分将从创业机会、机会识别及个人禀赋结构、信息能力和创业环境对创业机会识别的影响过程等方面进行讨论。

创业过程是对创业机会识别、评价与开发，进而实现在经济社会层面的价值创造的过程。创业活动价值创造潜力是创业活动发生的必要条件，由所识别的创业机会的特征决定（Shane and Venkataraman，2000）。机会的不确定性和隐藏性，为创业机会被感知和识别增加了难度，不同变化程度和具有差异性的创业外部环境，决定了创业机会的多少或大小，并不能确保创业被有效感知或识别，但有利于创业的文化环境和经济环境仍然能促使创业主体形成机会识别能力。那么，从创业者自身出发，有哪些因素影响创业机会识别？现有研究主要将其归纳为两个方面，即创业者自身资源禀赋结构（先验知识、人力资本、社会资本、社会网络等）和创业者的机会识别途径，见图3-4。

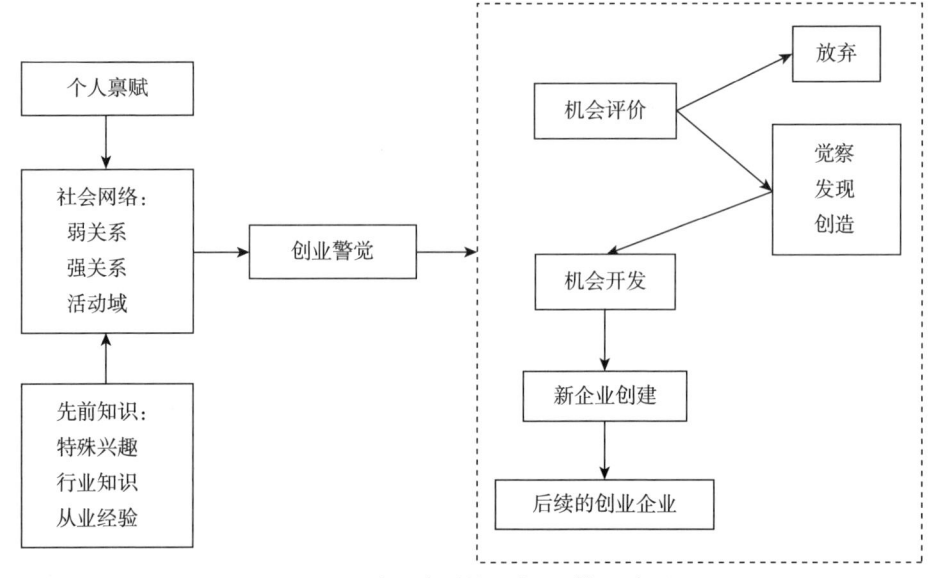

图 3-4　基于个人禀赋的机会识别与开发过程

创业机会以创业信息为主要载体，创业者通过识别创业机会判断出现有经济系统中的市场需求、可利用的资源、创新性产品与服务，其实质是对信息的收集与分析，而此处的信息被看做影响机会识别的中间变量。在识别创业机会的过程中，立足于信息分析的社会价值判断是关键，创业者依赖自身资源禀赋条件去完成分析处理的过程。基于现有的研究成果，本部分以认知心理学为理论基础，将创业者基于信息分析的机会认知过程划分为信息感知、信息选择、信息整合和信息分析四个过程（图 3-5）。

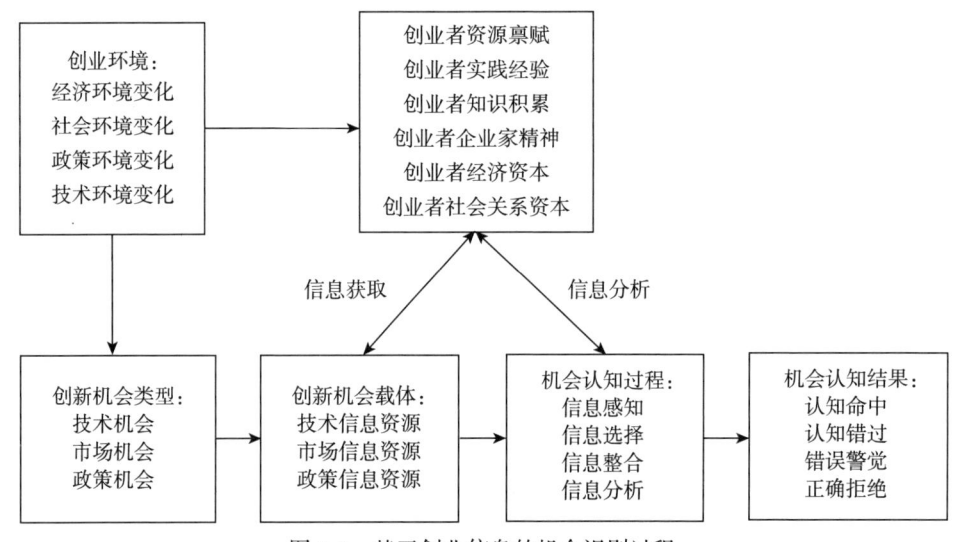

图 3-5　基于创业信息的机会识别过程

创业机会识别除受到创业者、创业信息的影响外，还受到外部环境的影响。随着环境的改变，机会大量产生（Kirzner，1973；Timmons and Spinelli，2008）。以往研究中，大多数学者将创业者所处的创业环境概括为风险环境与不确定性环境两种。但是，隐藏在不确定性环境的机理背后的是创业者对现实世界的认知程度不同，这对研究创业者创业行为有较大影响。根据决策前可能出现的结果（outcome）和不同结果出现的概率（probability）的可获得性，可将创业环境分为风险性环境、不确定性环境和模糊环境（表3-4）。

表3-4 创业环境的分类

创业环境	可能出现的结果	结果出现的概率
风险性环境	已知	已知
模糊性环境	已知	未知
不确定性环境	未知	未知

创业机会识别受外部环境的影响效果依然显著。创业者的机会认知和决策行为要考虑外部环境，而外部环境的不确定程度又受到市场需求和供给来源的影响。创业者所处环境会不断变化，因此创业者不会，也不可能一直采用一种创业决策模式，同样的，农户创业的决策模式也会随所处环境的变化而变化。在创业的进程当中，信息逐渐清晰对称，创业环境也由不确定向模糊转化，再由模糊转向风险。与此同时，创业者身处的创业环境中不确定程度逐渐降低，竞争也越来越激烈，创业者唯有提升自身的机会识别能力和资源整合能力才能解决现实困难。需要注意的是，机会创造过程和机会发现或识别过程中所需的能力与资源在侧重点上不同，二者并非单纯的高低关系。因此，创业者要动态看待创业过程，不能仅做静态思考。创业决策行为要适应外部环境和创业者自身能力，因此，要采取不同的方法去识别、发现和创造机会，选择合理、有效的决策方式，适时调整创业战略（图3-6）。

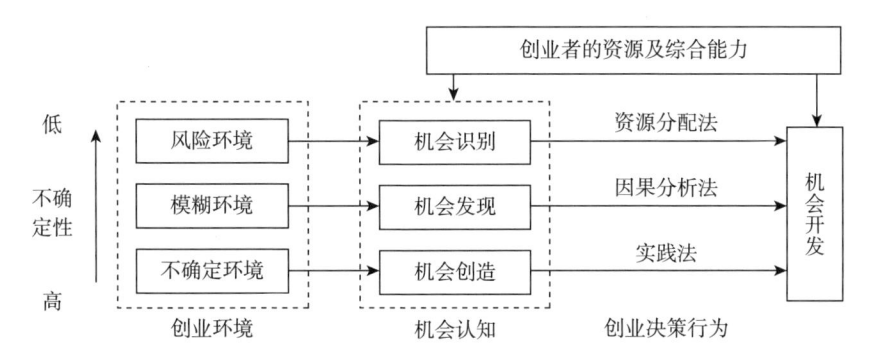

图3-6 基于创业环境的机会认知过程

三、农户创业发生的个案研究

（一）创业的分类

根据马斯洛需求层次理论及农户创业的内部动机与外部动力的分析，可将农户的创业类型分为生存型创业与机会型创业。生存型创业是农户为了摆脱贫穷生活和谋求生存等低层次需求而参与创业活动，且来自内部创业动机诱发，机会型创业则是农户为追求独立，甚至是实现自身价值而选择参与创业活动。

生存型创业是指创业主体由于没有更好的工作机会而选择创业，起因是缺乏更好的就业选择，一般是为了满足个人或家庭的基本生存条件而追求物质财富。生存型创业在不发达地区和发展中国家较为常见，充分发挥了解决就业、营造创业氛围的社会功能，不仅能够为创业主体自身带来经济效益，还能够为社会带来丰富的经济收益。进行生存型创业的群体主要可以通过改变其就业观念、激发其创业动力、降低其创业风险、营造良好的创业环境等方面进行激励，对生存型创业者的帮扶更侧重政府政策鼓励扶持和财政资金帮助创业等方面。

机会型创业是指创业主体选择已有效识别到的商业机会而开始的创业，是创业者资源开发的结果，是这种创业主体在面临多种选择下，根据他们个人需求和意愿、遵从个人偏好而选择的创业类型。机会型创业在高收入国家或地区（如美国、英国、法国）更为常见，社会外部性方面表现在促进经济增长、提升产业竞争力、增加税收等方面。创业主体选择机会型创业的目的是在实现潜在的物质收益的同时，追求更高的自身价值的提升；根本动机则是追求潜在商业机会。机会型创业一般是在创业者拥有一定的经济基础后开始的，多发生在创业主体熟悉或擅长的领域，新创企业存续时间相对较长，机会型创业多是为了追求更多的发展机会，更加注重实现非物质财富的目标。

生存型创业必须满足两大基本标准：一是创业者是首次创业；二是创业者开展创业活动的原因在于没有更优的工作选择。机会型创业者属于初始创业者，但与前者不同的是，该类创业者开创企业的动机在于主动寻求新的商业机会。并且，机会型创业者一般具有良好的经济条件，为了确保创业活动的稳定性和收益型，他们通常会选择自己擅长的领域，这也是该类创业者比生存型创业者存活时间更长的原因所在。根据GEM报告，2002年，中国生存型创业者占比约为60%，而机会型创业者只占40%。从2005年起，这一局面发生了明显转变。2007年生存型创业者比例下降到39.6%，而机会型创业者上升到60.4%，二者于2009年基本持平。但2009年之后，由于受到金融危机的影响，机会型创业者的比例有所下降，但与生存型创业者比例差距不大。在中国深化改革的大背景下，虽然创业者类型发生了显著变化，但当前仍以生存型为主，这种态势将制约创业活动对中国经济增长的贡献潜力。

（二）不同类型农户创业发生的个案研究

1. 农户创业行为发生的界定

现有文献对创业行为的发生研究较少，且多集中在创业者个人禀赋、创业环境和机会识别等方面，缺乏针对农户这一创业主体的研究。农户作为第一产业的基本生产主体，具有一定的特殊性，需要有选择性地运用创业理论对其创业行为进行系统研究，而该研究的起点是农户创业行为的发生。所谓"行为"，是指在一定社会环境中，在人的意识支配下，按照一定的行为规范进行并取得结果的活动，具有目的性、方向性及预见性，与一定客体相联系，作用于一定的对象，行为结果与动机、目的具有一定内在联系。所谓"发生"，是指产生和起源，是发展过程的一个环节。广义的"发生"，既表示事物的萌发、产生，也表示它的发展过程。关于创业行为发生这一概念，仍没有学者给出定义。本部分研究认为，创业行为发生是指创业者在一定的社会环境、经济环境、政策环境下，根据个人禀赋特点，利用自身资源，通过对创业机会的挖掘和识别，在一定领域或行业内开始创业的行为。

农户创业从无到有要经历一个复杂过程。一开始，农户所处的外部环境（政治、经济、社会、文化等）及其个人能力两大因素会影响农户产生创业意识，而这种创业意识会诱导农户把对创业利益的追求转变为创业动机。然后在创业意识和创业动机的双重引导下，农户凭借其个人能力在外部环境中准确识别出能为自己带来收益的创业机会。最后通过组织配置资源，正式开展创业活动。通过以上分析，可建立农户创业的发生机制模型，如图3-7所示。

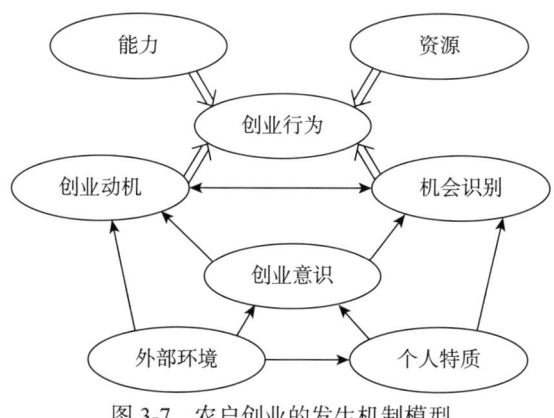

图3-7 农户创业的发生机制模型

2. 农户创业行为发生的个案分析

理论假说需要实践检验,为了深度解读农户创业行为的发生机理,即通过不同创业理论和现有研究成果分析农户创业行为的发生过程,本部分选择以下四个案例进行深入剖析,并具体说明。

【案例 3-1】

案例背景:王先生祖籍南川区木凉乡玉岩铺村,他在 26 岁时便开始了自己的创业之路,那时的他,上有年迈的双亲,下有一双子女,还有一个未婚的弟弟,家里的经济情况可谓是捉襟见肘。2004 年进城务工结束后返乡的王先生发现村里存在着大量的撂荒现象,由此他看到了机会,集资 100 万元,通过政府支持承包土地实现了种养业的综合化经营。截至 2012 年年底,王先生已经种植 20 公顷梨、1 公顷葡萄、1.33 公顷草莓,以及各种蔬菜。还养殖 3.33 公顷生态鱼,饲养土鸡 1 000 多只和母猪 50 多头。由于家庭劳动人口有限,王先生还雇了两名长工。截至 2012 年王先生的农场实现产值 200 余万元。王先生凭借优秀的种养成效,2012 年被评为"南川区十大优秀青年",同时,他的农场也被农业部挂牌评为"农业部山地果园种养殖模式研究科技项目示范基地"。

王先生创业较早,创业时较为年轻,个人禀赋资源相对不足,主要是迫于生活经济压力而选择创业。创业的原始积累主要来自于自己多年外出务工积蓄、亲友借款和政府贷款,其中,从亲友处借款占总资金的 55%,充分发挥强连带社会网络关系,突出了中国农村的人情社会特点。由于常年在外打工,缺乏农业生产经验,当王先生返回家乡并准备创业的时候,遇到了重重困难。首先,在技术上,自己先前没有果蔬种植经历,开始种养时梨树的挂果率较低、果蔬的病虫害防治不到位,导致果品质量很差;其次,在人力资本方面,管理全靠自己家里人,专业化水平较低;最后,在政策环境方面,由于当时政府对农业创业和农业新型生产经营主体的支持政策缺乏,创业主体很难维持创业活动。在创业前三年,王先生的农场基本没有利润。2008 年开始,王先生选择嫁接的方式改良新品种,经过不断探索,才掌握了基本的技术。王先生的果园每年 8 月 10 日都会举行果品采摘活动,以此来鼓励顾客进行体验式购物。在此资源拼凑过程中,王先生选择性地拼凑了制度、市场和管理三个主要要素,创业获得了较大成功。

案例分析:该创业案例中的王先生属于发展型创业农户,创业行为的发生动因主要是马斯洛需求层次理论中的生理需求和安全需求。创业之初,王先生农业生产经验不足、专业生产技术缺乏、农村经济发展滞后及农业政策缺失等导致其虽然发生了创业行为,但是资源基础薄弱、外部资源利用率低、自身资源异质性薄弱、总体资源结构松散,采用的并行资源拼凑策略未能实现良好的创业效益。但在二次创业过程中,由生存型创业转化为机会型创业,王先生重视技术、资金等要素，利用政府对农业生产经营组织培育等支持政策，拼凑了制度、市场和人力资本等资源，挖掘了合作社的市场发展潜质，成功识别创业机会，创新农业发展方式，集种植、养殖和观光农业于一体，大大提高了创业效率。由此可见，资源是创业行为发生的基础，也是维持创业行为顺利进行的保障，特别是对资源结构单一的农户来说，农户必须结合个人资源禀赋特点，寻找弥补自身不足的其他资源形式，巧妙应用与结合，才能从根本上保证创业行为的顺利发生。

【案例 3-2】

案例背景：创业主人公谢女士，重庆市武隆县白马镇沙台村人，早在 2009 年就组织村民创办了肉鸽养殖合作社。至 2013 年，合作社的规模明显壮大，固定资产超过 700 万元，社员数量也增加到 123 户。整个合作社共养殖了 100 万余头肉鸽，其中种鸽的养殖规模达 1 600 余对，在这样的养殖水平下，基本上每年能获得 300 多万元的经营收益。谢女士被评为 2012 年度的重庆"巾帼创业英雄"，该合作社也被评为 2012 年度"重庆市级示范合作社"。

案例分析：谢女士创业行为的发生与选择可运用资源基础理论和资源拼凑理论来解释。创业时谢女士 55 岁，之前有 10 多年的短途公交车运营经验，家境良好，创业之前已赋闲在家。可见，谢女士创业之前并没有马斯洛需求层次理论中生理、安全等较低层次的需求。谢女士对创业机会的有效识别和发现是通过一个电视台的创业节目，该节目主要介绍了农民进行肉鸽养殖的成功案例，这激发了她的创业热情。谢女士随即开始到全国各地进行肉鸽养殖的现场考察，了解种鸽优选、厂房修建、养殖技术等经营活动，为创业做足准备。明显看出，谢女士创业行为的发生主要采用的是选择性资源拼凑策略，创业前的非农工作经历和农村的生活经验，为其后来的成功创业积累了经营管理能力和创业初始资本。除此之外，新创事业的形成还需要技术、市场、社会网络等其他资源的绑聚。所以，谢女士创业行为发生过程中的资源获取是通过对养殖技术、市场和管理制度等多方面的选择性拼凑实现的。

技术是创业行为发生和创业活动顺利开始和进行的重要保障，谢女士用 3 个月左右时间考察了吉林长春、广东深圳、贵州贵阳、四川成都等国内肉鸽养殖产业比较成熟的地区，不仅如此，在自身素质塑造方面，谢女士还学会了上网下载学习视频和通过网页查阅学习资料，对比分析国内不同区域肉鸽养殖产业的发展情况，最后选择从四川大邑县引进种鸽，有了技术支持和初始创业资源来源渠道，谢女士开始了创业之路。同时，创业准备阶段，谢女士认识到市场拓展的重要性，在创业初期，谢女士采取非常优惠的条件吸引农户入社，入社农户只需要付出 150 元/对种鸽，在喂养过程中就可以免费得到全方位的养殖技术服务和饲料供应。与此同时，谢女士还非常注重产品的高附加值开发，在 2009 年成立合作社后，2010 年在工商部门进行了品牌注册，并在当地按照 20 元/斤（只）（1 斤=0.5 千克）的市场价格出售，几年下来，产品从未出现过滞销或市场混乱的情况。谢女士的创业行为基本形成并且可以作为创业初期较为成功的典型案例推广，当然，谢女士的创业成功也离不开积极有利的政策环境：建设厂房所需要的土地是在与当地政府沟通后获得的，成交价格为9 000元/公顷，承包年限为15年；基于国家对新型农业经营主体培育的支持，谢女士注册了农民合作社和家庭农场两块牌子。谢女士创业成功还得益于她本人的一个重要观念，即农民合作社的经营模式不同于以前的单一家庭农户的经营，其秉持诚信理念，坚持不与农民争利的原则，获得了广大社员的信任和支持，使其创业保持了持久稳定性。

案例点评：从案例3-2可以看出，谢女士属于机会型创业农户，该案例是典型的价值型创业，其创业行为的发生，既需要农户及时、准确地进行机会识别，并快速对创业机会做出反应，也需要充分利用自身资源禀赋优势，及时获取创业过程中自身缺乏的资源，在周边寻找互补资源，进行资源构建、绑聚、拼凑和利用，在此基础上，结合农村经济发展的有利政策时机，充分利用现实有利的政策环境。由此可见，创业者的机会识别能力和机会识别的有效性，与资源禀赋一样，在创业行为发生的推动过程中具有决定性作用。

【案例3-3】

案例背景：四川成都双流县白沙镇简华村家禽养殖大户叶先生，任职简华村党支部书记，于2004年年初即做准备，筹措资金，规划场地，并于当年3月底建成了能每批养殖3 000余只肉鸭的初具规模的养鸭场，当年就养殖出栏商品鸭约25 000只，实现了"当年养殖、当即见效"的良好收益状况，走出了带头致富的第一步。经过几年的努力，现在养殖场每年出栏商品鸭7万～8万只，产值达80余万元，利润约11万元/年。

案例分析：叶先生于2004年开始创业，起初具有村支书的工作经验，对村内的自然资源较为熟悉，多年的工作经验也使他培养出敏锐的洞察力。因此，自身工作经验和自然资源优势使他萌生了创业的念头，他充分利用身边资源，有效识别创业机会，初建养殖场，虽然规模具有一定的局限性，但总体来讲鸭子养殖比较成功。但是随着扩大规模的需求逐渐增加，养殖场的问题凸显，资金短缺、养殖成本不断增加、技术力量薄弱日益显现，造成鸭苗死亡率较高。在第一次创业遇到瓶颈的时候，叶先生通过对养殖场出现的问题进行详细分析，不断引入新的养殖技术和科学的养殖方法，养殖场的问题得到了一定程度缓解。同时，随着《中华人民共和国农民专业合作社法》的出台，叶先生抓住政策先机，带动周边农户组建合作社，并带头进行项目申请，通过项目带动、政府财政资金支持和周边农户的合作，养殖场的规模迅速扩大。同时，叶先生积极带领其他农户到四川乐山、江油、重庆，甚至远到云南进行养殖业考察，重点学习科学的养殖技术，引进先进的养殖设备，为养殖场扩大规模提供技术保障。并且，随着农业技术部门对农业技术推广的不断重视，技术人员深入农业生产基地亲自指导，也大大提高了养殖场的生产效率，推进了叶先生的创业活动快速崛起。

案例点评：该案例属于发展型创业，叶先生是机会型创业农户。创业农户自身具有村支书的工作经验，本着带领群众致富的目的，积极并有效识别创业机会，充分利用身边的自然资源，实现了第一次创业，并取得小规模的成功。当养殖场的发展遇到阻碍时，叶先生进行了积极的自我暗示，"任何一项事业、一个项目对每个人来说，机遇都是均等的，当你遇到诸多问题及重要困难时，要勇于面对，要正视困难，想尽办法去解决它"，正是这种乐观的勇于面对挑战的心态，促使他积极寻找技术、市场和政策支持，重新组合身边的创业资源，开发潜在资源，如身边的社会关系等，成功进行二次创业。由此可见，除了政策环境、机会识别能力、外部资源以外，在个人禀赋特征中，乐观的创业心态也是尤为重要的。

【案例 3-4】

案例背景：重庆璧山青杠街道棕树村 2 组家庭农场主赵先生于 2003 年开始创业，有丰富的务工经验。拥有家庭人口 6 人，劳动力 4 人，长年雇请工人 1 名。家庭农场建有生产管理用房 400 平方米，渔业养殖设施齐全，拥有动力发电设备 1 套，专用变压器 1 台，每口池塘按 1 台/3 亩（1 亩≈666.67 平方米）的标准配备叶轮式增氧机共 26 台，投饵机 13 台。2013 年通过开展培育家庭农场试点项目建设添置了清淤机 1 台，微孔增氧设备 6 台，在温泉水入口处的两口池塘搭建了热带鱼越冬保温设施，当外界气温降至 3℃时棚内水温也能保持在 24℃左右，基本能保证农场 5 000 千克热带鱼苗安全越冬。农场对较大的池塘配备有抬网、捕捞网具齐备。家庭农场 2013 年销售成鱼 18.833 万千克，销售金额 235.15 万元。其中罗非鱼 6.423 万千克、鲫鱼 7.82 万千克、鲤鱼 0.61 万千克、草鱼 0.92 万千克、鲢鱼 1.1 万千克、鳙鱼 1.96 万千克。销售鱼苗 56 万尾，获得纯收入 3 万余元。各类商品鱼主要销往重庆主城批发市场和农家乐，以及县内、周边区县及四川紧邻渝西的部分市县，鱼苗则销往本县各渔业养殖场。农场除渔业养殖以外，还养殖生猪 4 头、种植柑橘 2 亩，经营效益较好，同时带动了周边渔农致富增收，社会效益较为明显。

案例分析：赵先生于 2003 年创业考察时发现，健龙镇玉林村石膏矿流出的温泉水流量大且稳定，每小时水流量可达 300 立方米，水质经检测可用于居民饮用，水源条件好，适宜发展特色渔业养殖。此外，玉林村的石膏矿离健龙镇 3 千米，距璧山区城 28 千米，途经公路均硬化，交通便捷，方便鱼苗和商品鱼的运输。加之自己有过硬的水产养殖技术和丰富的经验，赵先生决定在此落脚创业，开展特色渔业的生产养殖。随即，赵先生在健龙镇玉林村租地 161 亩，土地承租期为 22 年，租期至 2024 年。修建了 128 亩大大小小 18 口特色渔业养殖专用池塘，主要养殖罗非鱼、鲫鱼、草鱼、鲤鱼及鲢鱼、鳙鱼，创建了自己的家庭农场。历年来，农场自筹资金修建了生产便道 800 米，建沟带路 200 米，引入温泉水注入鱼池，确保每口池塘均有温泉活水流过，以达到商品鱼的最高产出，使渔业养殖效益最大化；在池内设计修建了底水排除井，保证鱼池底部脏水及雨季鱼池多余水量的顺利排出，避免鱼儿随涨水逃出，确保鱼类生长环境的卫生环保和渔业的安全生产。同时，在养殖技术方面，农场也实时更新，均采用非常适合农场养殖条件的养殖技术，即"池塘 80∶20 养殖新技术"，近年又试验推广了"池塘鱼菜共生种养殖技术"。开创家庭农场后，赵先生更积极地参加市、县组织的各类水产养殖技术培训，通过培训学习，及时"充电"，掌握并熟悉了多种鱼类的养殖管理技术，其渔业养殖经验和技术很快得到了周边乃至全县其他水产养殖户的认可，并被效仿。

案例点评：该案例的创业者属于机会型创业农户。创业农户具有丰富的务工经历，积累了丰富的农业和非农领域经验，同时也培养了敏锐的机会识别能力，在创业考察时发现"健龙镇玉林村石膏矿流出的温泉水流量大且稳定，每小时水流量可达 300 立方米，水质经检测可用于居民饮用，水源条件好，适宜发展特色渔业养殖"，赵先生创业成功，得益于外部自然资源优势和优越的地理优势，加之自己过硬的水产养殖技术和经验，构成了创业农户创业行为发生的推动力量。创业农户将自身知识、经验和敏锐的市场感知等资源组合、拼凑、绑聚并利用，实现创业行为的发生。由此可见，创业行为的发生依赖于创业农户内部和外部环境资源，恰当的资源组合能够确保创业行为顺利发生，同时，良好的创业开端是最终创业成功的基石。

四、农户创业发生的机理分析

农户创业的主体是农户，农户创业者相对于其他工商企业等创业主体来说，所处的创业环境、创业条件都不尽相同，农户创业者具有特殊性和弱势性，因此在分析农户创业发生机理的时候，不能一概而论，需要结合农户个人资源禀赋特征、社会网络特征，以及农村社会环境、农业经济发展环境等内部要素和外部要素，客观系统地进行研究。总体来看，农户个人资源禀赋特征包括文化程度、务工经历、农业生产经验、创业机会识别能力、学习能力等，家庭特征包括人口数量、劳动力素质、经济压力等。创业环境包括农村社会环境、农业经济环境、农业政策环境等，以及熟识的农村社会网络环境，这些都是农户创业行为发生的决定性因素。考虑了农户自身资源禀赋的异质性，意图构建科学合理的农户创业发生机制解释框架。

对生存型创业农户来说，马斯洛需求层次理论中的生理需求和安全需求是农户选择创业活动的根本出发点，属于需求层次的初级阶段，现实中一般为中青年农户在进城务工后返乡或者长期从事小农生产，生活上面临一定的经济压力，这迫使他们不得不通过选择创业来尝试改善生活现状，提高家庭的生活水平。在发展型农户创业活动开始之前，创业资源的主要特点是务工经历简单、务农经验欠缺、农村社会网络资源不够密集、资金不足、对经济环境和政策环境反应不够敏锐，因此这一类型农户在创业初始阶段会遇到不同的阻碍，并且排除障碍的能力相对较弱，创业风险较大。通过以上分析可以看出，准确剖析生存型创业农户创业发生机理，对指导该类创业农户快速、准确识别创业机会并展开创业活动，以及保证之后创业活动持续良好运行具有十分重要的意义。从案例 3-1 可以看出，单纯依靠创业管理中的主流理论——"资源基础理论"强调的资源异质性优势，农户发生创业活动较为困难，此时创业活动稳定性差，在生存型农户创业遇到创业困难甚至临近失败时，农户会重新审视身边资源，并创造性或选择性地将其拼凑在一起，以突破创业过程中的资源约束瓶颈，为二次创业进行更为合理、科学的资源组合，正如案例 3-1 中的王先生在二次创业过程中将技术、资金、制度、市场和人力资本等资源融合在一起，并充分识别政策环境优势，成功开始二次创业行为。

对机会型创业农户来说，农户选择创业活动更多的是基于马斯洛需求层次理论中的尊重需求和自我实现需求，属于中级阶段和高级阶段的需求，是在满足基本需求的基础上，希望通过成功的创业活动实现人生价值，获取他人的尊重，满足自己的成就感。这一类农户在资金、经验、学习能力等方面具有很大的优势，现实中一般为长期在外务工返乡农户或者长期从事规模化农业生产的农户，经济基础良好，能够为创业行为提供资金支持。丰富的务工经历和务农经验为他们提供了敏锐的市场感知力，也是其继续发生创业行为的自身优势，同时，紧密的农村社会网络关系为其创业行为的发生提供了一定的市场支撑。机会型创业农户创业行为发生的关键在于对已有资源的有效组合和拼凑，将技术、资金、制度优势充分应用到创业活动中，准确把握个人禀赋资源的异质性优势，将其发挥在创业活动中。相对于生存型创业农户而言，机会型创业农户创业机会识别的准确性更高，开发程度更大，成功创业的概率更高，稳定性、持续性更强。

现有研究表明，内部资源和外部资源的有效拼凑与创业者对创业机会的有效识别是创业活动发生的保障。农户是创业者中的特殊群体，创业农户可分为生存型创业农户和机会型创业农户，对任何一类创业农户来说，在农业这一弱质产业背景下发生创业活动，都离不开农业生产技术、务工务农经验、紧密的农村社会网络关系以及政府营造的政策环境等推动力量。同时，创业农户对创业资源的有效组合、绑聚、拼凑和利用，是其创业行为发生和持续的关键环节。可见，在马斯洛需求力量的需求导向下，农户创业行为将严格遵循资源基础理论、资源依赖理论及资源拼凑理论中呈现的创业规律。另外，农户创业过程中，不仅要看到农村这一脆弱环境、农业这一弱质产业、农民这一弱势群体，更要发现"三农"中的发展机遇、资源优势和制度优势，敏锐识别、挖掘和开发创业机会，这样才能保证农户创业行为的成功发生和稳定持续，农户创业行为的发生和持续将成为农村建设、农业发展和农民增收的有效通道。

第四章　农户创业活动的多重功效及传导机理

摘要　本章研究农户创业活动的多重功效及其功效的传导。从项目调研的样本和采集的典型个案中截取重庆地区的数据和案例作为基础，对"农户创业活动"的多重功效及其功效传导进行研究。研究的思路遵循从理论分析到实践分析，用理论指导实践；以重庆地区获取的样本和个案为依据，对重庆县域经济发展进行现实考察；通过对重庆样本农户创业的背景、现状等问题的描述，揭示农户创业活动对传统农业改造、非农产业发展、农村城镇化建设推进和农村工业化发展等多重功效，透视农户创业活动功效的传导机理。同时，运用向量自回归模型（vector autoregressive model, VAM），实证农户创业活动与县域经济增长的内在关联，从而形成结论：长期看，农户创业活动与县域经济增长之间存在显著正相关关系；短期看，农户创业活动与县域经济增长任何一方的微小波动都将导致另外一方的同向波动。在此基础上提出了促进农户广泛参与创业活动的机制建设，即完善创业培育机制、构建创业保障机制和加大创业扶持力度。

发达国家的经济发展实践表明，要实现农民富裕，必须减少农民；要实现农业发展，必须推动非农产业发展。鼓励和支持农户创新创业和就业，是发展农村非农产业的重要渠道，也是推动农业农村经济发展的重要途径。农户创业，不仅可以消化农村富余劳动力，还可以通过创办新企业、发展新产业等多种创业形式促进农村非农产业发展，乃至在城乡统筹一体化发展、打破城乡二元格局等方面都具有现实意义。本章基于中国农业农村经济发展面临的新阶段，基于农户创业这一微观视角，旨在运用调查的样本数据进行实证分析和采集的典型个案进行案例分析，解剖农户创业活动成功和失败个案，揭示农户创业活动对传统农业改造、农村非农产业发展及农村城镇化推进与工业化发展的多重功效，分析农户创业活动的多重功效及其传导。

一、农户创业传导的理论分析

（一）农户创业的多重功效

农户创业活动的多重功效主要表现在以下三个方面：第一，农户创业活动有助于改造传统农业。该部分内容主要讨论掌握先进科学技术和经营理念的创业农户，如何不断开发新的农业功能，综合利用农业资源，改进生产工艺，改造生产方式，向农业的广度和深度进军，促进农业分工分业，加快推进农业现代化进程。第二，农户创业有助于发展农村非农产业。该部分内容主要分析创业农户如何发展现代家庭工业、创办原料加工企业、兴办农产品物流业、发展乡村旅游业等，促进农村非农产业发展。第三，农户创业有助于推进农村城镇化和农村工业化发展。该部分内容研究创业农户落户县域城镇和中心集镇从事创业和就业活动，如何激发新需求，包括对县域城镇和中心集镇的规划布局、基础设施、公共服务、户籍管理、生产生活条件和要素市场需求，如何提高城镇化水平、完善农村市场体系，如何推动农村工业化、农村城镇化和农业现代化的协同发展。

（二）农户创业传导内涵

农户创业活动发生在农村，以农业和涉农产业为重点创业领域，依托农业产业和涉农产业开展创业活动，表现出多重功效，而这些多重功效对促进一个地区经济发展的传导主要表现在以下四个方面。

（1）农户创业活动与农村非农产业发展。农业技术的进步、劳动生产率的提高，必定会带来劳动力的富余。富余的农业劳动力以创业为重要平台，在非农产业和非农领域就业创业，进而推进农村非农产业的发展。

（2）农户创业活动与农村城镇化发展。以创业农户为领头羊带动农村中小城镇经济的繁荣和发展，通过梯次原理推进城镇化，吸收农村富余劳动力，既削减了急剧城市化的高昂代价，又发挥了城镇化的规模效应。

（3）农村城镇化与农业产业化发展。一方面，农业产业化可以促进农村城镇化的形成与发展；另一方面，农村城镇化又有利于提高农业产业化水平。

（4）农户创业成为催生县域经济发展的新增长点。农户创业活动不仅拓宽了农村就业的渠道，而且推动了农业产业结构的调整，推动了县域经济的发展。

（三）农户创业研究的理论基础

1. 马克思关于农村城镇化发展动力的思想

马克思关于农村城镇化发展的动力思想主要集中体现在以下三个方面。

第一，农村城镇化发展的原动力。农村城镇化发展的原动力是农业劳动生产率的提高。农业生产是社会生产的起点，是国民经济发展的基础。农业剩余的多少直接影响了农村城镇化发展的水平高低和速度快慢。马克思认为："因为食物的生产是直接生产者生存和一切生产的首要条件，所以在这种生产中使用的劳动，即经济学上最广义的农业劳动，必须有足够的生产率……使农业剩余劳动，从而使剩余产品成为可能。"可见，提高农业劳动生产率是农业剩余产生的基本条件，也是农村城镇化发展的原始动力。

第二，农村城镇化发展的带动力。一般来说，乡村工业就是以农产品加工为主的工业，具有明显的聚集作用。城市工业的发展带动农村城镇化发展。马克思认为："一个大型工业企业需要很多工人在一个建筑物里共同劳动，这些工人需要住在近处，尽管是在较小的工厂附近，那么他们也能形成一个完整的村镇。他们都有一定的需求，为了满足这种需求，还需要有其他的工人，因而鞋匠、手工业者、裁缝、面包师、泥瓦匠、木匠都搬到这里来……当第一个工厂已不能保证一切希望工作的人都有工作的时候，工资就会下降，结果就会有新的厂主搬到这个地方，于是村镇就变成了城市，小城市就变成了大城市。"乡村工业的适度集中，使聚集在一定区域的企业共用基础设施、共享经济信息，实现资源的互补替代和生产工艺的共通共用，变单一的企业生产力为综合生产力，从而提高聚集区产业的经济效益、社会效益及生态效益。

第三，农村城镇化发展的驱动力。马克思认为："商品经济的产生和发展伴随着城镇的产生和发展，二者的作用是相辅相成的。"商品经济是农村城镇化发展的驱动力。商品经济发展的结果必然是剩余产品增多，即剩余产品与剩余劳动力增加，进而要求从农业中分离出一部分人专门从事流通或是其他为生产与生活服务的行业，即第三产业。剩余产品越多，交换也就越频繁，从事第三产业的人也就越多。随着交换的发展，从事第三产业的人及一些手工业者纷纷集聚到相对集中的场所，成为人口、经济的高度聚集点，这也就是小城镇的雏形。商品经济的发展不但为工业化发展提供了动力，而且为农业现代化发展提供了强大动力。传统农业的一个显著特点就是人口流动性低及农业剩余少，因为商品经济最初是与工业相互作用，进而生产出大量的工业品。当工业品的销售市场在落后的农村地区受阻时，必然推动农业商品化，一方面引起小农的分化与转移，另一方面将导致土地的适度集中。

2. 刘易斯的劳动力流动模型

美国经济学家 W. A. 刘易斯于 1954 年在其经典著作《劳动力无限供给条件下的经济发展》中，从经济发展的角度，用部门分析方法解释了经济增长中人口流动的基本规律，以及这种流动对经济发展的影响，并在此基础上提出了著名的二元经济结构下的人口流动模型，即刘易斯劳动力流动模型。

刘易斯的劳动力流动模型的基本思想如下：将整个国家经济划分为两个部门，一个是与外部环境相关的现代城市部门，另一个是以自给自足为典型特征的传统农业部门。在传统农业部门中，劳动力相对于资本和土地而言显得较为丰富，即存在隐性失业，致使部分劳动力需要转移，而农业产量不会减少。也就是说，这部分劳动力的劳动边际收益很小，或者为零，甚至为负。这部分劳动力的存在必然降低农村劳动力的工资水平。简单地说，农业部门所有的劳动者平均分享的农业产量的平均收入决定了农业部门的工资水平。所以，在劳动力自由流动情况下，只要现代城市部门劳动力的工资水平高于农业部门劳动力的平均收入水平，那么来自农业部门的劳动力供给就将是无限的。因此，只要现代城市部门能够不断扩张，农村剩余劳动力就会持续转移，一旦农村的剩余劳动力消除，劳动力就会像其他生产要素一样变得稀缺。这个时候，现代城市部门对劳动力的进一步需求就会引起劳动力价格的上扬。

3. 拉尼斯-费景汉的农业劳动力转移模型

1961 年，拉尼斯和费景汉在刘易斯两部门结构发展模型基础上，进一步修正和发展了该模型。他们一致认为，刘易斯提出的模型存在两个明显缺陷：一是忽视了农村剩余劳动力转移的重要前提条件——农业劳动生产率提高；二是对农业在工业增长中的作用重视不够。对此，他们提出了以分析农村剩余劳动力转移为核心、重视技术变化的拉尼斯-费景汉模型（简称拉-费模型）。

拉-费模型将农村剩余劳动力向城镇转移的过程与工业和农业的发展联系起来，划分了以下三个阶段。

第一阶段，农业部门中存在着大量的显性失业，这使传统农业部门的劳动边际生产率为零。在这个阶段，从传统农业部门转移出部分剩余劳动力之后并不会减少农业总产量。然而，工业部门虽然不断吸收农业部门转移出来的剩余劳动力，但它所提供的工资仅仅能维持农业人口的基本生存，并且此时的工资是由习惯和道德因素决定的不变制度工资。

第二阶段，因为农业部门的劳动力持续不断地减少，农业部门的劳动边际生产率逐步上升，变为大于零，但仍然低于不变制度工资。不过，此时的显性劳动失业已经消失，但隐蔽性失业依然存在，劳动力会继续流向工业部门。此时的农业劳动边际生产率为正值，农业劳动力的流失必然会引起农业总产量的减少，那么农产品价格势必就会上升，从而带动工业部门的工资上涨，但这样也就导致工业部门吸收农业劳动力的速度逐渐减缓。

第三阶段，由于农村剩余劳动力即隐性失业者已经被吸收殆尽，农业劳动者的工资已转由市场来决定，农业劳动力的供给曲线具有正斜率。在这个阶段，农业已经完全商业化，此时如果工业部门仍想继续吸收农业剩余劳动力，那就必须付出较高的，而且是由劳动边际生产率所决定的工资。

拉-费模型在刘易斯模型的基础上前进了一步，该模型强调提高农业生产率的重要性，指出保持工业部门和农业部门平衡增长的重要性，强调农村劳动力的转移取决于人口的增长、农业技术的进步及工业资本存量的增长等因素。

4. 托达罗的农村劳动力迁移模型

刘易斯模型和拉-费模型都认为，只要非农部门能够支付一个比农业部门高的实际工资，并且两者的工资差额能够予以补偿城市较高生活费及与迁移相联系的心理成本，那么农村剩余劳动力就会源源不断地流入城市非农产业。这种观点与现实相距甚远，因为在发展中国家，现实情况是城市和农村一样，都存在着失业或就业不足。在此基础上，美国经济学家托达罗于1969年建立了城乡劳动力迁移的"预期收入"模型，该模型说明了农村劳动力为什么不顾城市失业的存在而继续向城市迁移。

托达罗将城乡收入的实际差距与农业劳动力迁入城市就业的可能性结合起来，建立了人口流动模型，即

$$M_{(t)} = f(d_{(t)}), f' > 0 \quad (4-1)$$

$$d_{(t)} = p \cdot w_{(t)} - r_{(t)} \quad (4-2)$$

其中，$M_{(t)}$表示在第t期从农村迁入城市的人口数；$d_{(t)}$表示t期城乡预期的收入差；$f' > 0$表示劳动力迁移是预期收入差的增函数；p表示劳动者在城市的就业概率；$w_{(t)}$表示城市工资实际水平；$r_{(t)}$表示农村工资水平。式（4-1）表明在一定时期内农村人口向城市转移的人口数量是预期收入差距的增函数，预期收入的差距将导致农村人口向城市转移的数量不断增加。式（4-2）表明城乡预期的收入差距是由城乡实际收入差距和城市就业率相互决定的。

此外，按照一个长期的标准，托达罗还建立了一个转移者在现代城市部门找到工作以前的n期净收入贴现值公式：

$$V_{(0)} = \int_{t=0}^{n} \left[p_{(t)} Y_{u(t)} - Y_{r(t)} \right] e^{-rt} \, dt - C_{(0)}$$
$$f' > 0 \quad (4-3)$$

其中，$V_{(0)}$ 表示在某一特定时点时，迁移者预期的城乡收入差异的净现值；$Y_{u(t)}$、$Y_{r(t)}$ 分别表示迁移者于时点 t 在城市和农村的平均实际收入；n 表示迁移者的计划时间长度；r 表示贴现率；$C_{(0)}$ 表示迁移成本；$p_{(t)}$ 表示迁移者于时点 t 在城市获得工作的概率。所以当 $V_{(0)}$ 为正时，农村劳动力愿意流入城市，城市的流入人口增加，反之亦然。

托达罗认为：开创城市的就业机会无助于解决城市的就业问题，因为如果只是拓展城市少量就业机会，可能引来农村剩余劳动力的大量供给，就会导致更多的人失业；同时也不能不加区别地发展教育事业，不加区别地发展教育事业会进一步加剧农村劳动力迁移及城市失业问题，农村居民的学历越高，转移到城市就业的预期收入也就越高；如果政府想通过制定最低工资来干预城市工资水平，并且对城市失业人口予以最低生活补贴，则会导致要素供给价格的扭曲，也将导致更多的剩余劳动力进入城市，从而使城市的失业率更高。为此，要想缓解农村人口向城市流动，就应当重视农村及农业的发展，鼓励农村的综合开发，增加农村的就业机会。

二、农户创业活动的多重功效：个案分析

本部分以重庆地区调查的创业农户样本和创业农户个案为依据，采用个案分析，阐释农户创业活动的多重功效，即农户创业活动对传统农业如何改造、农户创业活动对非农产业如何发展，以及农户创业活动如何推进农村城镇化发展、如何推进农村工业化发展的功效。

（一）有利于改造传统农业：以永川区五间镇为例

发展现代农业要求用现代物质手段装备农业、现代科学技术改造农业、现代产业体系提升农业、现代组织形式经营农业、现代发展理念引领农业。本部分内容主要分析掌握了先进科学技术和经营理念的创业农户，如何开发新的农业功能，综合利用农业资源，改进传统生产工艺，改造传统生产方式，推进农业的广度发展与深度开发，促进农业分工分业，从而推动农业现代化发展。

1. 永川区五间镇的农户创业状况

五间镇位于永川区南部，距城区约 20 千米，是永川区的农业特色镇，全镇拥有 2.6 万人，其中非农人口 3 800 人左右。近些年来，五间镇的创业农户日渐增多，镇党委和镇政府立足镇域经济发展和资源禀赋实际，把创业农户作为农业农村经

济发展的宝贵资源来开发和利用，引导农户就地择业、就地创业，鼓励发展特色农业产业，建设了"农户创业园区"。

2012年课题组调查五间镇农户创业活动时，已经建成的农户创业园区已培植出了西瓜、果树、渔业、畜牧等基地，创业园已纳入永川区级现代农业园区规划建设，面积达4 600余亩，仅富硒SOD西瓜基地就达3 000多亩，年产值3 000万元。入驻园区的创业农户户数已达85户，带动就业1 100人。创业大户喻安刚逢人说："是农户创业园为我提供了创业平台，没有镇党委、镇政府和协会的支持，我不会在短短的三年时间内建起年产上百头生猪的养猪场，40多亩的富硒SOD西瓜钢架大棚。"农户创业园已成为五间镇农户创业的重要平台，有力带动了镇域经济的发展。

2. 五间镇特色农业发展方式

五间镇的特色农业发展方式主要有以下两种。

（1）引导农户创业。一是注重强化农户创业就业或理念教育，引导创业农户逐步树立起"我想创业、我要创业、我一定会创业成功"的新思想和新理念；二是注重科学研究、合理规划、因地制宜地做好"农户创业园区"的建设规划工作；三是注重加强对创业农户的科学文化素质和实用技术培训，不断提高创业农户的人文素质和专业技能；四是注重引导农户采取"依托创意创业、依靠创新发展"的方式开展创业，走勤劳致富的农户创业新路子。

（2）打造知识型创业农户。想要发展现代农业，必须打造知识型创业农户。据此，五间镇实行"引进来、走出去、协调发展"的方针。一是引进科技力量。聘请中国农业科学院、中国农业大学、西南大学、重庆农业科学院等市内外的大专院校、农业院所专家教授，常年对创业园区产业发展中的技术难题组织攻关和对创业农户定期培训。二是走出去学习别人的先进经验。园区派出种瓜大户到北京大兴、山东昌乐、济阳仁风等地学习西瓜优质丰产栽培技术，成功引进并开发出全国独家富硒SOD西瓜。三是追求协调发展。五间镇创新优质服务机制，以园区为依托成立了西瓜协会、养鱼协会、果树协会和畜牧协会，协会在产前、产中、产后各个环节为创业农户提供优质服务。在园区建立两新组织（新社会组织、新经济组织）党支部，通过党支部与协会共同为创业农户提供或协调贷款、农用物资、发放图书及技术资料等。依托协会，他们还创建了创业农户自己的讲坛——"专家大院"。通过"专家大院"，农户走上讲台交流经验，通过相互讨论、倾听专家、教授点评等形式实现技术、信息的共享。

（二）发展农村非农产业：以荣昌县盘龙镇为例

农业是一个集生产、生活、生态多种功能于一体的战略性基础产业，既具有食品保障功能，也具有原料供给功能，既有利于农民就业增收，也有利于生态环境保护，通过发展观光休闲、采摘体验等新型旅游农业业态，来传承农耕文化与乡村文明。该案例主要介绍创业农户如何发展现代家庭工业、创办来料加工企业、兴办农产品物流储运业、发展乡村旅游业等，以推进农村非农产业的发展。

1. 荣昌县盘龙镇农户创业状况

盘龙镇位于荣昌县西北部，距县城32千米，全镇人口8万余人。盘龙镇的第二产业、第三产业发展相对迅速，2009年全镇生产总值75 238万元，其中农业产值25 297万元，工业和服务业产值49 941万元，农民人均纯收入达4 456元。

2009年1月19日荣昌县政府批准成立农户创业工业园区，位于荣盘公路沿线盘龙场镇入口，占地面积1平方千米。2012年课题组调研时园区已吸纳农户1 000多人就业，有荣丰食品公司、粤兴、鑫顺合结钢材有限公司等19家企业入驻。2009年11月落户的昌州汽修厂及物流配送中心，占地10亩，总投资1 200万元，已于2010年12月竣工投入使用，主要从事汽车修配及物流配送，解决近50位农民工就业问题；鑫顺合结钢材有限公司总资产投入2 500万元，占地37亩，车间2个，员工60人，设备固定资产1 500万元，主要生产经营汽车、摩托车配件优质合金钢材料及铸、锻件，其中钢铁产量达到5万吨，年产值达到1亿元以上；荣丰食品有限公司于2008年夏季开始投入生产，每天能宰鸭3万~5万只，带动养鸭大户2 000户左右，截至2012年公司员工有100多人；兴业不锈钢制品有限公司为荣昌县18家重点企业之一，占地1万多平方米，拥有员工420人，公司总资产1 000多万元，是一家集不锈钢制品开发、生产、销售于一体，且有自营进出口权的私营企业，年出口创汇上百万美元。

2. 盘龙镇农户创业成效显著

（1）收入状况。盘龙镇农业对农户收入增加的贡献逐年下降甚至出现负增长，农户收入稳步增加并逐渐转向依赖于非农产业。一是农民非农收入呈不断增长趋势。在乡镇经济快速发展影响下，非农收入有了较大幅度增长，1998年，盘龙镇居民家庭人均纯收入为1 985元，其中农业收入为1 228元，农业收入与非农收入之比约为1.6∶1，农业收入远远高于非农收入，到了2009年，非农收入约占总收入的60%，非农收入反而成了农户收入的主要来源。二是农户收入增加主要依赖于非农产业的第二产业、第三产业的收入增加，并且非农收入对农户收入增长的贡献越来越明显。调查显示，2009年在平均每百人乡村劳动力中，向第二产业、第三产业转移达70人左右，农民人均工资性收入（在非企业组织、本地企业和外出从业等获得的现金收入）为2 035元，农民家庭经营第二产业、第三产业纯收入为583元，两项合计

2 618元，占农民人均纯收入的58.75%。可见，农民收入持续稳定增长越来越依赖于第二产业、第三产业的发展。

（2）就业状况。据对荣昌县72名成功创业农户的调查结果显示，他们共带动农村富余劳动力就业426人，平均每个成功创业者为5.92人提供了就业岗位。据统计，就整个重庆而言，2009年先后有14万个农户进行创业，并带动了近70万人就业，到2012年，创业农户达18万人，创业企业吸纳就业总量达到90万人。由此可见，农户创业不仅缓解了城市就业的压力，更重要的是为农村剩余劳动力提供了大量的就业机会。

（三）推进农村城镇化的发展：以石柱县为例

县域城镇和中心集镇的经济发展水平相对大城市较低，其准入门槛也比较低，这将成为县域工业化、城镇化和县域经济社会发展的桥头堡，也将成为农户创业就业乃至生产生活的主要平台和主要阵地。该案例主要介绍创业农户落户县域城镇和中心集镇开展创业，如何产生新的需求，包括对县城和中心集镇的布局规划、对基础设施和公共服务的需求、对户籍管理和生活条件的需求、对要素供给与市场体系的需求，以及如何促进城镇化水平提高、农村市场体系完善，如何推动农村工业化和农业现代化发展。

1. 实现农村城镇化的要求

农村城镇化不仅是经济现代化的地域载体，而且是生活方式现代化的空间载体。农村城镇化包括人口、经济、社会、技术、生态等多方面的变化。其中，农村人口的职业转换、农村人口的空间转移及非农产业的空间聚集，成为农村城镇化的重要特征。一是农村城镇化要求越来越多的农村人口离开农业从事非农产业活动，但能够脱离农业的人口数量，则由农业自身的发展水平决定，不是由城镇化的要求决定的，所以农村城镇化的推进需要考虑农业的发展状况；二是农村城镇化还要求农村非农产业在地域点上的集中和扩大，但农村非农产业尤其是农村工业在地域点上的集中并不是一件必然的事情，随聚集力的增强而逐渐集中；三是生产要素和经济活动在一个地域点上的集聚，还要求这个地域点必须有一个良好的空间安排，即生产要素在地域点上的空间配置要合理，这样才能实现要素集聚效应，才能顺利推进农村城镇化进程。

2. 石柱县农村劳动力转移状况

（1）农村劳动力资源情况。据2012年统计，石柱全县总人口52.97万人，其中农业人口44.47万人，占总人口的83.95%。劳动适龄人口26.14万人，其中，农村劳动力 24.37 万人,占适龄总人口的 93.23%,占农业人口的 54.80%;农村新生劳动力 0.25 万人,占农村劳动力的 1.03%;农村"4050"[①]人员 5.21 万人,占农村劳动力的 21.38%;农村"零转移就业家庭"劳动力 179 户,652 人,占农村劳动力的 0.27%。

(2) 农户创业的情况。2012 年课题组调查时有 358 名农户从事自主创业,主要从事第三产业服务业、工矿建筑业、食品加工业及规模特色种养业,投资规模达到 6 310 万元,吸纳劳动力 2 826 人,产值达到 1 700 万元。其中,从事规模特色种植业 62 人,投资规模 312 万元,吸纳劳动力就业 290 人;从事规模特色养殖业 136 人,投资规模 2 562 万元,吸纳劳动力就业 494 人;从事工矿建筑业 27 人,投资规模 1 040 万元,吸纳劳动力就业 473 人;从事餐饮服务业 104 人,投资规模 981 万元,吸纳劳动力就业 589 人。

3. 石柱县农村劳动力转移特征

(1) 转移劳动力受教育程度偏低,但比 2011 年有所提升。在 2009 年转移就业人员中,初中及以下文化程度 11.55 万人,占转移就业总数的 81.57%,较上年同期降低 0.3 百分点;高中、中专及相等学历文化 2.10 万人,占转移就业总数的 14.83%,较上年同期增加 0.56 百分点;大专以上文化程度 0.51 万人,占转移总数的 3.60%,较上年同期降低 0.26 百分点。参加各类技能培训农村劳动力 27 514 人,占劳动力总数的 19.43%。

(2) 转移就业人群以青壮年为主,40 岁以上年龄段转移就业人口逐年下降。转移就业人员中,16~40 岁劳动力 10.22 万人,占农村劳动力总量的 41.94%。其中,16~30 岁 4.82 万人,占农村劳动力总量的 19.78%,比 2008 年增加 0.46%;31~40 岁 5.40 万人,占农村劳动力总量的 22.16%,比 2008 年降低 0.11%。41~50 岁 3.12 万人,占农村劳动力总量的 22.02%,比 2008 年增加 0.12%;51 岁以上 0.82 万人,占农村劳动力 3.36%,比 2008 年降低 0.52%。客观分析,转移劳动力的年龄段与转移意愿和转移的稳定性有很大关系,31~40 岁转移就业人员的比例比上年减少的原因是有部分人员在家就近就地就业创业,51 岁以上转移就业人员比例比上年减少的原因是有部分人员年龄大,转移就业相对困难。

(3) 转移就业的主要方向为规模化生产的第一产业和第二、三产业。石柱县从事特色种养业的劳动力 45 192 人,占农村劳动力总数的 18.54%,与从事传统农业生产的人员(56 908 人)呈现"四六开"格局,主要集中于辣椒、莼菜、中药材、烤烟、林果业及畜牧养殖等经济种业和特色养业;在已经转移就业的劳动力中,从事第二产业的就业人员 96 948 人,占农村劳动力总数的 39.78%,主要集中

---

① "4050"是指农村劳动年龄段中女性 40 岁以上、男性 50 岁以上的农民。

于煤炭、建筑和加工制造等行业；从事第三产业的就业人员44 653人，占农村劳动力总数的18.32%，主要集中于交通运输、旅游服务、商业服务、餐饮住宿、批发零售、居民服务及其他服务业行业。

（四）农户创业活动的多重功效

从上面的典型案例介绍中可以看出，农户创业活动在对改造传统农业、发展非农产业及发展农村城镇化和农村工业化等方面具有重要的推动作用，并且它们之间相互联系、相互促进、协调发展。

1. 改造传统农业，实现农业产业化发展

农户创业活动推动农业产业化发展，不是盲目进行，而是有计划地循序渐进，表现出明显特征：一是布局区域化。农业发展受到自然条件和经济条件双重制约，各地环境条件的差异体现出产业结构和产品结构的差异，需要各地各自发挥优势，选择主导产业和拳头产品，形成区域化布局。二是生产专业化，如一乡一业、一村一品等，形成专业户、专业村、专业乡甚至是专业县等，成为具有一定规模的专业化商品生产基地。三是生产经营集约化。尽管农业产业化仍以农户为基础，但与传统的分散单干、粗放经营不同，它以龙头企业或经济合作组织为纽带，联结成具有一定规模的商品生产基地。

2. 发展非农产业，实现农村工业化发展

农户创业活动对非农产业的发展传导主要表现在收入与就业两个层面。收入层面的传导表现在以下方面：一是农户的非农收入呈现逐年增加的趋势；二是农业对农户收入增加的贡献逐年下降甚至出现负增长，而农户收入增加主要依赖于农村非农产业的发展，并且非农收入对农户收入增长的共享越来越大。就业层面的传导表现在以下方面：一是农户创业过程中，积极参加各种职业技能培训，接受各种形式的教育以提高文化水平，提升农户创业就业的能力；二是在农村地区，乡镇企业是吸收农村富余劳动力就业的主要渠道，而要保持乡镇企业的可持续发展，还需要从企业管理层面入手，制定合适的战略，做到资源与环境的优化配置，促进企业发展；三是政策层面主要表现在产业结构的合理化、小城镇的发展战略、加大农村就业与基础建设投资等领域。

3. 加快劳动力转移，推动农村城镇化发展

农户创业活动推进农村城镇化发展的过程，实际上就是农村人口职业转换、农村人口空间转移和农村非农产业聚集三者相互影响与相互作用的过程。具体表

现如下：一是农村人口的职业转换。农村经济结构的调整，导致农业富余劳动力向非农产业和城镇空间聚集，农村人口逐步由经营农业转变为经营非农产业。农村人口的职业转换、聚集，收入水平的提高，使农村居民的价值观念、生活理念和行为方式均发生变化，从而对农村经济发展、地域空间体系重组产生影响。二是农村产业的转换，即通过农户创业，农村经济活动将由单一的农业产业逐步向第一产业、第二产业、第三产业综合方向融合发展，从而实现农村产业的转换，而且第二产业、第三产业逐渐发展甚或超越农业产业而占主导地位。农村工业及其人口向城镇集中，可以为农村居民提供现代化的服务设施和生活环境。非农产业在农村地区不同规模发展、集聚，促进了地域职能转化与农村居民生活方式的转变。农民的职业转换一般经历"农业—兼业—非农业"的过程，且农户家庭的劳动力也不是一次全部转移。只有等到一部分转移人员的资本积累达到一定程度，就业地点转到城镇时，农村人口有可能在城镇安家落户，完成身份转换，从而实现产业转换。三是农村人口的空间转移。农村城镇化是城市生产方式、生活方式在农村地区的形成和扩散过程，也是农村地区人口和经济活动的非农化与聚集的过程。因此，空间地域转移是农村劳动力职业转换和产业转换的结果，同时也是城镇化这一社会空间地域转换过程的结果。

三、农户创业活动的传导机理

本部分内容是在讨论农户创业多重功效基础上，遵循"形成全民创业意愿→营造全民创业氛围→活跃区域创业活动→提升区域创业水平→促进区域经济发展（经济增长和创造就业）"的逻辑思路，探讨农户创业活动对区域经济增长和区域经济发展的传导互动作用，透视农户创业对改造传统农业、发展非农产业、推进农村城镇化和农村工业化发展的内在传导机理。

（一）改造传统农业的传导路径

1. 重组农村土地资源

马克思在《论土地的国有化》一文中指出："一切现代方法，如灌溉、排水、蒸汽犁、化学产品等，都应当广泛地用于农业。但是，我们所具有的科学知识，我们所拥有的用于耕作的技术手段（如机器等），只有在大规模耕种土地时才能有效地加以利用。"马克思的观点很明确，就是强调新技术的使用要以扩大农业规模为前提。

城乡二元户籍制度的制约，使大量农村富余劳动力滞留在农村，困住农村的土地，难以实现农业资源包括土地和人力的合理配置与利用，土地也就难以实现规模化经营。因而传统的以条块分割为特点的农地经营制度日益凸显其弊端：一是传统家庭联产承包责任制尽管能有效地调动农民劳动积极性，但很难降低生产成本和提高劳动生产效率，农户也难以获得规模收益；二是以家庭为单位的封闭式农业生产使农户难以全面获取市场信息，导致产品雷同、竞争力弱，也就难以匹配市场需求。如果不进行土地规模化经营，想要通过农业生产多样化、抑或农业投资多元化、抑或农业管理现代化等办法来提高生产效率，空间非常有限，小规模生产与大市场的矛盾表现会日益激烈。

因此，农户创业活动将使农村富余劳动力得以转移，这也是降低人地比例的重要途径，将为实现土地规模化经营提供契机。已经成功创业的农户将其部分土地资源转移出来，交给留守农村的家庭成员或其他农村劳动力耕种或经营，这样也可缓解人地矛盾。

2. 积累农村人力资本

人力资本是体现在劳动者身上的劳动数量和质量，不仅表现为劳动者的知识、经验、阅历及数量程度，还表现为人的素质和能力。人力资源在受训之后，能够形成人力资本。农村富余劳动力表现出人力资源优势，但是低素质的人力资源不等于人力资本。

根据农业资源禀赋特点，未来农业的发展不能长期依靠劳力和土地的投入来维持，只能以科技进步为重要支撑，它是打破农业传统均衡的重要手段。但是，科学技术只能融入诸生产要素之中，并被劳动者掌握、应用于实践，才能转化为现实生产力。普遍来讲，科技成果转化为现实生产力的途径主要有三个：一是转化为生产工具或其他物质形态；二是渗透到管理要素中使生产管理科学化；三是通过教育培训来提高劳动者素质，将科技转化为劳动者的劳动技能和生产经验。然而，所有这些都需要将科技知识"物化"到劳动者手中，使他们发挥人力资本的功能，因为劳动者在各种生产要素配置中具有其主体性因素，其素质的高低直接决定了生产要素合理配置的可能性及成效。当然我们也可以通过不断提高劳动者的素质水平、劳动技能和熟练程度来实现丰富的劳动力资源与其他社会短缺资源的替代。

对创业农户来说，大都将创业地点选择在乡镇。一方面，农户在创业过程中，受到自身素质和技能水平的影响，会主动学习别人好的管理经验，掌握新的专业知识，培训新的业务技能，培养新的意识观念，从而较为全面地提升自身素质；另一方面，农户创业立足于农村，必然会吸收部分农村剩余劳动力，被吸收到这些创业平台的农户将成为农村中一支直接与现代生产方式相融的新型职业农民队伍，他们以创业平台为载体，大多数农户不仅掌握了非农领域的生产技术，更重要的是他们的经营观念还实现了从传统农业到现代社会化生产的大转变,从而极大地提高了这些农户的生产经营能力和经营素质。

3. 扩散农业科学技术

从农业经济的形态上来看,农业经营可分为粗放经营和集约经营。就以土地为主要生产资料的农业生产来说,粗放经营是指将一定量的生产资料与劳动力,投放在较多的土地上,或是在一定的土地上,投入较少的劳动力和生产资料,粗耕简作,广种薄收;相反,如果是在一定的土地上,集中投入较多的劳动力和生产资料,运用先进的科学技术来精耕细作,试图提高单位面积产量或收益,就是集约经营。

对创业活动的主体农户来讲,他们把科学技术应用于农业生产实践,主要表现在三个方面:一是农业生产要素质的改善,如生产工具的改良、改进等,特别是机械化生产工具的广泛应用;二是农业劳动力文化素质的提升,如创业农户接受了专业技术培训,掌握了先进的生产技术,提高了自身的专业技能;三是改善了管理方式和经营制度,如采用了新的耕作方式,提高复种指数,采取地膜覆盖、巧施化肥农药、培育壮苗、综合灭草等措施,强化或控制生物的生产过程。

4. 促进农村专业分工

广义的专业分工包括社会分工的深化和企业内部分工的细化,这两个方向的进展不仅包括产品零部件生产的分工、产品零部件生产的工艺分工、产品生产的分工,还包括产品的开发、设计、生产、营销及管理等诸环节的分工。在生产的社会化过程中,社会分工的深化与企业内部分工的细化都是不可或缺的。马克思在对专业分工进行总结时就说道:"工场手工业分工通过手工业活动的分解、劳动工具的专门化、局部工人的形成和局部工人在每个总结构中的分组与结合,造成了社会生产过程质的划分与量的比例,从而创立了社会劳动的一定组织,这就同时发展了社会的新的劳动生产力。"

农户创业活动促使农村富余劳动力转移,使农村土地实现规模化经营,进而形成各种不同区域、不同特色的农产品生产布局结构,分工越细,农业专业化程度也就相应越高,并且这种专业分工又会促进社会分工。所以农户创业以农业布局区域化和生产专业化为前提,间接推动了社会分工的发展。另外,农业的专业化也较为明显地促进了商品性农业的发展。商品性农业的发展扩展了市场空间,使农户之间的交换变得越来越广泛和紧密,并且农户对生产资料的消费需求和工业品的消费需求也会增长,这在一定程度上扩大了市场规模,深化了社会分工。

(二) 发展非农产业的传导路径

1. 农户创业促进非农产业发展

农村富余劳动力转移依赖于非农产业的发展。就中国来讲，广大农村地区对第三产业存在着巨大需求，农村第一产业、第二产业的发展急需生产性服务行业与之配套发展，人均收入水平的提高使农村居民对提高生活质量的生活性服务行业与之配套发展，对着力提高大量急需转移的农村富余劳动力的就业能力的教育培训服务的需求越来越强烈。

从农户创业来看，大部分创业农户都具有其创业方面的相关经验。多数创业农户以前都从事过非农产业领域的工作，其累积的知识和经验也与非农产业密切相关，再加上相对于农业而言，第二产业、第三产业的收益率也相对较高，所以创业农户大部分都会选择投资非农领域，促进农村非农产业的发展。相对而言，尤其是外出打工然后回乡创业农户的素质普遍较高，创业也会较好地选择相对"较新"的创业产业，成功的机会比较大。对其他创业者而言，这提供了一个很好的"典范"，起到了示范作用，更会促进非农产业发展。从促进农村非农产业的发展视角来看，示范作用所带来的效果比直接创业所带来的效果更明显。

2. 农户创业促进富余劳力就业

结构主义理论者认为，经济增长是结构转变的一个方面，不同的产业结构会带来不同的经济增长速度，因此劳动和资本由生产效率比较低的部门流向生产效率比较高的部门，加速了经济增长。正如马克思所说：随着总资本的增加，如果资本的有机构成不变，尽管生产实际地排挤或者是潜在地代替大量工人，但是随着机器本身的发展，其表现为同种工厂数目的增多或现有工厂规模的扩大，工厂工人的数量最终是可以比被他们排挤的工场手工业工人或手工业工人的数量多的（马克思，1975）。正因为如此，创业农户会从传统的农业生产方式中游离出来，对现有的农业技术水平而言，他们是多余的、富余的，选择创业解决就业，既是农业劳动力资源合理有效配置的要求，也解决了农业富余劳动力的就业问题。

3. 农户创业为后进入者提供社会资本

农户创业除了本身能增加就业岗位外，还为后进入者提供社会资本，降低后进入者的进入门槛。社会学家亚历山德罗·波斯特就认为，农业人口在决定是否转移、向何处转移，以及转移以后怎样生活时，都与其社会网络或社会资本有着较为密切的联系。农户通过社会网络关系可以获得资金资源、就业信息及影响力等，既能解决转入后的生活问题，也能减少交易费用和转移风险，从而提高转移的安全性（科尔曼，1999）。在中国农村剩余劳动力转移过程中，他们所获得的信息很大部分是由社会强关系（亲缘、血缘关系）和弱关系（朋友、同乡关系）提供的。创业农户之间形成一种社会网络，也存在社会强关系和弱关系，这种社会网络将为创业者的资金、信息、技术等各种资源的共享提供一种无形的契约关系。

（三）促进农村城镇化发展的传导路径

第一，农户创业为小城镇发展提供重要的资金来源。加快小城镇建设是繁荣农村经济和解决"三农"问题的重要举措。小城镇的建设需要资金及政策支持，但实际情况是，各级政府的财力有限，在小城镇建设中，政府的财力投入远远不足，远不能满足小城镇建设的需求，并且这是一个短时间内无法解决的问题，因此严重制约了小城镇发展。同时，农户创业主流向小城镇聚集，创业者将其积累的财富投向小城镇，有效化解了政府资金投入不足对小城镇建设所造成的影响。创业者资金投入并实现成功创业，增强了小城镇的凝聚力，这样就为更多的投资者进入小城镇谋求发展开辟了一条新通道，同时创业者的资金投入，能够加快小城镇公共基础设施的建设，有利于改善小城镇的投资环境，进而会吸引更多的投资者。

第二，农户创业是推动小城镇建设的重要力量。小城镇建设的一般特征是靠企业兴镇。但是发展较快的小城镇，大多都是靠第二产业、第三产业或市场的发展而带动起来的。由此可见，经济活动的集聚是加快小城镇建设的前提。由于创业者的投入会受市场经济行为的支配，所以创业地点通常会选择在经济活动相对集聚的小城镇。创业农户通常不受社区范围的制约，把企业建在经济相对较为发达、交通较为便利、人口较为集中，且有利于企业发展的小城镇，这是一种理性的选择。创业地点相对集中，就可使服务需求形成规模，使商业、餐饮、娱乐、服务、通信等行业应运而生。这样，就会使人口与生产要素向小城镇集聚，加快小城镇的发展。同时，企业也以小城镇为依托，借助城镇集聚要素所形成的良好市场环境，实现企业自身的快速发展。企业自身的壮大提高了对城镇发展的要求，为城镇的发展积累了资金，形成了加快小城镇发展的巨大推动力。没有企业的发展、聚集及升级，加快小城镇建设，并形成市场规模，也是难以实现的。

第三，农户创业开辟了全新的农村城镇化道路。在中国，不但要发展大中城市，更重要的是发展农村小城镇，包括非建制的农村集镇。其关键是要做好规划，并搞好功能定位，但需要明确的是，发展小城镇，不是单一地将农村人口变为城市人口，最重要的是要吸收农村转移人口，以产业发展为依托，以经济发展及繁荣为前提，先让那些具有一定文化与技能、具有创业精神的劳动者进入城镇，以增添小城镇发展的新活力。大多数创业农户，特别是那些打工回乡创业农户，不仅具备进入小城镇的基本条件，而且在大城市劳动和生活的过程中，受到了城市环境与文化的熏陶，更容易适应城镇的生活、创造城镇的生活。因此，那些创业农户是农村进军小城镇的一个重要群体，是较快融入小城镇的城镇居民。

所以，本部分认为，农户创业开辟了一条在小城镇带动下发展农村城镇化的全新道路，它是一种理性的策略选择。流动打工使青壮年农户素质普遍提高，进而发展地方经济，并以回乡创业农户为领头羊带动城镇经济的繁荣，通过梯次原理推进城镇化，并吸收农村富余人口，既避免了急剧城市化所要付出的高昂代价，也发挥了城镇化的规模效应。因为农户创业的企业绝大多数都在小城镇与农村集镇，只有少量进驻中等城市，所以通过发展以县域城镇和中小集镇为主的中小市（镇），可以容纳更多农户创业者，创造出更多的就业机会，进而发展壮大县域经济。

（四）对促进县域经济发展的传导路径

1995年前后，一些外出打工较早的"打工妹""打工仔"，因为在市场经济的快速发展中"洗了脑子、闯了路子、赚了票子"，在政府政策的积极引导和扶持下，走上了大胆创业之路，有力地促进了当地县域经济的发展。

1. 农户创业推动了县域竞争力的快速提升

长期制约县域经济发展的重大因素就是要素资源严重不足，这使当地的资源要素一直处于低效率的配置状态，资源优势转化不了比较优势，比较优势转化不了经济优势，经济优势转化不了竞争优势，在区域竞争中处于明显的弱势地位。创业农户通过股份制、股份合作制、合伙、合作、独资等经营形式，创办企业，促使资金及技术等要素资源向县域城镇集中。更重要的是，农民创业者经过市场这所"大学"的培育，具备了较强的市场创业能力和开拓意识，为农村提供并储备了大量的人才资源，而且其中的一些人已成长为企业家。以这些企业家与专业人才为核心，以企业为载体，吸引了资金、技术等要素资源就地优化配置，大大提高了县域经济的集聚能力和资源整合能力。企业资源的开拓与利用，促进了县域经济的迅速增长，大大提高了县域经济的竞争力。

2. 农户创业推动县域城镇化和工业化发展

依据工业的比较效益较高，农户创业成规模的投资基本上都集中在加工制造业领域，并以园区为载体，从而形成了特色产业集群。例如，荣昌县盘龙镇的农户创业园区，仅鑫顺合结钢材有限公司一家公司，主要生产经营汽车、摩托车配件优质合金钢材料及铸、锻件，总资产投入就达2 500万元，实现年产值1亿元以上。随着逐步发展，在园区及周边形成了汽车及其零部件、信息电子及家电、新型材料、纺织、生物制药、水泥制造等产业群，推动这些产业群生成的主要力量就是那些创业农户。

城镇化的产业支撑就是工业化发展。为加强工业化对城镇化的推动作用，重庆市委、市政府又审时度势，引导工业集中于园区，园区集中于集镇，这样有效地带动了城镇人口的集聚，以及为居民、企业提供服务的第三产业的迅速发展。2012年，全国城镇化平均水平达到52.57%，重庆平均已达56.98%，其中主城达到87.07%。目前，整个重庆城镇化建设格局为四级城镇体系：1个主城、6个区域中心城市、25个区县、105个中心镇和小集镇。

3. 农户创业有效地推动了农业结构的调整

相当数量的农户创业者依托当地的资源条件，从事特色规模化畜禽和水产养殖业、种植业及农副产品深精加工业。他们不仅给家乡带来了其所缺乏的技术和市场信息，而且在其相关技术的示范和推广等方面也起到了很大的作用，形成了以某个专项农产品生产和加工为"龙头"的规模化经营。这积极地推动了农业结构调整、农业产业化经营，从某种意义上讲有利于完善中国农业技术推广体系。

4. 农户创业成了农村现代文明的"播种机"

创业农户，特别是对有外出务工经验的农户来说，在增加收入的同时，也受到城市文明的熏陶，进而增长了见识、开阔了眼界、转变了观念。因而，他们在回乡创业时，不仅带回了资金、技术和市场信息，而且带回了都市文明与现代消费观念、生活理念、思维方式。他们既是现代文明的传播者，也是现代经济管理知识的传播者，他们引领着农村文明时尚，引导着广大农户更加关注文化知识和专业技能训练与学习，从而推动农村社会由农业文明向工业文明转变，由封闭型向开放型转变，由传统文明向现代文明转变，明白了农户创业活动的深层要义，使农村经济社会可持续发展有了较为强劲的发展动力。

5. 农户创业大大拓宽了农村就业的渠道

民生之本就是就业，中国县域经济当前和今后较长时期一项重大而艰巨的任务就是扩大就业，这也是实现小康社会的关键措施。据统计，重庆劳动力密集型企业占回乡创业企业的70%以上，这为当地富余劳动力的就地转移与增加收入提供了新的、广阔的平台，也成为农民就业非农化的巨大"吸纳器"，为加快城乡统筹发展、建设和谐社会做出积极贡献。

四、农户创业活动与县域经济发展的关联实证

在前面理论分析基础上，本节选取重庆作为研究区域，分析农户创业活动与

县域经济发展之间的内在关联，拟对重庆县域经济的发展水平（通过县域经济生产总值占重庆地区生产总值的比重计算而得，其值越大，说明重庆县域经济的水平越高）和农户创业活动（用重庆创业就业人员增长率表示）建立一个动态向量自回归模型，来系统分析二者是否具有长期均衡关系；同时，考虑到实际经济生活中存在的各种干扰（如经济政策的变化等），通常会导致二者在短期偏离其均衡路径。因此，在此基础上建立向量误差修正（vector error correction，VEC）模型以分析其长期与短期关系。选择重庆的主要原因在于重庆是农业剩余劳动力主要输出大省，近年来的农民工回流现象比较明显，返乡农户创业有利于促进县域经济的发展，推动县域经济增长；另外，以重庆作为全国的统筹城乡示范区，对农户创业行为促进县域经济的发展值得研究，研究结果将为其他地区经济的发展提供参考。

（一）重庆农户创业基本状况

重庆自直辖以来，经济环境得有了很大改善，重庆的农户创业人数与比例都有较大幅度增长，农户的创业愿望也较为强烈。2004年以来，重庆的创业农户申请办理的个体工商户有6.5万户，其中创办有一定规模的企业就达到4798家，投资规模46.9亿元，年产值达到73.6亿元，并吸纳农村的富余劳动力27.1万人。有些创业农户，具备外出务工、经商经验，回到农村发展现代农业或创办企业，主要涉及建筑、采矿、机械配件、运输、餐饮、食品和农产品加工等劳动密集型行业，在带动当地就业发展经济方面发挥了巨大作用。据统计，截至2008年，有12.2万农户创业，并带动了65.4万人就业。另外，根据重庆关于引导和鼓励农户创业的政策介绍，到2012年，创业农户达到了18万人，创业企业吸纳就业总量达到90万人，越来越多的农户选择创业，在推动工业化、城镇化和当地经济社会发展等方面都发挥了较为积极的作用。

（二）VAR模型的建立

本章用APR表示重庆县域经济的发展水平，其通过县域经济生产总值占重庆地区生产总值的比重计算而得，其值越大，说明重庆的县域经济的水平越高。另外，RIR表示农户创业就业人员增长率。对APR和RIR建立一个动态VAR（向量自回归）模型：

$$y_t = \Gamma_1 y_{t-1} + \Gamma_2 y_{t-2} + \Gamma_3 y_{t-3} + \cdots + \Gamma_k y_{t-k} + \mu_t \ (t=1,2,\cdots,T) \quad (4-4)$$

其中，$y = (APR, RIR)'$ 表示一个内生变量列向量；μ_t 表示白噪声；Γ 表示系数矩阵；k 表示滞后期。

将式（4-4）进行变形，得到 VEC 模型，其表达式为

$$\Delta y = \Gamma_1 y_{t-1} + \Pi_1 \Delta y_{t-1} + \Pi_2 \Delta y_{t-2} + \Pi_3 \Delta y_{t-3} + L + \Pi_{k-1} y_{t-k-1} + \mu_t \quad (4\text{-}5)$$

其中，$\Pi_j = -\sum_{i=j+1}^{k} \Gamma_i$；$j = 1, 2, \cdots, k-1$；$\Gamma = -\Pi - I = \Gamma_1 + \Gamma_2 + \cdots + \Gamma_k - 1$。

利用 Eviews 5.0，以下部分将通过建立 VEC 模型来具体的分析 APR 和 RIR 之间的动态均衡关系。

（三）计量分析

1. 数据来源

本部分采用的数据来自于《重庆市县域经济统计年鉴》。APR 所采用的数据是重庆所有县域生产总值与重庆地区生产总值的比值。RIR 所采用的数据是重庆创业人员与全部就业人员的比率。

2. 单位根检验

在检验是否协整之前，我们需要先对各个变量进行单位根检验。表 4-1 列出了对各个变量的 ADF 检验结果。

表 4-1 ADF 单位根检验结果

变量	检验类型	ADF 检验值	1%	5%	10%	检验结果
APR	(C, 0, 1)	-2.630 6	-4.057 9	-3.119 9	-2.701 1	不平稳
ΔAPR	(0, 0, 0)	-4.437 9	-2.754 9	-1.970 9	-1.603 6	平稳***
RIR	(C, 0, 0)	-0.361 6	-4.004 4	-3.098 8	-2.690 4	不平稳
ΔRIR	(0, 0, 0)	-2.895 4	-2.754 9	-1.970 9	-1.603 6	平稳***

***表示在 1% 的显著性水平下不接受原假设

注：Δ 表示一阶差分；检验类型（C, T, K）中的 C、T、K 分别表示方程中的常数项、线性时间趋势项及滞后差分项的个数。如果均为 0，就表示没有常数项、没有线性时间趋势项和没有滞后差分项

表 4-1 的单位根检验结果表明，在 1% 的显著水平下，原非平稳序列 APR、RIR 的各自一阶差分序列 ΔAPR、ΔRIR 都不存在单位根，均为平稳序列。所以，序列 APR、RIR 均为一阶单整，即 APR ~ $I(1)$，RIR ~ $I(1)$。

3. 协整检验

估计 VAR 模型，我们需要选择恰当的滞后阶数。因为如果滞后期太少，那么误差项的自相关就会很严重，并且导致得不到一致估计量。在 VAR 模型中适当增加滞后变量的个数，可以消除误差项中存在的自相关。但是，滞后期太长，将会

导致自由度减小，从而影响参数估计量的有效性。表4-2列出了根据五种准则对滞后期选择的结果。

表4-2 VAR模型滞后期选择的结果

滞后长度	LR值	FPE值	AIC值	SC值	HQ值
0	—	3.01×10^{-8}	-11.643 29	-11.551 99	-11.651 74
1	24.252 77[1)]	5.96×10^{-9}	-13.276 6[1)]	-13.002 7[1)]	-13.302 0[1)]

1）对应的滞后期长度表示的是LR、FPE、AIC、SC、HQ五个评价统计量给出的最佳滞后期长度

以上五个评价指标都认为建立VAR（1）是比较合理的，故我们应该建立VAR（1）模型。但是在建立VEC模型之前，我们还需确定序列APR和RIR是否协整。本部分研究采用Johansen协整检验来对变量APR与RIR间的协整关系进行考察。Johansen协整检验的结果如表4-3所示。

表4-3 Johansen协整检验的结果

原假设	特征值	最大特征值统计量	5%的临界值	P值
无[**]	0.745 769	19.202 42	15.494 71	0.013 2
最多一个	0.102 013	1.398 789	3.841 466	0.236 8

原假设	特征值	最大特征值统计量	5%的临界值	P值
无[**]	0.745 769	17.803 62	14.264 60	0.013 2
最多一个	0.102 013	1.398 789	3.841 466	0.236 8

**表示在5%的显著性水平下不接受原假设

结果表明，在5%的显著性水平下，迹统计量检验与最大特征值统计量检验都存在1个协整方程。这就说明，APR与RIR之间存在显著的协整关系。即APR，RIR～CI（1，1）。也就是说，县域经济的增长率与农户创业就业人员增长率之间存在长期的均衡关系。

4. VEC模型

虽然我们从上面的结果可以知道尽管APR和RIR之间存在长期的均衡关系，但可能受到实际经济生活的某些扰动，如经济政策的变化等，那么就会导致APR与RIR通常会在短期偏离原来的均衡路径。基于此种原因，在APR，RIR～CI（1，1）的基础上，我们将建立VEC模型来讨论它们的长期与短期因素。本部分研究估计得到的APR与RIR的长期均衡关系式为

$$APR = 2.585\ 564 RIR + 0.052\ 366 \quad (4-6)$$

式（4-6）表明，县域经济的发展水平与农户创业之间具有正向的相关关系。APR和RIR的短期动态均衡关系式为

$$\Delta APR = -0.483\ 873 CE(-1) - 0.390\ 726 APR(-1)$$
$$+ 0.080\ 921 \Delta RIR(-1) + 0.010\ 375 \quad (4-7)$$

$$\Delta RIR = 0.116\ 207CE(-1) + 0.091\ 373\Delta APR(-1)$$
$$+ 0.596\ 709\Delta RIR(-1) - 0.000\ 590 \tag{4-8}$$

其中，CE（-1）=APR（-1）-2.585 564RIR（-1）-0.052 866 为误差的修正项，反映 APR 和 RIR 偏离了其原来长期均衡路径的程度。我们从式（4-7）中可以知道其误差修正项的系数为-0.483 873，这表明当扰动发生使县域经济的增长率相对于其长期的均衡水平被低估时，未来的调整方向就是提高经济增长率，并且有近 50%的偏差获得修正。式（4-8）中的误差修正项系数为 0.116 207，它表明当扰动发生致使农户创业的发展水平相对于其长期的均衡水平被高估的时候，那么未来的调整方向将是拉升农户创业的发展水平，且有近 12%的偏差获得修正。此外，在 APR 与 RIR 的短期变动中，它们相互之间均存在正向的影响关系。

（四）实证结论与讨论

以重庆为例，对模型的协整检验、VEC 模型估计的实证研究得出以下结论。

第一，长期看，农户创业发展与县域经济增长水平之间具有显著的正相关关系，即长期中农户创业对县域经济增长具有促进作用。

第二，短期看，农户创业发展与县域经济增长水平会存在波动关系，并且任何一方的波动都将导致另一方同向的波动。

第三，外部条件对农户创业发展水平的冲击所引起的县域经济增长的短期攀升幅度要比对县域经济增长的冲击所引起的农户创业发展水平的短期攀升幅度要大，并且这种正向效应持续的时间更长。也就是说，先促进农户创业带动当地经济增长比先发展当地经济从而引起农户创业所带来的效果要好。

上述结论的内涵在于重庆现有的产业结构形成的经济规模扩大并没有形成对农户创业足够的需求，其提供给农户创业的发展空间有限。另外，如果能够给予农户创业一定的外部冲击，如某些适当的产业结构调整政策等，那么农户创业将能在更大程度上推动当地县域经济的增长。

五、促进农户广泛参与创业的机制建设

农户创业活动与县域经济增长内在关联关系实证研究结果表明：外部条件对农户创业发展水平的冲击所引致的县域经济增长的短期攀升幅度比县域经济增长的冲击所引致的农户创业发展水平的短期攀升幅度要大，且这种正向效应持续的时间更长。因此，在重庆推进城乡统筹发展的大背景下，促进农户广泛参与创业

将成为发展农村经济、增加农民收入、缩小城乡差距的重要途径。为此，基于农户创业活动与县域经济发展的长期影响，本章提出促进农户创业广泛参与的机制建设。

（一）完善农户创业培育机制

1. 建设农户创业组织平台

建设农户创业组织平台，就是使农户创业组织成为农户创业的中介服务组织，在农户创业前、创业中为农户提供各类指导与服务，帮助农户克服创业过程中的困难与障碍。辽宁本溪的做法具有代表性，在其"五进"（创业培训进社区、创业培训进校园、创业培训进乡/镇、创业培训进部队、创业培训进中心）创业培训活动中，先是大量铺开创业培训的范围，扩大影响，然后针对不同的创业者提供不同的服务，并建立信息管理服务系统，提供及时有效的跟踪服务和后续指导。从农户创业者层面看，既可以成立专门的农户创业协会，也可以依托现存的经济合作组织，创业农户作为组织的成员，在组织中相互学习、相互交流，通过合作等方式实现资源的共享，甚至以合作、合伙的方式共同创业。

2. 建立农户创业教育培训体系

建立一套全新的农户创业教育、培训体系，旨在通过农户创业教育培训，将创业农户培植成集经营管理、技术服务、生产示范于一体的新型农业经营者。教育培训体系包括以下方面的内容。

第一，组织形式。基于创业农户实际，农户创业培训可以采取三种组织形式：一是依据当地主导产业发展需要，提供特制菜单班；二是根据区域发展和创业实际的需要，面向某些区域或某类创业群体招收对象班；三是根据实践与扶持需要，依托各个地方的农广校、农职校，开展定期专项培训班。

第二，培训方式。创业农户的核心能力应该包括语言表达能力、自我提升能力、数字运用能力、创新创造能力、与人合作能力、信息处理能力及外语应用能力等。农户的创业培训方式，就需要依据培训对象的创业能力要求及产业发展的实际状况，坚持"实际、实用、高效"的基本原则，制订切合实际的培训方案。灵活采用小班制的办学模式，运用以实践和案例为主的教学方法，以专业模块化的方式进行培训。

第三，引导创业。根据农户创业在农业生产经营不同环节创业类型分类：一是生产型创业。这种创业是指从本地资源、特色主导产业入手，主要以无公害绿色农产品生产基地为主要载体进行创业，并通过种植业和养殖业的规模化、专业化、集约化生产，促进农业生产从粗放经营型向质量效应型转变。二是加工型创业。通过农产品加工、包装、保鲜、储运等环节，以提高农产品附加值为主，降低初级农产品的成本。三是营销型创业，这种类型主要以创办各种营销实体为主业，以农业中介组织为纽带，通过连锁经营、产销直挂，抑或网上交易等新型营销方式来创办农业市场、拓宽产品销路、开拓外地市场，从而带动当地优势产业扩大生产规模，实现规模经营。四是服务型创业，这种方式主要围绕农业生产所需要的技术、信息、物流等需求，通过组织产前、产中、产后的综合配套服务创业，如果能催生服务型创业农户，将有利于发挥地方主导产业优势。

第四，后续技术支持。技术服务可以通过典型示范、上门服务等形式，把技术服务推广工作落到实处，及时为创业农户提供后续技术服务和产销信息，帮助解决创业过程产中出现的技术难题，旨在巩固和确保创业效果。一是农业技术推广机构后续服务，各级农业技术推广机构可以利用自身设施、场地及人员等条件，以主导品种和主推技术为中心，适当结合农户创业实际，通过建立联系户、联系人制度，探寻创业农户的技术帮扶与跟踪服务机制；二是农业职业院校和科研院所后续服务，对技术含量较高的创业项目，可以有针对性地从科研院所、高等院校聘请相关专业技术人员对创业者现场指导、专题讲座与现场释疑；三是农业远程教育的后续服务，各级农广校，尤其是县农广校，可以充分发挥远程教育培训优势，加快现场培训基础设施的建设，提升直面创业农户的科技培训力度。

（二）构建农户创业保障机制

1. 创新"三元创业主体培育模式"

第一，针对创业主体的文化素质及技术技能等内在限制因素，结合《全民科学素质行动计划纲要》实施办法，建立健全农村科学普及系统，逐步提高创业农户的知识水平，增强他们的创业能力。

第二，认真落实《中华人民共和国农业技术推广法》，制定相关的农村创业教育与培训计划，在设立专门的培训基地的基础上，定期在农村举办创业知识与技术培训班活动；稳定农村特派员制度，将科学技术下乡工作长期化、制度化；鼓励社会力量面向农民开展公益性的创业教育培训活动，形成全社会关心农民创业、支持农村创业的良好氛围等。

第三，从我国国情出发，提高主体创业能力，把"政府、学校、企业"三方培训优势资源有机整合，建立"从一元培训到三元培训"的三元创业主体培植模式。"政府"一元主要发挥宏观调控及资金支持作用，在政策引导、组织保障、资金补贴等方面为新农村建设创业主体能力提升提供保障；"学校"一元要充分发挥好筹集资金、师资整合、课程设置、组织教学等作用;"企业"一元要充分发挥其创业指导、技术支持、产品保障和资金支助等方面的作用。

2. 建立农户创业帮扶机制

第一,完善创业信息服务机制。采用"一站式服务"模式,建立专门的信息服务机构,开通科技服务热线,使农民更方便、快捷地获取信息及咨询帮助。

第二,完善创业风险抵御机制。通过设立风险投资基金,构建国家风险投资补偿机制,以合作组织等方式为农户出具信贷担保,建立国家和地区性项目中介服务机构体系,鼓励创业主体的创业活动,为农村创业提供风险投资咨询和决策服务。

第三,完善创业制度保障机制。减少政府性保障,通过简化手续、降低门槛、废除歧视与差别,避免政出多门,提高政府效率,减少进入管制,给农户降低创业成本。打破行业性、行政性垄断,为创业农户营造与其他公民平等的竞争环境。制定和落实鼓励创业的政策,引导农户积极投身于创业实践。

第四,完善创业动力激活机制。通过全面贯彻并落实《中华人民共和国农民合作社法》,扶持建立各种专业合作社、专业协会等新型农民合作组织,从组织上逐步推进农户创业的长足发展。高度重视乡土文化、乡土技术及品牌的保护弘扬,培育土生土长的创业领头人、创业带头人。结合中央与地方的科技推广、扶贫项目的实施,根据实际情况扶持一些在特殊领域具有发展前景的创业项目,充分发挥其示范作用,以增强创业农户的信心,带动农户共同创业致富。

第五,完善创业文化导向机制。通过电视、广播、报刊、网络、杂志等多种媒体平台宣传全民创业的重要意义和广阔前景,并通过宣讲农户身边的典型创业个案,进一步加深创业活动在农户心中的认同感;积极倡导"创业有功、合法致富光荣"的价值观念,树立对待创业"允许失败"的积极态度,大力培育合作创业精神,在农户身边营造"尊重创业、尊重创新"的创业文化氛围。

(三)加大农户创业扶持力度

1. 完善农户创业的融资体系

第一,建立农户创业资金筹集体系。地方政府可以适度将一定量的用于开发性生产经营项目的开发资金向创业农户倾斜,同时建立农户创业的有偿使用滚动创业基金,用以扶持农户创业的资金筹措。

第二,引导农户寻求民间融资渠道。相关部门出台办法,引导利用"先富"农户的储备资本对创业农户项目贷款和项目融资,以求达到双方互惠共赢。政府在引导民间融资过程中，仅起到中介与监督合同执行作用，不越界、不干预。

第三，健全农户创业正规融资体系。农村金融机构和政府财政的支持要向增加农村创业资金供给的方向倾斜，增加创业农户资金融通渠道。改革现行贷款制度，鼓励以土地承包权、经营权抵押贷款。甚至尝试开设农户创业基金，发展种植、养殖、农产品储运等项目，以及能给农户带来增收的生产经营项目，切实为农户创业服务。

第四，构建农户创业融资信用体系。农户创业融资信用体系包括三方面内容：一是建立面向农户的信用征集信息系统；二是建立创业农户的信用评价体系；三是建立融资的信用监管体系。

2. 加快配套政策的改革步伐

第一，明晰农村土地产权，立法保障土地流转。在确保农村土地所有权归集体所有的前提下，实现三权分置。以法律赋予三方权利主体的合法地位和为三方权利主体关系治理提供法律依据，从而保障三方权利主体的合法权益。

第二，培育土地流转市场，完善土地流转机制。一是构建土地使用权市场化下的土地管理体制，建立健全土地适度规模经营的引导机制；二是形成市场化土地流转价格，依据市场供求关系，以市场机制确定土地流转价格；三是加强对土地流转的规范化管理与监管工作，为维护农户的合法权益，惩处非法交易和违法用地行为，确保土地市场健康运行。

第三，加快农村土地市场的中介组织建设。一是各政府积极做好收集、登记和发布土地流转的相关信息，充分保证土地要素的合理流动与优化配置；二是积极发展金融、土地保险公司及中介交易组织，尝试性发行土地证券，实现土地价值自由流通转让；三是针对当前农村存在的土地抛荒或农户暂不愿意耕种等情况，建立土地储备制度。

3. 提高农户创业的服务水平

第一，营造良好的创业氛围。首先，广泛进行宣传。通过相关媒介，介绍本地经济社会发展的态势和有关鼓励农户创业的政策措施，动员有条件的农户积极创业。其次，打造情感平台。例如，建立农户档案和联系卡，逢年过节以地方政府名义发送慰问信或贺年卡，节假日举行创业农户座谈会等，使其亲身感受到政府的关心与温暖，以联络感情、动员创业。再次，建立激励机制。建立表彰和奖励制度，定期召开创新创业表彰大会，通过表彰先进、鞭策后进，激发全员参与创新创业的热情。最后，建立分工协作的服务机制。有关部门牢固树立为农户创业服务的思想，把热心服务于农户创业纳入自己的职责范围，做好协调与沟通，积极推动农户创业。

第二，引导农户优选创业路径。首先，政府组建专家服务团积极为有意且具备条件的农户提供创业咨询，为他们提供法律、法规、政策、证照办理等方面服务，助其创业计划顺利实施。其次，建立创业信息发布平台。政府职能部门要整合涉及创业的相关信息，建立创业信息发布平台，为创业农户选择适当的路径创业提供信息资源。

第三，规范和完善政府行政管理。首先，坚持手续从简、收费从低、办事从快、服务从优的原则，进一步清理和规范创业涉及的行政审批事项，大力推行联合审批、一站式服务、限时办结和承诺服务等制度，减少办事环节，提高办事效率。其次，设立农户创业审批绿色通道窗口，负责受理农户创业审批手续。对投资达到一定规模的农户创业项目，可提供专人全程代理服务。最后，政府应该在劳动人事档案、创业落户、户籍管理、子女入学、住房医疗、卫生保健、社会保障等方面为创业农户提供便利，及时帮助他们解除后顾之忧，优化农户创业的外部环境，促进农户创业的持续稳定发展。

第五章　农户创业参与激励及创业持续的条件设立

摘要　广泛的创业参与、连贯的创业持续是营造浓厚创业氛围、形成创业财富效应和社会效应的重要前提。因此，探索激励农户创业参与的影响因素，寻求保障农户创业持续的外在环境和内在要素支持是本部分重点研究的问题。本章从创业学理论中较为成熟和前沿的"机会观"为理论基础，从过程观点出发，提炼出"农户特质、政策驱动、社会动员"三维动因是影响农户创业参与的主要因素。继而分析三维因素影响农户创业参与的机理，并根据计划行为理论（theory of planned behavior，TPB），运用多元 Probit 回归模型实证三维动因对农户创业的影响。研究发现：创业特质中创业警觉、先前经验和培训经历，以及创业环境中的政府政策和基础设施对农户创业参与影响显著，而创业社会动员维度中的创业文化和创业氛围影响尚未得到显著性验证。初步得出：目前农户创业主要是基于政府主导与农户内在创业素质相互诱导的创业参与机制，社会动员有待进一步加强。继而，本部分采用统计分析的方法探寻制约农户创业持续的瓶颈，研究发现：农户的强连带网络仍为创业主要支持，政府对农户创业支持不够规范，融资过程担保抵押程序制约融资困难，同时还有制度层面的户籍导致农户创业"业缘网络"与"资源网络"的分离，社会保障制度的不完善增加了农户创业风险，土地流转价格攀升增加了农户创业成本。为保障农户创业持续，本章提出：①转变政府职能，推动市场创业体系；②改善创业环境，提高创业绩效；③强化创业培训，增加农村教育投入；④完善要素市场，破解创业扩张瓶颈；⑤加强舆论宣传，培养农户创业、创新精神。

一、影响农户创业参与的三维动因阐释

创业研究是涉及管理学、心理学、经济学、社会学及相应的专业技术领域的多学科综合性研究，所以研究者在各自的领域，采用不同的研究方法和研究假设

为学术界呈现出丰盛的学术盛宴。创业研究真正被确立为一门学科是从 Shane 和 Venkataraman（2000）发表《作为独立研究领域的创业研究》开始的。此后，学术界对"创业"展开了广泛而深入的讨论，主要涉及以下几方面内容：①创业机会的含义，以及创业者怎样去寻找创业机会。②创业者如何影响其创业过程与结果。③创业过程的规律性及内在机理。至此，创业机会学派诞生了，并在创业机会属性、影响因素、识别途径等理论与实践方面取得了丰富的研究成果（Alvarez and Barney，2007；杨俊，2013）。

创业机会识别（opportunity recognition，OR）作为创业活动的起点，同时也是价值创造过程中的关键环节，已受到越来越多的学者关注。创业就是寻找并充分利用有利可图的机会来开创新事业，所以创业机会在整个创业过程中占据重要位置，是创业研究的核心内容（Shane and Venkataraman，2000）。识别好的创业机会是衡量一个成功创业者最重要的能力，Venkataraman 于 1997 年提出，如何识别和发现创业机会是创业研究的重要组成部分。从过程来考察，农户创业参与阶段的主要任务就是识别创业机会，因此本章从机会的观点考察农户的创业参与。

那么，什么因素影响农户的机会识别能力与机会识别属性呢？这些因素如何作用于农户创业的机会识别过程与创业参与？基于文献梳理与调研数据，本章提出"农户特质、政策驱动与社会动员"的三维动因。通过探究三维动因的内涵、作用过程，提出理论模型，再利用调研数据实证分析三维动因对农户创业机会识别的影响。

（一）农户特质对创业参与的影响

创业机会识别毕竟是主观性很强的活动，创业者的个体特质是影响创业机会识别的重要因素。在创业研究的早期，学者常把创业者和非创业者进行比较，确实也发现二者在创业的机会成本、资本存量、社会关系及职业经历等方面差异明显。但是通过比较"创业者"与"管理者"这两类群体，发现二者之间并未表现出"创业者"与"非创业者"间的显著差异（Low and Macmillan，1988）。这从某种角度证明先天决定的"单一特质论"（trait-approach）是不完善的。然而学界的批评并没有阻止特质论的研究步伐，而是转向了心理学视角研究"新特质论"。Gartner（1989）经过对当时特质论研究的系统梳理后，并未发现企业家和创业者在心理层面有别于常人的显著证据。

（1）创造力（creativity）。创造力是指个体所产生的、新颖且适当的想法、产品、流程或者过程（Amabile and Conti，1996）。研究发现，创业者普遍认为创造力将有助于自己识别创业机会（Hills et al.，1997）。现实证明，农民在长期农业实践中培养起更强的思辨能力，一方面他们始终坚持依照客观规律办事，另一方面又逐步具备创新农村经济的勇气。同时，改革开放的深化和科学技术的应用、推广，为农民充分发挥其创造力营造了良好的外部环境。

（2）警觉性（alertness）。Kirzner（1973）很早就认识到机会识别依赖于"创业警觉性"，这种警觉性能促使创业者形成敏感"嗅觉"，帮助其及时、准确捕捉到各种信息，并发现市场上未满足的需求，进而识别创业机会。Gaglio 和 Katz（2001）建立了一个以创业警觉为中心的理论模型，指出创业警觉性高的个体成功识别出创业机会而成为创业者的概率大。魏喜武和陈德棉（2011）进一步证实了这一研究结论。中国农户的经验积累和市场意识使农户具备一定的信息警觉，郭红东和周惠珺（2013）的研究证明，具有打工经历和创业经历的农户，对机会信息的可得性和警觉性更高，更容易洞察信息价值从而发现更多的隐性创业机会。

（3）风险感知（risk perception）。创业者的风险感知将显著影响他们对创业机会的识别与评价（Keh et al., 2002）。创业活动具有高风险的特点，创业者采取冒险性行为主要原因是他们感知的风险较弱（Kahneman and Lovallo, 1993）。中国目前正处于经济转型时期，尤其是农业经营模式的大变革时期，农村和农业领域潜在的创业机会较多，农户由于接受到的风险识别、风险管理的知识较少，反而风险感知度较低，因而会积极地参与创业活动。

（4）先前经验（prior knowledge）。创业者的先前经验是创业者机会识别的基础。他们之前累积的知识结构往往致使其解读出与先前经历紧密相关的创业机会，即"知识走廊"效应（Shane, 2000）。长期的务工经验、非农工作经历及培训机会，甚至创业经历都给农户带来了丰富的经验，先前经验丰富的个体总能识别出更多的创业机会。但是这些创业者特质之间也并非彼此独立存在，而是存在一定的相关性，这种交互作用使单纯研究某一因素与创业参与的机会识别过程关系存在一定缺陷。除了创业有关的特质以外，创业者的人口统计学特征也对创业机会识别存在影响，如年龄、受教育程度、性别、婚姻、政治身份等。

（二）政策驱动对创业参与的影响

当前农户创业表现出较强的政策依赖性，当农户产生了创业意愿和创业动机后，还需要在外界力量的推动下，成功识别出创业机会。

通常情况下，政府政策驱动农户识别创业机会主要体现在以下两个方面：一方面，政府政策变化为创业者提供了创业机会。环境的动态性是产生创业机会的主要诱因，环境的本质是制度，制度的制定者是政府，因此政府的政策变化产生了大量的创业机会。目前农户可以从"农业内部的产品结构的调整、区域经济结构的调整、农村产业结构的调整"去寻求创业机会。另一方面，由于农户创业者整体文化素质偏低、创业能力薄弱，但有比较强烈的创业激情，所以政府的政策更倾向于改善农户创业能力不足、正确引导农户创业行为，要起到"指挥棒"的引导作用。例如，增加新的创业者和创业机会（Stevenson et al., 1987），减少行业进入壁垒、加大创业金融支持、促进地方新产业发展、整合创业教育、推广创业文化等，这些都是政府的创业政策应努力取得的成效（Stevenson et al., 1987）。据GEM报告，2007年中国在GEM参与国家和地区中排第三名，这表明中国实施的创业政策确实取得了良好效果。

政府政策对创业参与作用明显。自2004年以来，中央一号文件集中在"三农"领域。2010年中央一号文件特别提出要"完善促进创业带动就业的政策措施，将农民就地就近创业纳入政策扶持范围"。2013年中央一号文件提出发展新型农业经营主体，像农民专业合作社、家庭农场、农业社会化服务企业等新型经营主体诞生的过程就是其创业之路。宽松的政府支持环境能够降低农户创业资源、信息获取的成本，因而农户有动力、有能力去识别更多的创业机会。但实际调研结果显示，中国农村地区的外部创业环境还有待改善（韦吉飞和李录堂，2010）。

具体而言，支持农户创业的政策，国家层面的主要有《中共中央 国务院关于加大统筹城乡发展力度进一步夯实农业农村发展基础的若干意见》（中发〔2011〕1号）、《中共中央 国务院关于加强社会创新管理的意见》（中发〔2011〕11号）、《2003－2010年全国农民工培训规划》（简称"阳光工程"）等文件都重点提出实施农民创业促进工程。

地方政府积极落实中央政策，以重庆为例，针对返乡农民工创业的《重庆市人民政府办公厅关于引导和鼓励农民工返乡创业的意见》（渝办发〔2008〕296号），针对当时的金融危机事件，积极引导外出务工人员回乡创业，收效良好。2010年重庆工商局成立"小微企业发展监督管理"，出台《重庆市人民政府关于大力发展微型企业的若干意见》（渝府发〔2010〕66号），其中，重点支持的创业主体中有三类是专门针对农民的（返乡农民工；"农转非"人员，多是失地农民；三峡库区移民）支持政策。截至2012年，重庆小微企业数量已经达到了5万户，带动就业40.62万人。2012年启动"雨露"计划，计划在2012～2015年针对贫困地区农村贫困人口进行职业教育培训就业，提高贫困人口的就业、创业能力。政府科学的服务理念及诸多优惠政策为农户创业保驾护航。因此，建设优良的政务体系、落实农户创业的优惠政策是吸引农户创业参与的巨大诱导动力。

（三）社会动员对创业参与的影响

社会动员是一种带有导向性的社会过程，在后发展国家的现代化进程中比较普遍。它既是经济发展的制约因素，也是经济增长的结果（杨龙，2004）。社会动员就是实现个人现代化的过程（Black，1988），即人具备了现代的心理特质与思维模式。Deutsch（1987）率先用"社会动员"这一概念来描述人在现代化过程中自我思维与行为方式的变化。Huntingt(1974)把社会动员当做一种政治发展的手段，认为"社会和经济的变化，使人们政治意识扩展，政治要求剧增，政治参与扩大"。在推进现代化过程中，社会动员能加强社会凝聚力，提高资源配置效率。适度的社会动员将有利于维护社会稳定，所以社会动员广泛存在于经济社会发展的各个领域（柳建文，2005）。

从社会学的角度看，社会动员的目的在于从思想观念、心理素质、知识技能等方面造就现代社会所需的人才，其最终效果是调动个体成员积极参与经济社会发展。对农户创业而言，广泛的社会动员，能够通过政策宣传让农户了解国家的创业政策导向，树立农户创业致富的价值观念、正确面对创业失败，形成良好的创业文化氛围。广泛的社会动员能够激发农户的创业热情，吸引更多的人参与农村创业活动，有利于推动农村创业、建设创新型社会。

二、三维动因激励农户创业参与机理

农户创业参与是一个过程，从最初产生创业需求，到形成创业意愿，最终将意愿转化为创业行动，而在这期间又包含着创业机会的识别、创业资源的获取等环节。整个创业参与过程都受到三维动因的影响。本部分内容先分别介绍三维动因各自对创业参与的作用机理，再将三维动因与农户的创业参与过程作为一个整体，分析三维动因的联合作用机制及整个系统中各要素之间的相互动态影响。

（一）农户特质对创业参与的作用机理

特质学派基于人口统计特征，研究得出了什么类型的人发现创业机会的概率最大，但并没有解释为何这些特征的人更有可能成为创业者。在之后的研究中，20世纪80年代，学术界普遍认为创业者自身的认知与心理特征，如风险感知、创业警觉性、知识结构、先前经历、社会关系网络等，更能反映出其创业的本质。对生产、生活都局限在农村地区的农户而言，长期受到传统乡村文明的影响，所以农户的年龄、性别、宗族关系等依然在创业机会识别影响因素中占主导地位。在农村市场环境相对均衡、稳定的条件下，农户的创新能力，对风险的谨慎态度会增强其创业警觉性。而相较于无形的心理特征，农户在生产生活中累积的知识和经验，更能提高其识别创业机会的能力，同时农户自身的社会关系网络也大大拓宽了其获取创业信息的渠道，降低了识别创业机会的难度。因此，本部分从三个维度，即农户人口统计学特征、创业特质和先前经验，来分析影响农户创业参与的作用机理。

1. 人口统计学特征

研究得出，创业需要系统性知识的门槛，学历较低者无法满足，只能停留在传统农业生产领域。学历较高者，由于创业的机会成本较大，会倾向于选择较好的就业。反而学历一般的农户，如初中或高中会更倾向于创业。另外，知识水平较高的农户，思想比较先进，目光更长远，能够紧跟经济发展的趋势，看到国家在新农村建设、发展农村经济方面的一些政策变动，对自己创业能力、创业成功也更有自信，因此更加愿意参与创业。创业者年龄方面，农村创业者的年龄偏大，主要是由于新生代农民多数流动到城市并且不愿意定居农村，而年龄较长者已经积累了一定的创业资本和专业技能。但是，年龄太大的人，由于体力原因无法从事创业活动，创业热情也不足。因此，农村创业者的年龄主要集中在 40~60 岁。性别也是主要影响因素，男性创业者的比例远高于女性。另外，党员可能会比较关注中央政策导向，发挥模范带头作用，积极从事创业。

2. 创业特质

实质上，创业者本身就是各种特质的综合体。正如 Drucker（1987）提到的"一个企业的成败取决于企业家的素质与能力"。在创业研究的早期，学者常常把创业者和非创业者进行比较，把创业活动的发生归结于创业者的个人特质（Robertson et al.，1991）。Timmons（1975）指出，成功创业者所做的事情及其方式，体现出诸多共性的人格特质，如责任、决心、商计、对不确定性的容忍度、胜出动机等。Casson（1982）在研究创业者的特质时，认为创业者应该具备的特质主要包括风险承担力、创新性、应对市场变化的知识、管理能力和合作精神。也有诸多学者从心理学视角出发，区别创业者和一般管理者的创业特质，主要包括企业家的创业精神（德鲁克，2002）、创造力（Hills et al.，1997，1999）、风险承担、成就感与进取心（McClelland，1961）、自律、自尊、毅力与责任感、乐观态度与活力、自信与独立，这些创业者的创业特质直接影响创业者的创业参与程度。

3. 先前经验

先前经验，即在之前的生产或生活经历中所形成的知识结构、专业技能和经验总结。现有研究主要是从行业、创业、管理及独特经验等方面着手展开的（田莉和龙丹，2009）。先前经验能够通过影响个人认知作用于创业者，进而影响机会识别（Shane and Venkataraman，2000）。对进入全新领域的创业者来说，先前经验在一定程度上具有不可或缺的借鉴作用，因为实践证明，创业者更倾向于关注与自身知识结构有关联的信息。增长理论指出，创业者的先前经验将有助于组织抓住市场机会，并逐步壮大。创业者通过利用这些经验搜寻创业机会，利用社会关系网络克服对新领域的不熟悉，利用路径依赖作用来加速决策，从而将创业机会的潜在价值最大限度地激发出来（Shane，2000）。

由于农户的受教育程度普遍偏低，再加上农村地区基础设施落后，所以农户获取外界信息的渠道单一，而外出务工经历就成为农户收集信息的一个重要途径。一般而言，有外出务工经历的人能够获得更多的创业知识、行业信息和市场动态，并且能够有意识地搜集相关信息。除了外出务工积累的知识以外，农户通过各类培训、社会网络获得的知识和信息也是其先前经验的主要来源。这些先前经验能够激发农户创业的警觉性、提高农户信息解读能力，从而促使农户积极参与创业。综上可得，农户特质促进农户创业参与的机理如图 5-1 所示。

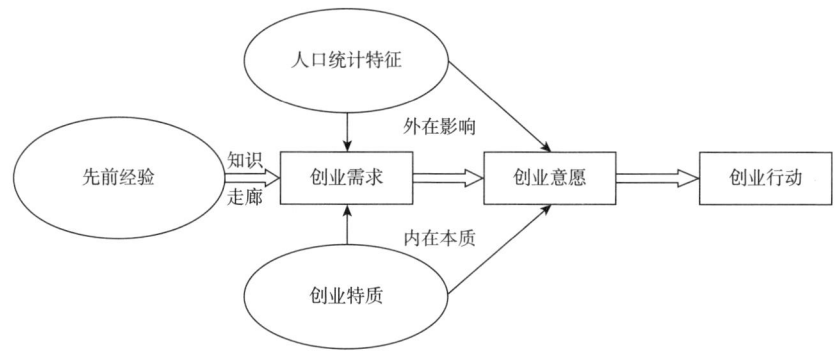

图 5-1　农户特质促进农户创业参与的机理

（二）政策驱动对创业参与的作用机理

客观而言，政府政策变化为创业者提供了创业机会。减少行业进入壁垒、加大创业金融支持、促进地方新产业发展、整合创业教育、推广创业文化等，这都是政府的创业政策应努力取得的成效。而这些政策支持将激发经济主体的创业精神和创业意识。对处于经济转型阶段的国家而言，政府的改革开放政策会推动经济增长，进而增加创业机会（张玉利等，2004），尤其是对返乡者的创业意愿影响颇大（杨其静和王宇锋，2010）。

回溯中国农户的创业历史，政策的主导强于市场引导。例如，改革之初的个体户，20 世纪 90 年代飞速发展的乡镇企业，1992 年之后的农民自主创业，再到 21 世纪"三农"领域的集群创业，2008 年金融危机后的"创业潮"政策变化衍生的创业机会为农户增加了机会识别的数量，政府的政策支持又增加了创业机会的辨识度和营利性。但调研发现，中国农村地区的创业环境亟待完善（韦吉飞和李录堂，2010）。因此，2010 年中央一号文件就专门提出要"完善促进创业带动就业的政策措施，将农民就地就近创业纳入政策扶持范围"。2013 年中央一号文件提出发展新型农业经营主体，新型农业经营主体就是农户创业的最佳载体。

具体到微观层面的政策支持，已有文献涵盖以下方面：①金融支持。金融支持是企业创设和经营的神经系统，金融支持将大大增加农户创业的可能性。Levie 和 Autio（2008）研究发现，一个地区在创业活动上的投资水平取决于该地区的金融支持力度，因而创业政策最主要的目标就是为创业者提供足够的金融支持服务。②公共服务。农村公共服务的滞后是制约农村经济发展的主要瓶颈，更是农户创业参与与否的衡量标杆。很多农户不愿意回到农村就业、创业，很大程度上就是由于农村的软性公共服务不到位。尤其是返乡农民工，他们习惯了城市公共服务完善条件下的生活方式，也许创业能带来个人财富的增加，但对个人福利水平改进无法预期。孙翠清和林万龙（2008）研究农户对"教育、卫生、文化、社保和技术培训"这五种公共服务的需求最强烈。因为完善的软性公共服务能够为创业农户提供良好的制度保障、降低农户创业的风险，更重要的是给创业农户未来家庭生活质量的提高带来一个较高水平的预期。基于此，本章认为农村公共服务是保障农户创业参与的重要条件。③基础设施。农户依托当地完善的基础设施充分开发当地资源、引进外部资源、提高生产效率和效益，进而加速农村经济发展（Fox and Porca，2001）。对农户创业有影响的基础设施主要包括水、电、路、通信设施。基础设施的完善能够减少农户的运输成本，增加农户获得信息的渠道。有学者指出，越落后的地区，中小企业的发展越需要信息通信技术（Smallbone et al.，2002）。虽然农村地区的小企业是迫于外部环境压力而采用信息通信技术，但小企业要参与大市场竞争，就必须采用该技术手段。根据上述分析，可以用图 5-2 表示创业政策对农户创业参与的影响机理。

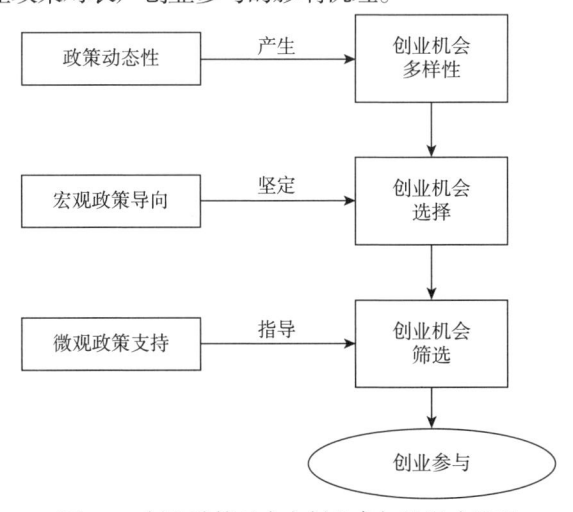

图 5-2　创业政策对农户创业参与的影响机理

在落后地区，信息通信技术对中小企业发展有着重要的作用（Smallbone et al.，2002）。事实上，农村地区的小微企业采用信息通信技术在很大程度上是迫于外部压力（Premkumar and Roberts，1999）。但是，农村地区要鼓励农户创业，就必须使用信息通信技术，因为信息通信技术能够帮助小微企业针对特定的目标顾客群体设计专门化产品，并展开与大企业的竞争。

（三）社会动员对创业参与的作用机理

1949~1976年，社会动员对中国的影响颇为深远，它是中国经济高速发展的重要助推力，同时掀起的全国性社会运动打乱了社会发展秩序。新时期、新阶段，中国的主要任务是既要达到经济量的增长，也要追求质的提高。社会动员作为增强社会凝聚力的重要手段，有助于加快中国现代化建设进程，构建社会主义和谐社会。然而，在社会由"总体性社会"向"后总体性社会"的过渡阶段，人们的价值观念多元化，社会结构日益分化与疏离。动员主体和动员客体之间总是存在一定的利益冲突，那么社会动员中也或多或少地表现出程度各异的逆动员力量。因此，如何才能做好激励广大农户创业参与社会动员，需要我们精心论证。从社会动员模式上讲，目前的有效模式主要包括两类，一类是内化动员，另一类是参与动员。

参与动员，即人们在参与现代政治、经济、文化生活过程中所受的影响，是人们对个人事件中个人发展和利益的选择。对农户而言，参与创业动员意味着改变人们对财富的价值观念，树立正确的就业、创业观，会培养农民在农村发展的热情和信心，营造良好的创业氛围。而内化动员是指个体的内部心理同外部环境相互作用、相互适应，并在人与人之间建立共识、建构共意的过程，这属于最高层次的社会动员模式。达到内化动员的境界时，农户的创业动力是自我价值的认同，任何创业活动都不是一帆风顺的，在面对挫折时，农户能够百折不挠、不懈奋斗，坚信创业成功的信心，达到创业的预期目标。可以用图5-3表示参与动员和内化动员促进农户创业参与的机理。

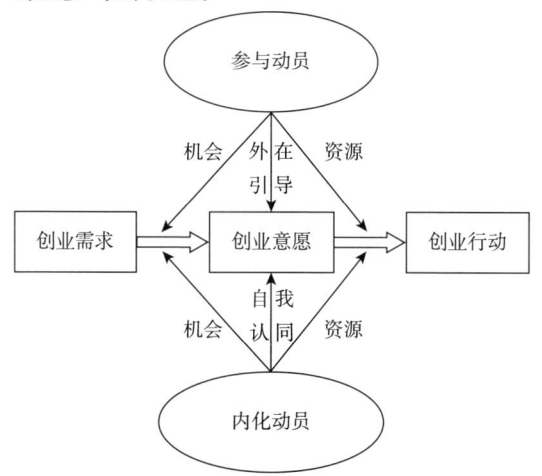

图5-3　参与动员和内化动员促进农户创业参与的机理

（四）三维动因联合激励农户创业参与的机理

农户特质、政策驱动、社会动员对农户的创业参与有其各自的影响。但是，农户创业参与是在一个大环境下进行的，农户、政府、社会三种因素相互交织、密不可分，它们共同对农户的创业参与起着动态、循环的激励作用，其作用机理如图5-4所示。

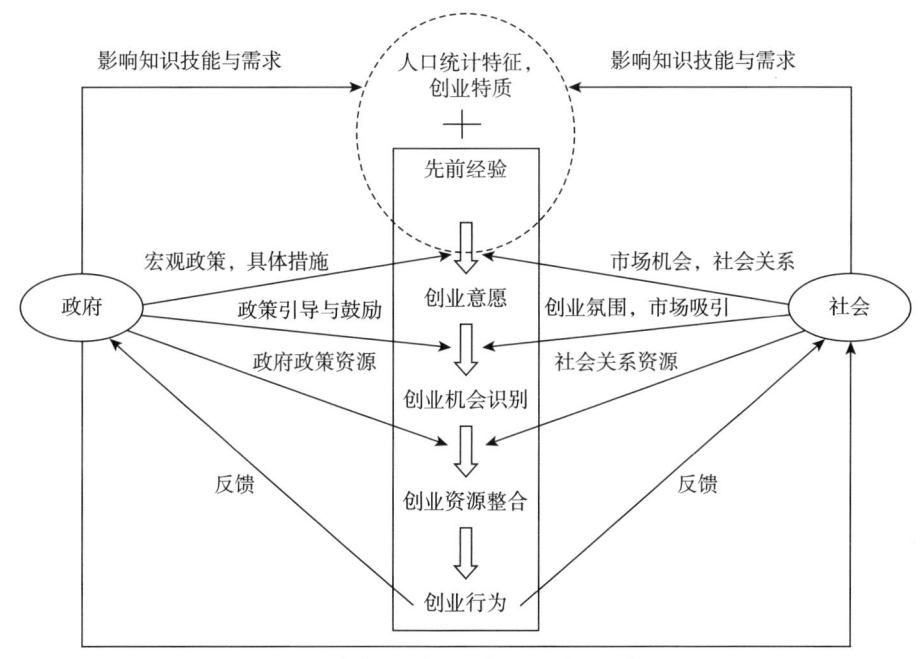

图 5-4 三维动因促进农户创业参与的机理

第一，农户特质中其自身对财富或者非财富价值的追求，构成了整个创业参与最根本的动力源泉，也就是创业参与的起点——创业需求。而农户的年龄、身体素质、知识技能水平等个人禀赋特征是农户创业参与的内在条件和精神动力，它们作用于整个创业参与的过程，对创业机会的识别、创业意愿的形成、创业资源的整合、创业行动的发生都有重要影响。因此，农户特质是其创业参与的内在动力源泉。

第二，在农户创业参与过程中，政府的宏观政策和具体引导举措、市场经济的发展、社会关系网络等都为农户提供了创业机会，并且有助于农户进行创业机会识别。而政府的引导和鼓励、社会关系网络中创业氛围的鼓动、市场中经济利益的吸引，都能激发农户的创业热情，促进农户创业意愿的提升。同时，政府促进农村经济发展的宏观政策、带动农户创业的具体举措，以及为农户提供的创业优惠政策，都能对农户创业资源的获取和整合起到很大的帮助作用。农户通过对自身社会关系网络的利用，也能够获得创业的各种资源。这些因素共同促进了农户将创业意愿转化为实际的创业行动。

第三，农户的创业参与行为对三维动因具有反馈作用。农户的创业行为一方面能够带动农村劳动力的就业，另一方面能产生经济效益促进地区经济的发展。对政府来说，这是对其政策的一种反馈，政府根据政策作用的效果，对规划进行调整；而对社会来说，农户创业的效益能够增强社会创业氛围，对其他农户起带动作用。农户创业还能对区域经济发展和创业行业发展及市场的竞争程度产生影响。农户在创业过程中，其社会关系网络会进一步扩大和巩固，其可获取的资源增加，同时农户本身能为其他农户提供的社会资本也增加，改变了整个社会关系网络的范围和质量；农户参与创业后，他们的知识技能水平及其他方面的能力会在创业过程中逐渐增加，个性也会随着时间的推移和创业的进行发生一定的改变。

第四，影响农户创业参与的三维动因之间相互影响。政府的政策能够影响经济发展水平，进而影响到社会动员中的市场机会的多寡，以及市场利益的吸引程度；也影响到整个社会中支持创业的各种资源，进而影响到农户在自身社会关系网络中的资源获取；还能够影响到农户创业的整体氛围，进而影响到农户创业的社会动员力度。政府和社会对农户自身的知识技能水平也有一定影响，政府提供的教育、培训活动及农户从社会网络中得到的信息、技术支持，都能够提高自身的知识技能水平；而政府政策的驱动、社会经济形势，以及创业氛围的带动，也能够进一步激发农户在财富或者非财富上的需求。

三、三维动因对农户创业参与的实证研究

根据前述的三维因素对农户创业参与的机理分析，本部分将在上述理论基础上，进行实证分析。

（一）样本说明及数据来源

1. 样本选取

本项目选取的被调查农户满足以下五个条件：一是必须为农村户口；二是农户的创业所在地为农村或乡镇；三是所选择的创业产业是在传统农业生产基础上的延伸和扩展，主要包括传统农业的规模化经营、创建新产业、专门化生产、开展新业务和成立新组织五类，其他行业（如农村金融服务、农村建筑队等）不在

本次调查范围内;四是创业农户的雇佣人员在10个以内(包含创业农户自己);五是农户开始发起的创业时间距离本次调查不超过1年。

2. 数据来源及特征

本部分的数据来源主要以案例访谈和问卷调查为主。经过预调查等形式,最后确定在浙江、河南、四川、重庆等地区进行案例访谈和问卷发放。本次调查于2012年开始进行,采取分层随机抽样的方法,发放问卷1 000份,收回问卷692份,有效问卷518份;同时,访谈31人,其中基层干部4人,创业农户27人。被调查农户基本情况见表5-1。

表5-1 创业农户人口统计学特征（$n=518$）

特征	分类	人数/人	占样本比例/%
性别	男	473	91.31
	女	45	8.69
年龄	30岁以下	127	24.50
	31~40岁	188	36.36
	41~50岁	156	30.05
	50岁以上	47	9.09
受教育程度	小学及以下	119	22.97
	初中	248	47.88
	高中	108	20.85
	大中专及以上	43	8.30
是否为党员	是	186	35.91
	否	332	64.09
婚姻状况	有配偶	447	86.29
	无配偶	71	13.71

从表5-1可以发现,在创业者性别上,以男性为主;在年龄阶段上,占比最大的是31~40岁,40岁以内的创业农户占比为60%,可见,创业农户年龄趋于年轻化。创业农户文化程度以初中为主,占比近50%,也有大中专毕业生加入农村或农业创业板块,占比8.30%,总体上创业农户文化程度相对于其他创业领域较低。在政治面貌上,有35.91%的创业者为党员,基层的党员发挥了一定的创业引领作用。

(二)三维动因的变量选择与测度

1. 因变量

农户创业参与度的高低和参与的积极性主要表现为机会识别能力和机会识别态度。鉴于对农户创业行为、创业环境还处于研究阶段,缺乏合适的变量来衡量农户创业机会识别行为。根据 Ajzen 于 1985 年提出计划行为理论，行为意图决定于对行为的态度、行为主观规范与认知行为控制。在调研中发现，追求财富是农户创业的最大动机，农户创业参与的积极性受到财富动机的影响。因此设置两个题项衡量农户创业参与度，一是"您常想赚钱或发展机会吗？"根据态度强弱，赋值 1~5，主要衡量创业农户创业参与的态度，定义为 Y_1；二是"您发现赚钱或发展机会的能力如何？"根据赚钱能力强弱，赋值 1~5，主要衡量创业农户创业参与的能力，定义为 Y_2。

2. 自变量

根据前文三维动因解释，本章主要涉及的变量有三类，即农户特质、创业政策和社会动员。

（1）农户特质。本部分研究将农户特质分为两个，一是人口统计学特征的变量，本章选择其中的性别、年龄、受教育程度、身份特征；二是与创业相关的创业特质，本章选择创造力、警觉性、风险感知和先前经验。测量方法采用自述式量表，根据创业农户的实际情况采用 Likert 五点量表打分，具体测量题目见表 5-2。

表 5-2　主要自变量测量题项

变量		测量题项	不同意	比较不同意	一般	比较同意	同意
创业特质	创造力	我的创新（干事与众不同，花样经常翻新）能力强	1	2	3	4	5
	警觉性	我始终保持对信息的关注，以期从中受到启示	1	2	3	4	5
		我在日常生活中，总是琢磨新的商业构想	1	2	3	4	5
	风险感知	我对风险具有非常强的敏感性	1	2	3	4	5
	先前经验	我拥有较多的与此相关的创业先前经验	1	2	3	4	5
创业政策	政府支持	我认为当地政府对农民创业的支持力度大	1	2	3	4	5
		我对当地政府服务满意	1	2	3	4	5
		我对村委会服务满意	1	2	3	4	5
	金融支持	农民从金融机构获得贷款比较容易	1	2	3	4	5
	公共服务	农村软性公共服务（教育、医疗、卫生、社会保障、社会治安等）整体良好	1	2	3	4	5
	基础设施	农村基础设施建设良好	1	2	3	4	5
		农村生活垃圾污染物处理良好	1	2	3	4	5
		农村工业生产污染处理良好	1	2	3	4	5
社会动员	创业文化	家乡文化中鼓励通过创业致富	1	2	3	4	5
	创业氛围	本地或周围农民的创业意识浓厚	1	2	3	4	5

(2）创业政策。农户创业参与阶段，对农户影响较大的政策主要体现在政府对创业农户的政策支持与项目支持上。从前文的叙述，本章选择三个层面的微观政策环境，即金融支持、教育培训和基础设施，同时辅以对政府创业支持政策的总体评价，并采用自述式量表，从创业农户对创业政策的感知评价采用Likert五点量表打分，具体测量题目见表5-2。

（3）社会动员。现代社会，社会动员的时代价值日益凸显。一般意义上，社会动员就是要带动社会成员积极参加社会实践活动，动员的不仅是社会成员个体，更是社会成员群体乃至全体。社会动员是促使社会成员在合作中相互影响的过程，在该过程中，将少数人的自发行为转变为有目的的群体性或组织性行为。从社会动员的组织形式看，一般认为社会动员是"人为的"有组织动员和一种"自发的"社会动员（杨龙，2004）。

"自发的"社会动员是指当社会从一种状态过渡到另一种状态时，社会成员的思维模式与生活方式都发生了改变，这是一种隐性动员模式。尤其是在后发展国家，"自发的"社会动员被视为一国经济发展的必然结果，在现代化进程中扮演着重要角色。这种影响类似于长期以来形成的某种文化或氛围，如果将政府的政策支持看做人为的有组织的社会动员，那么长期以来形成的创业文化、创业氛围则是一种自发的社会动员。与政府政策相对应，本章从自发式的社会动员视角，采用地域创业文化、创业氛围来衡量社会动员对农户创业参与的影响，题项测量见表5-2。

3. 控制变量

本部分研究选择性别、年龄、文化程度作为控制变量。性别以女性为参照组，女性=0，男性=1；年龄按照创业者创业时的实际年龄进行描述；文化程度设为五个层级，文盲或半文盲=1、小学=2、初中=3、高中（中专）=4、大专以上=5。

上述三类变量的具体统计性描述见表5-3。

表5-3 模型变量的统计性描述

变量名称		最小值	最大值	均值	标准差
因变量	创业参与态度 Y_1	1	5	3.25	1.031
	创业参与能力 Y_2	1	5	3.12	0.462
控制变量	性别 X_1	0	1	0.876	0.015
	年龄（实际岁）X_2	17	62	39.44	8.16
	受教育程度 X_3	1	5	3.1567	1.2150

续表

变量名称		最小值	最大值	均值	标准差
自变量	创造力 X_4	2	5	2.26	0.563
	警觉性 X_5	1	5	2.89	0.458
	风险感知 X_6	1	5	3.21	0.648
	先前经验 X_7	1	4	3.05	0.742
	政府支持 X_8	1	5	4.021	0.215
	金融支持 X_9	1	4	2.254	0.159
	公共服务 X_{10}	1	4	2.625	0.322
	基础设施 X_{11}	1	5	2.825	0.149
	创业文化 X_{12}	1	4	2.598	0.258
	创业氛围 X_{13}	1	5	3.249	0.153

（三）计量模型选择

根据本部分研究中因变量的特征，农户创业参与的衡量是两个赋值 1~5 的有序分类变量，属于多元分类变量。在研究过程中，分类变量大于两个的，一般宜选择 Probit 概率模型，进行多元调节回归，在排序选择中，因变量取值为 1，2，…，自变量是可能影响自变量排序的各种因素，可以是多个自变量的集合，具体 Probit 模型的一般形式是

$$Y_i = \beta X_i + \varepsilon_i$$

其中，Y_i 表示某类隐变量或潜在变量；X_i 表示潜在变量的集合；β 表示待估参数；ε_i 表示随机扰动项。

（四）影响农户创业参与的实证结果与讨论

本章采用 Stata12.0 对 518 份有效样本分布进行了 Probit 模型分析，采用了逐步向后的回归方法，首先对所有可能变量都引入模型进行显著性检验，然后根据检验结果，在一个或多个不显著的变量中，将统计水平不显著的变量剔除，再重新拟合方程，并进行各种修正和检验，直到保留的因变量对自变量的影响都通过显著性检验为止，见表 5-4 的模型Ⅲ和表 5-5 的模型Ⅲ。

表 5-4　影响农户创业参与的 Probit 模型估计结果（因变量 Y_1）

变量名称		回归系数		
		模型 I	模型 II	模型 III
控制变量	性别 X_1	0.225**	0.236***	0.245**
	年龄 X_2	0.326*	0.301	—
	受教育程度 X_3	0.413***	0.429***	0.459***
自变量	创造力 X_4	0.235***	0.289***	0.301***
	警觉性 X_5	0.325**	0.301***	0.259***
	风险感知 X_6	−0.328*	−0.308	—
	先前经验 X_7	0.359***	0.419***	0.458***
	政府支持 X_8	0.482***	0.512***	0.526***
	金融支持 X_9	0.159	—	—
	公共服务 X_{10}	0.209	—	—
	基础设施 X_{11}	0.406***	0.421***	0.446***
	创业文化 X_{12}	0.324***	0.356***	0.356***
	创业氛围 X_{13}	0.457**	0.467***	0.468***
对数似然比		−205.68	−259.79	−300.26
伪 R^2		0.198	0.259	0.315
ΔR^2		—	0.061	0.056

*、**、***分别表示在 10%、5%、1%的水平上显著

表 5-5　影响农户创业参与的 Probit 模型估计结果（因变量 Y_2）

变量名称		回归系数		
		模型 I	模型 II	模型 III
控制变量	性别 X_1	0.136**	0.135	—
	年龄 X_2	0.224**	0.237**	0.241**
	受教育程度 X_3	0.323***	0.342***	0.358***
自变量	创造力 X_4	0.525***	0.529***	0.538**
	警觉性 X_5	0.109	—	—
	风险感知 X_6	0.206**	0.216**	0.219***
	先前经验 X_7	0.306***	0.327***	0.339***
	政府支持 X_8	0.221***	0.226***	0.229***
	金融支持 X_9	0.159*	0.168**	0.172**
	公共服务 X_{10}	0.209**	0.212**	0.218**
	基础设施 X_{11}	0.124**	0.156***	0.167***
	创业文化 X_{12}	0.167*	0.189	—
	创业氛围 X_{13}	0.023**	0.027*	—
对数似然比		−205.68	−267.59	−289.79
伪 R^2		0.198	0.269	0.324
ΔR^2		—	0.071	0.055

*、**、***分别表示在 10%、5%、1%的水平上显著

从表 5-4 的模型Ⅲ和表 5-5 的模型Ⅲ中可以看出，统计值 LR 的值分别为 -300.26 和-289.79，均高度显著，模型中参数的显著性也通过检验，应该拒绝回归系数均为零的假设。

从表 5-4 可以看出，在控制变量中，创业者的性别和受教育程度分别通过 5%、1%的显著性水平检验，而年龄并没有通过显著性检验，男性和受教育程度高的农户创业参与态度积极，年龄并不显著，说明各个年龄层次的人都积极参与创业。

在代表创业特质的四个变量中，X_4 和 X_7 通过 1%的显著性水平检验，X_5 通过了 5%的显著性水平检验，而 X_6 未能通过显著性检验，说明创业农户的创造力、警觉性和先前经验对农户创业参与具有正向影响，正如 1973 年 Kirzner 通过创业警觉性构建的机会识别模型，突出了创业者的创业特质中的警觉性对机会识别的重要性。风险感知对创业参与并没有太大影响，主要因为创业过程的风险性已经将创业者和普通农户自动隔离，具有高风险感知的农户主动放弃了创业，而本部分研究选择的样本则是针对已参与创业的农户。先前经验对创业参与具有重要影响，因为机会识别过程通过先前经验形成的知识走廊来瞄定的创业机会，与郭红东和周惠珺（2013）的研究类似，先前经验和先前培训经历对农民创业机会识别具有直接影响，且能促进创业警觉性的提高。

在创业环境的维度中，X_8、X_{11} 通过了 1%的显著性水平检验，说明目前农户创业参与过程中对政府政策与基础设施状况比较敏感，可以初步判断目前中国农户创业参与仍然是政府主导为主、市场吸引为辅，受政策刺激影响较大。而 X_9、X_{10} 未能通过检验，主要是因为在机会识别阶段，创业农户对创业要素的需求还不是十分强烈，所以对金融支持、公共服务的支持不敏感。

从表 5-5 中可以看出，在控制变量中，X_2 通过了 5%的显著性水平检验，X_3 通过 1%的显著性水平检验，说明年龄较大者、受教育程度越高的人创业能力越强，而 X_1 未能通过显著性检验，可以判断性别不是影响创业能力的主要因素，虽然男性创业参与的态度比女性积极，但在创业过程中表现中的创业能力，男女之间并无显著差异。

在创业者特质的四个变量中，X_4 通过了 5%的显著性水平检验，X_6、X_7 通过 1%的显著性水平检验，而 X_5 未能通过显著性检验，且在通过检验的三个变量中 X_4 的系数最大，说明创业者的创造力、风险感知和先前经验对创业能力有正向影响，且创造力的影响最大，但警觉性不是显著影响因素，说明创业个体的警觉性主要对创业态度具有积极影响。这一点与 Ward（2004）的研究结论相符合，即新的创业构想来源于创业者自身的知识结构。

在创业环境变量的四个维度中，$X_8 \sim X_{11}$ 均通过了显著性检验，但其回归系数小于在创业参与态度中的回归系数，说明创业环境对创业能力的调节效应较弱,也从侧面说明目前针对农户创业的环境体系还不甚完善,尤其是金融支持与基础设施上,农村金融服务的滞后是制约农村经济发展、农户创业的主要因素,这是不争的事实。对于基础设施,虽然基本的交通道路能够满足创业基本需求,由于农户创业的主要范围集中在大农业范畴,而田间灌溉、生产道路、温室大棚、仓储设施等农业生产性基础设施的投入严重不足,是制约农户创业的重要瓶颈。

另外,表征社会动员的创业文化(X_{12})、创业氛围(X_{13})没有通过显著性检验,也说明创业能力更多地体现为创业个体的素质,社会动员能够激发农户创业参与热情,但对创业能力的提高影响不显著。

四、保障农户创业持续的条件设立

(一)制约农户创业持续的瓶颈

随着社会主义制度不断完善,经济社会的不断发展,国家对农村、农民的政策不断倾斜,大部分农民不再受困于农村,不再局限于传统农耕,而是通过劳动力转移的方式,进入城市从事非农产业。与此同时,随着农业现代化、专业化、规模化水平不断提高,留在农村进行创业的农户也不在少数。但是,相对于城市创业者,农民创业群体普遍表现出创业积极性不大、创新性不高、持续性不强等状况,实地调查结果显示,农户所面临的创业障碍,主要来自农户自身素质、社会网络、农村创业环境及现存的社会制度等几个方面的制约,具体分析如下。

1. 农户自身素质的制约分析

农户的自身素质包括心理素质和能力素质,心理素质又包括抗压能力、认识能力、性格、气质等,能力素质又包括创业机会识别能力(创业意识)、信息收集能力、管理能力和创新能力等。农户自身素质因素直接影响农户创业的素质与能力,农户创业是农民创业者把握创业机会、做出创业决策、运作创业实体的过程,是农户创业能力综合运用的结果,也是农户综合素质的体现。

20世纪60年代,McClelland(1961)认为创业者的自身人格和基本能力是与创业成功息息相关的。Ardichvili等(2003)发现个人能力、社会资本、先前经验与知识是影响创业者进行创业机会识别与评价的关键因素。因而不断更新知识结构，尤其是管理和创新层面，将有助于催化农户创业行为。针对创业农户的管理创新综合素质而言，本章也从个性、管理能力、交际能力、创新能力、学习能力及技术特长等方面考量了农户自身的综合素质，调查结果显示，个性、管理、交际、创新能力较强并且具有技术专长的农户具有很高的创业意识，农户自然也会有较为敏锐的创业机会识别能力，这对创业行为的发生与后期发展都发挥着"助推器"作用。

以上国外研究并没有把农户创业群体作为特定的研究对象，但不能否认，在创业过程的每个阶段中，创业者的人格特征和素质能力对创业机会的发现与获取，对机会价值的识别与判断，对创业资源的把握和组织都起着关键作用。在成功创业的案例中，主角多为受教育程度较高的人，其根本在于他们更容易产生创业意向（Kaushik，2006），因为人力资本的水平决定了他们获取并利用机会的能力。受教育水平等个人特征均反映了农户的学习能力，表 5-4 显示，受教育水平直接对创业农户的创业水平和创业能力产生重要影响，也自然成为农户自身素质中对农户创业持续的主要制约因素之一。

新型农民的创业能力既取决于个人天赋，也在很大程度上受后天努力的影响（黄德林等，2007）。基于学者的基础研究和数据统计分析，本章发现农户自身的胆量、性格、个性、创新能力、技术特长、社交、家庭背景等都影响农户创业及创业持续。根据调查数据可以看出，胆量大、性格偏外向、个性比较要强、有专长、有一定创新能力、喜欢社交、会利用社会资源的农户更容易创业成功和维持创业成果。因此，农户自身综合素质的高低直接影响创业是否成功及持续时间长短。但是，每个农民自身资源禀赋不同，其局限性往往会形成创业的障碍。其中，自身观念开放对农户创业及持续具有很大的推动作用，创业农户的心理特质中的部分因子在一定意义上反映了自身开放程度。

黄德林等（2007）研究表明中国农民创业的心理较为平和，素质总体趋于平稳、健全，尤其是在发达地区，农户有较强的创业意识和风险意识。相反，在一些不发达地区，农户在创业过程中往往存在盲目性或过于乐观。创业意识主要体现在农户创业的主动性上，根据实证得出创业农户有一定的创业意识，有收集和创业相关信息的能力，但是主动性还比较欠缺。表 5-6 的数据表明，经常主动与消息灵通的人保持联系的创业农户，在东部和中部仅占所有创业农户的 1/3，而西部地区还不到 10%，因此可以窥见中国创业农户比较分散的部分原因是抗风险能力低、难以形成合力。

表 5-6　创业农户的个人特质（$n=518$）

题项		东部（$n_1=99$）		中部（$n_2=99$）		西部（$n_3=320$）	
		人数/人	比例/%	人数/人	比例/%	人数/人	比例/%
您的胆量如何	很大胆	2	2.46	3	3.26	7	2.06
	比较大胆	24	24.67	12	12.34	58	18.24
	一般	52	52.30	40	40.25	164	51.32
	比较胆小	18	18.23	41	41.06	73	22.69
	很胆小	2	2.34	3	3.09	18	5.69
您的性格特征	非常外向	4	4.35	3	2.68	10	3.24
	比较外向	12	12.16	15	15.45	39	12.07
	中间	42	42.31	55	55.42	143	44.67
	比较内向	33	33.10	21	21.36	81	25.32
	非常内向	8	8.08	5	5.09	47	14.70
您的个性如何	非常要强	3	3.26	1	1.02	17	5.36
	比较要强	44	44.14	46	46.59	150	46.94
	中间	44	44.57	40	40.38	117	36.64
	比较软弱	8	8.03	12	12.01	33	10.46
	非常软弱	0	0.00	0	0.00	2	0.60
您的创新能力如何	很强	3	3.19	2	2.34	2	0.67
	较强	24	24.51	22	22.35	63	19.64
	一般	41	41.43	46	46.10	154	48.14
	较弱	28	27.86	26	26.18	91	28.34
	很弱	3	3.01	3	3.03	10	3.21
您的交际能力如何	很强	15	15.24	12	12.31	33	10.34
	较强	33	33.51	32	32.31	82	25.69
	一般	26	26.02	30	30.26	118	36.97
	较弱	21	21.21	23	23.09	72	22.36
	很弱	4	4.02	2	2.03	15	4.64

从表 5-6 可以看出，创业者的个人特质都集中在中间值。在胆量方面，选择"一般"都是在各自区域中占比最大的，其中东部地区选择"比较大胆"的比例为 24.67%，明显高于中部和西部；在性格方面，区域差异不明显，12%~17%的创业农户性格"比较外向"，趋于"中间"的占比为 45%~56%，但性格"比较内向"的占比较高，占比为 20%~34%，高于性格"比较外向"的人占比，说明创业农户的性格与创业行为并无太大影响，并不是性格外向的群体才适合创业活动；在创业农户的个性方面，性格"非常要强"和"比较要强"的占比最高，达到 50%左右，说明坚韧、不服输的品质对创业成功是十分必要的；在创新能力上，选择"较强"以上的占比为 20%~30%，创业虽然不同于创新，但基于创新驱动的创业行为和创业过程中需要的创新能力都凸显了创业过程中创新能力的重要性，选择创新能力"较弱"的和"很弱"的比例也很高，占比在 30%左右，略高于对应的相反方向的维度，总体判断创

业农户的创新能力不强，有待提高；交际能力方面，选择"较强"和"很强"的占比为35%~50%，创业过程中需要与多个主体交往，良好的交际交往能力是创业农户必备的基本能力。

以上数据表明，创业农户的特质总体表现趋于中间偏下，需要从培训教育、氛围营造等方面提高农户的创业能力和创业绩效。

2. 农户创业的社会网络分析

同样是在一定金融资本、人力资本、技术支持和社会资本禀赋的前提下进行的创业，城市创业者拥有充足的人力资本与金融支持，而农户却被局限在农村地区以"家缘、血缘、地缘"的社会关系网络中。以劳动力流动填充市场，对创业行为本身起到了促进作用，丰富了社会资本、人力资本，也提升了金融资本水平。根据 Granovetter（1973）提出的强连带网络和弱连带网络对创业机会识别的重要作用，本部分研究从"外出务工"的视角考察创业农户的弱社会网络特征，从"地缘、亲缘、血缘"关系，考察创业农户的强连带网络，具体见表5-7和表5-8。

表5-7 创业农户的弱连带社会网络特征（$n=518$）

题项		东部（n_1=99）		中部（n_2=99）		西部（n_3=320）	
		人数/人	比例/%	人数/人	比例/%	人数/人	比例/%
外出务工经历	是	32	32.32	53	53.53	194	60.78
	否	67	67.68	46	46.47	126	39.22
外出打工时间	5年及以下	28	41.11	41	78.26	135	69.40
	5~10年	7	11.11	7	13.04	28	14.66
	10年以上	32	47.78	5	8.70	31	15.94
打工的工种	管理工作	5	16.13	1	2.11	21	11.01
	销售工作	3	9.68	8	14.74	17	8.81
	技术工作	4	12.90	8	14.74	72	37.01
	体力工作	20	61.29	36	68.41	84	43.17
打工的区域	环渤海	2	4.76	3	5.05	6	3.15
	珠江三角洲	1	2.39	14	26.26	35	18.11
	长江三角洲	27	85.71	7	13.13	31	15.75
	其他地方	2	7.14	29	55.56	122	62.99
打工的收入	800元以下	4	10.99	9.54	18.00	33	17.07
	801~1 600元	13	40.66	22.26	42.00	67	34.55
	1 600~2 400元	13	39.56	14.84	28.00	51	26.42
	2 400元以上	3	8.79	6.36	12.00	43	21.96

注：表中诸多数据之和与有效样本总量并不完全一致，这是由于问卷题项复杂，对个别题项回答不完全者，也视为有效问卷，但结果具有有效性

表 5-8 创业农户的强连带社会网络特征（n =518）

题项	选项	东部（n_1=99）人数/人	比例/%	中部（n_2=99）人数/人	比例/%	西部（n_3=320）人数/人	比例/%
您家庭成员中或亲朋好友中是否当过村、镇以上的干部或公务员	是	35	35.35	24	24.24	139.30	43.53
	否	64	64.65	75	75.76	180.70	56.47
您是否与他人分享创业信息或知识	从不	1	1.01	3	3.03	11.30	3.53
	偶尔	39	39.39	53	53.54	97.89	30.59
	经常	59	59.60	43	43.43	210.82	65.88
您在当地的人缘关系	比较好	91	91.92	71	71.72	257.25	80.39
	一般	8	8.08	26	26.26	58.98	18.43
	较差	0	0.00	2	2.02	3.78	1.18
您所交往的朋友多吗	10 人以下	11	11.11	5	5.05	68.35	21.36
	11~20 人	60	60.61	44	44.44	143.71	44.91
	20 人以上	28	28.28	50	50.51	107.94	33.73

分析表 5-7 可知，中部和西部一直都是劳动力输出大省，所以外出打工经历的比例为 53%~60%。打工时间上，70%左右的创业者都在 5 年以下，但东部有近 50%的人打工经历在 10 年以上；工种主要以体力工作为主；打工者的区域分布上，东部地区主要集中在长江三角洲一带，中西部地区则分散较广，没有明显的区域特征；打工收入上，东部地区 90%以上的月收入都在 800 元以上，且三个区域月收入在 1 600 元以上的打工者占比都接近 50%，年总收入达到 20 000 元，远高于同时期该区域的村民收入（2011 年农村居民家庭人均纯收入 6 977 元，重庆为 6 480 元，浙江为 13 070.69 元，河南为 6 604 元）。

分析表 5-8 可知，创业者的家庭成员中 60%以上没有政府部门关系，较高层次的社会资本很少。他们经常与他人分享创业信息和知识，80%~90%以上的人在当地的人缘关系较好；在朋友交往中，东部地区 60%以上被访问者的朋友比较多，而中部、西部该比例仅为 40%左右，尤其是中部地区 43%被访问者的交往朋友数量一般。总体上，三个区域的强连带网络密度较大，在创业当地的强连带关系较好，但网络层次较低，较高质量的社会资本不足，与边燕杰和丘海雄（2000）对中国人情社会的网络研究结果基本一致，在中国情境下，强连带社会网络仍然是个体获取资源的主要渠道。

3. 农户创业环境的制约分析

在创业过程中所受到的各种影响，如社会经济条件、创业资金支持、非资金支持、管理技能、政府的政策、法律法规等都属于创业环境。根据 GEM 的经济增长分析框架，企业发展机会和农户创业能力都会受到创业环境的影响，他认为创业环境可分为九个维度。Shane（2000）认为创业者能从宽松的环境中获得更多的有力的信息，从而帮助他们更好地发现并捕捉到创业机会。Helfat 和 Peteraf（2003）认为环境的动态性会提高创业者对外部环境反映的敏感性，从提高创业者的警觉性。如果有一个良好的创业环境，创业者就更容易获得成功。完善的金融支持和服务体系、浓厚的创业氛围都能够激发人们的创业欲望，促使个体创业者更加愿意投入创业的行列中。本部分研究将从四个维度，即政务环境、金融环境、基础设施、创业软环境，考究中国农户的创业环境，详见表 5-9 ~ 表 5-13。

表 5-9 农户创业的政务环境（$n=518$）

题项	赋值	东部（$n_1=99$）	中部（$n_2=99$）	西部（$n_3=320$）
您是否了解政府鼓励和引导农民创业的优惠政策	是=1，否=0	0.512 8	0.292 9	0.608 7
您在创业过程中，是否享受过政府的优惠政策	是=1，否=0	0.555 6	0.488 6	0.463 4
您认为当地政府对农民创业的支持力度大吗	非常大=5，比较大=4，一般=3，比较小=2，非常小=1	3.398 0	2.606 1	3.221 3
您对当地政府服务的评价如何	非常满意=5，比较满意=4，一般=3，比较小=2，非常小=1	3.535 4	2.697 0	4.438 1
您对村委会服务的评价如何	非常满意=5，比较满意=4，一般=3，不太满意=2，很不满意=1	3.666 7	2.737 4	4.438 1
您认为本地农民创业需要和政府搞好关系吗	完全不需要=5，不太需要=4，一般=3，比较需要=2，非常需要=1	4.060 6	3.515 2	4.225 3

表 5-10 创业农户融资需求情况（$n=518$）

题项	选项	人数/人	比例/%
融资需求	是	348	67.24
	否	170	32.76
融资途径	信用社	262	50.58
	银行	140	27.03
	亲戚或朋友	104	20.08
	民间借贷（高利贷）	12	2.31

表 5-11 创业农户金融约束的现状及原因统计（$n=518$）

题项		序号	选项	东部（$n_1=99$）人数/人	比例/%	中部（$n_2=99$）人数/人	比例/%	西部（$n_3=320$）人数/人	比例/%
不受约束		1	自己有钱不需要贷款	2	4.17	12	24.24	45	29.37
		2	贷款利率太高	1		6		34	
		3	通过其他途径获得资金	4		6		15	
受到约束	需求型信贷约束	金融机构原因	4 手续麻烦，附加条件太多	37	73.73	18	31.31	52	27.50
			5 无抵押担保或担保费用太高	26		12		4	
			6 银行营业网点少且距离太远	5		1		9	
			7 贷款的成本费用太高	5		17		23	
		农户自身认知偏差	8 不知道农户也可以贷款	2	20.20	2	30.30	3	14.38
			9 不懂贷款的条件和手续	16		4		24	
			10 银行认为我穷，自己认为申请贷款会被拒绝	2		24		19	
	供给型信贷约束		11 贷款额度太小，不能满足需要	16	68.69	3	62.62	14	27.81
			12 没有抵押或担保	45		46		42	
			13 没有较好人缘关系	4		9		17	
			14 银行贷款资金短缺	0		4		8	
			15 其他	3		0		8	

表 5-12 创业农户对基础设施的评价（$n=518$）

题项	赋值	东部（$n_1=99$）	中部（$n_2=99$）	西部（$n_3=320$）
您对农村基础设施建设的评价	非常满意=5，比较满意=4，一般=3，不太满意=2，很不满意=1	3.4949	2.7576	3.4016
您对农村生活垃圾污染物处理的评价		2.88	2.42	2.88
您对农村工业生产污染处理的评价		2.65	2.14	2.42
您所处的地区	平原=5，丘陵=3，山区=1	2.56	4.88	1.22

注：题项为多选，故比例之和大于100%

表 5-13 农村创业的软环境评价（$n=518$）

题项	赋值	东部（$n_1=99$）	中部（$n_2=99$）	西部（$n_3=320$）
您对农村软性公共服务整体评价如何	非常满意=5，比较满意=4，一般=3，不太满意=2，很不满意=1	3.5959	3.002	3.488
您认为所在地区的法律制度环境如何	很好=5，较好=4，一般=3，较差=2，很差=1	3.5959	2.5453	3.3307
您认为本地或周围农民的创业意识如何	很强=5，较强=4，一般=3，较弱=2，很弱=1	4.032	3.211	3.0591
您认为在本地区农民进入一个新的生产领域容易吗	非常容易=5，比较容易=4，一般=3，比较难=2，非常难=1	2.3235	2.5758	2.5276
总体而言，您对所从事行业当前市场环境评价如何	很好=5，较好=4，一般=3，较差=2，很差=1	3.3929	3.0616	3.3386

（1）农户创业的政务环境。合理、稳定、均衡的政务环境将有助于为农户创业搭建平台，拓宽信息渠道，调动农户创业的热情，降低创业风险。调研中，创业农户认为当地政府对农户创业支持比较大的户数占总调查户数的34.66%，曾经受到政府政策优惠的大致为创业农户总数的一半，但68.92%农户认为支持力度太小，75.9%的创业农户认为创业需要和当地政府搞好关系，这说明政府已经对农户创业给予了一定的支持，但政府的创业支持尚不规范。

从表5-9可以看出：创业过程中，中部地区农户对政府支持创业的政策了解程度较低，仅为29%，认为对创业农户的支持力度不大，东部和西部地区的相应分值较高且无显著差异。在政策优惠上，近50%的农户享受过政府优惠政策，且东部地区优惠政策的影响范围要略高于中西部地区。从农户自身的角度，东部和西部地区的农户认为当地政府对农户创业的支持力度一般，中部地区甚至对政府支持力度的认可度相对于其他地区略低。从政府和村委会服务评价方面，三个地区对两方面满意程度基本相同，西部地区对其服务比较满意，中部和东部地区的满意程度一般。三个区域对村委会和政府的服务评价一般，其原因可能是政府认为农户创业非常需要与政府搞好关系。但总体上，西部对政务环境的评价要高于东部和中部，可能源于样本主要集中在成都、重庆两个农户创业比较成功的地区，而成渝地区近年来对农户创业的支持力度非常大。

（2）农户创业的金融环境。在调研样本中，多数农户创业过程中，都会遇到资金短缺的困难，表5-10中有67.24%的农户认为融资困难是制约农户创业的环境因素。而当创业者需要资金支持时，77.61%的农户会通过正规金融机构（如银行、信用社）获取贷款。有20.08%的创业农户会向亲戚或朋友去借款，极少的人（占比2.31%）通过民间借款（或高利贷）的方式融资，可以判断农户创业融资需求普遍存在，且向正规金融机构的融资意愿较高。

借鉴程郁和罗丹（2009）对农村金融信贷约束的研究成果，先将信贷需求分为有效的市场需求，即能够偿付资金成本的需求，反之，视为无效需求。因此，题项中"自己有钱不需要贷款""贷款利率太高""其他途径获得资金"均视为不受金融约束。而有贷款需求又没有得到贷款的农户视为受到金融约束。又根据原主体差异将其受约束的状态分为需求型信贷约束和供给型信贷约束，前者主要源于"手续麻烦，附加条件太多""无抵押担保或担保费用太高""银行营业网点少且距离太远""贷款的成本费用太高"，可归之为金融机构的服务不完善或交易费用太高；将"不知道农户也可以贷款""不懂贷款的条件和手续""银行认为我穷，自己认为申请贷款会被拒绝"归结为农户自身的认知偏差。供给型信贷约束主要源于"贷款额度太小，不能满足需要""缺乏用于抵押或担保的资产""人缘关系不好""银行贷款资金短缺"。

根据表5-11统计结果，东部、中部、西部不受金融约束的比例对应为4.17%、

24.24%和29.37%,与之相对应的受到金融约束的比例为95.83%、75.76%和70.63%。东部地区受到的金融约束比例最大,再分析金融约束类型,需求型信贷约束的比例尤为突出,占比73.73%,主要是金融机构的原因(如表5-11中的序号4、5、6、7),而农户自身的认知偏差比例很低,仅为20.20%;其次是供给型信贷约束,占比达68.69%,其中"没有抵押或担保"是主要原因。反观中、西部地区创业农户,不受金融约束,并非创业资金充裕,而是农户个人对金融融资的认知偏差所致,如"不懂贷款的条件和手续","银行认为我穷,自己认为申请贷款会被拒绝"两者的比例高达13.44%,同时东部地区该比例也高达18.18%,说明创业农户的融资观念仍较落后,同时来自金融机构的"手续麻烦,附加条件太多""贷款的成本费用太高"亦为主因。最值得关注的是,供给型信贷约束中"没有抵押或担保"在三个地区中单项因素中的占比都是最高的,这说明真正造成农户融资困境的是银行现行的"贷款抵押担保程序"。

(3)农村的基础设施。基础设施的完善程度在很大程度上决定了创业者创业地点的选择。相对于城市创业者而言,农村作为创业地,基础设施相对落后,但是借助于新村建设、城乡统筹和全面小康的和谐发展,农村基础设施已经得到了较大改善。从本次调查(表5-12)可以看出:整体上对农村基础设施建设比较满意,中部地区稍差,但对农村生活垃圾处理、工业污染处理的评价很低,这说明,相对于农村基础设施建设而言,农村的生活环境,特别是农村环境污染严重制约了农户创业的积极性。同时,创业的负向外部性需要各界积极关注,尤其是需要对农业生态的污染引致的食品安全问题给予高度重视,避免城市工业化道路在农村重演。

(4)农户创业的软环境。创业者的权益保障、法律支持、良好的市场环境及农村公共服务逐渐成为创业农户新的诉求点,同时营造优质的创业软环境正在成为地方政府引导农户创业的重要举措。调研(表5-13)发现:创业者对农村软性公共服务总体评价介于一般和比较满意之间,中部地区评价略低。对法律环境评价、市场评价和行业总体市场环境评价尚可,仍然是中部地区评价水平略低。创业意识上,东部地区农户较强,中部、西部则一般;但农户都认为"想进入一个新的生产领域"较难,这可能也是农户倾向于选择"规模化种养业"创业路径的主要原因。

从以上分析可以看出,农户创业环境仍然有待改善,其制约主要集中在政策扶持的力度不大、农户融资困难、农村基础设施薄弱及创业软环境缺失等方面。尽管东部、中部、西部地区经济发展水平、资源禀赋条件、政策扶持倾向等条件各不相同,但从总体看,政务环境、金融环境、基础设施及创业软环境仍是各地区农户创业的主要环境制约因素。从政务环境看,农户创业主要是政府推动型,表现出明显的"计划"特征,缺乏市场的引导作用;在融资渠道上,主要还是依赖于"2F"（family，friend）融资，正规金融对农户的门槛要求较高；在农村基础设施上，水、电、路、通信难以满足创业者的基本生产要求；从创业软环境看，农户创业氛围较差，法律意识淡薄，市场环境秩序有待提高，农村公共服务体系不完善，甚至缺失。

在以上分析的基础上，本次调研还对农户的创业环境需求做了进一步的调查，具体见表 5-14。在东部、中部、西部，创业农户均认为政府扶持力度是支持农户创业的最主要因素，占比在 20%以上，说明政府扶持对农户创业有很大的推动作用，这与政府主导型农户创业模式是分不开的；融资难度上，东部地区明显低于中部和西部，主要得益于浙江发达的金融体系和良好的民间融资环境；值得提出的是，各地创业者越来越注重本地区经济发展水平对创业的影响，因为本地区经济发展水平直接影响到农户创业的市场、收益，甚至成败。除了上述三点，产业发展层次、创业氛围也在一定程度上引起创业农户的重视。上述统计结果表明：在创业过程中，农户更加渴望大力度的政府政策扶持、良好的基础设施状况及本地较高的经济发展水平，同时，宽松的融资环境、多样的融资形式、较高的产业发展层次及浓厚的创业氛围也成为农户对创业环境的主要诉求。

表 5-14　创业农户的环境需求（n =518）

序号	题项	东部（n_1=99）人数/人	东部 比例/%	中部（n_2=99）人数/人	中部 比例/%	西部（n_3=320）人数/人	西部 比例/%
1	融资服务	38	15.02	53	19.70	137	24.60
2	政府扶持力度	60	23.72	57	21.19	126	22.62
3	本地经济发展水平	49	19.37	62	23.05	113	20.29
4	基础设施状况	52	20.55	42	15.61	97	17.41
5	产业发展层次	26	10.28	24	8.92	34	6.10
6	创业氛围	25	9.881	27	10.04	40	7.18
7	其他	3	1.186	4	1.49	10	1.80

注：可以多个选择项，所以人数之和大于总样本数

4. 制度形成的障碍

第一，户籍制度造成农户创业"业缘网络"与"资源网络"的分离。

从 1958 年开始，我国实行户籍制度管理条横，虽然管理已经从严格向放松转变，但是总体而言，户籍制度仍然是农户创业的一大障碍，也是形成如今"二元经济结构"的重要制度因素。农民成为这种制度的受害者，其表现主要体现在农民进城"打工"，只有"暂住证"，虽然他们为城市的发展和进步做出重大的贡献，但是不能享受城市工业文明和现代都市文明的成果，也不能享受与城市居民同等的公共福利，如公费医疗保障和城市的各类公共产品。户籍管理制度的实施，使

在外地工作的农民,只能以暂住的身份工作,这使其在子女读书、医疗保障、行业选择中出现很多问题,也进一步阻碍了农户进城创业的需求。户籍制度经过几十年的实施,在很大程度上限制了农民的流动,降低了其通过流动增加见识、选择好的教育资源、提高其人力资本价值的机会,这也成为农户创业成功及创业持续的障碍。现阶段各地区的农民进城"打工",特别是西部地区的农民,基本选择经济发达的东部地区,深圳、广州等地尤其受到青睐。经过几年的奋斗,积累了一定的资金与人脉资源、业务资源等,也就是其"业缘网络"在沿海,除货币资金外,其他资源都扎根在沿海一带,无法带回家乡,而"资源网络"在西部地区,两种资源的分离减少了农户创业的机会。

第二,土地流转困难,价格不断攀升,制约农户创业参与。

土地是民生之本,富民之根。农户回乡创业的成功要素之一在于土地流转问题的解决,本次调查显示,农户创业要想进入新的生产领域比较困难,65%~85%的农户会选择进行传统农业的规模化运作,这就需要大量的土地流转。目前,土地流转正处于自发、分散、不规范的阶段,发生在局部的少数农户之间,而流转过程中存在的问题主要表现在以下三个方面:一是土地流转的相关手续不规范。对较为零散的土地,大部分农户仅通过口头协议进行流转,且不能准确界定承包户、经营户、村集体三方的权利和义务,亦不能为可能发生的纠纷提供有效依据。二是土地流转主要发生在小范围内,如本村亲戚、邻居或要好的村民之间等。三是土地流转价格逐年攀升。随生活成本的提高,土地流转价格上涨已成为必然。根据土地租赁双方的利益博弈,协调好土地价格上涨的办法值得研究,目的是创业者能够合理预测土地的上涨空间,做好经营投入的资金安排。例如,重庆地区普遍采用的稻谷作价法值得学习。规定每亩地每年租金为500~800斤稻谷,稻谷的价格按照当年的收购价格确定。

第三,农村社会保障制度不完善,增加农户创业风险。

社会保障能为创业提供良好的外部环境,是保证农户创业活动健康运行的"安全阀"。调查显示,创业者、工人的工伤保险及由自然灾害、市场风险造成的损失在农户创业的运营成本中占8%~15%。根据本次调研,其中59%的农户渴望购买农业保险,只有30%的农户购买到了部分保险,且65%以上的人表示,理赔周期长、效率低。除了农业产业保险外,90%的创业者,尤其是种植业的创业者更渴望购买工人人身保险。因为现在雇佣的工人多是年龄在60岁以上的老人,商业保险规定了60岁以上的老人不能购买商业保险。所以他们在作业过程中发生的小擦破等,全部由雇主承担。根据2011年对重庆酉阳高楼蔬菜种植合作社的理事长贾晓东的深度访谈可知:酉阳每年都要发生十起左右大的人身赔偿,以他本人的蔬菜社为例,赔偿为300~10 000元的一年不少于七八例。大的伤害赔偿为十几万元,而这部分成本测算下来占合作社总投入的8.33%,远超过销售成本。因此要扩大社会保险范围，建立农村创业者工伤保险社会化管理服务，并继续完善农业产业保险。利用保险的途径转移农户创业风险，降低农户创业的隐形成本，提高农户创业信心。

（二）保障农户创业持续的条件

1. 转变政府职能，推动市场创业体系

与城市创业者相比，农户创业的驱动机制多来自于政府的政策支持，调研样本中，有65%的农户创业行为来源于政府的政策导向或农村产业规划。新农村建设的契机与中央一号文件对农村的大力支持，为农村创业带来了丰富的机会，农村的种植大户、养殖大户、营销大户、农民经纪人、小型农业企业家和农民专业合作组织带头人等在政策的带动下，成为发展现代农业的领头羊、主力军。然而创业不是扶贫，政府的创业扶持不能转化为内生的企业成长机制，农户创业与一般创业主体一样，必然要沿着现代企业的发展轨迹成长，否则难免在激烈的市场竞争中被淘汰，这也是目前很多小微企业高死亡率的原因，当然其中不乏部分农户借创业之名套取国家扶持资金。按照市场经济的基本法则，政府在企业成长过程中，应该是服务者，应畅通市场信息、规范市场秩序、提供法制支持和法律保护、建立资源流通的市场体系、强化创业农户自身的市场意识、建立市场化的创业体系。

2. 改善创业环境，提高创业绩效

农村创业环境作为创业环境的一种类型，其内涵在长期研究中逐步深化。Child（1972）视创业环境为企业自身感知的"客体"。Aldrich和Pfeffer（1976）强调了企业适应创业环境的必要性。创业环境实质上属于一种制度环境，是规范的制度、规制的制度和认知的制度的要素组合（Desai et al., 2003）。在创业活动中，创业环境发挥着至关重要的作用。创业环境作为创业过程的一个基本要素，对创业绩效影响很大，尤其是农村创业的一般环境和家庭环境（杨文兵，2011）。目前，我国正处于经济转型期，在高度不确定性的环境背景下，创业兴起更为复杂和困难。本次调研发现，农村政务环境尚不能顺应市场化创业导向的服务需要，金融环境制约着农户的正规融资渠道，农村生态恶化、农户创业意识不足、市场竞争秩序差等都显著影响农户的创业行为，降低农户创业的经济效益。因此，应从创业环境着手，优化政务环境，减少金融约束，严格监管农村生态变化，规划市场竞争秩序，为农户营造一个优良的创业环境，提高农户创业收益，改善创业绩效。

3. 强化创业培训，增加农村教育投入

根据本次调研，创业者的学历40%都是初中文化，东部、西部高学历者（大专及以上）占 10%，西部仅占 1.6%。这与基础教育资源城乡分配不均密切相关。创业农户的学历教育属于控制变量，短期内不易改变，而创业培训属于外部因素，能够短期内提高创业农户的人力资本，促使农户利用潜在商业机会为商业行为奠定基础。从宏观角度看，一个国家的教育培训体制对创业的激励作用主要体现在创业培训上。可以借鉴韩国、日本的经验，扶持核心农户，让培育的对象面向新型农业经营主体，建立农业教育体系、农业科研和农业实验室及农村职业教育学校多元化的培训网络，完善农户创业培训体系。在资金扶持上，政府要加大资金支持，制定一定的激励制度，鼓励创业农户参加培训，引导社会资源和企业支持培训事业。在培训内容上，应注重以市场结构为导向，力促农业向现代化发展，按照产业需求和新型职业农户的要求，培养农民创业的相关技能，提高其经营管理能力、市场变化和国际竞争的自觉创新能力，以保证农户创业的持续性。

4. 完善要素市场，突破创业扩张瓶颈

土地、人才、资本、技术是农户创业的基本要素。农户创业者比普通创业者更依赖农村，农户创业者的创业活动与土地经营紧密关联，也就限定了农户创业的范围（胡俊波，2012）。创业活动具有投资和经营双重特征，相较于一般就业，除了要求创业者需具备经营理念以外，还要求其必须具备足够的创业资金与技术储备。但农民的收入普遍低于城市居民，因而在创业过程中时常会遭遇资金短缺问题（赵西华和周曙东，2006）。金融约束是制约农户创业行为最重要的原因之一（郝朝艳等，2012）。因此，农户在创业过程中少不了对土地、人才、资本和技术的投入，而其中政府又起着重要作用。

为实现农户创业的高收益，就要有效地扩大土地经营规模并提高土地产出率，因此支持和鼓励农民的土地流转行为是破解农户创业瓶颈的有效途径。在人才方面，通过调研发现，在东部地区和中部地区分别有 60%和 46%的创业农户的文化水平在初中及其以下，而西部地区约占 70%，仅有不到 30%的创业农户具备高中、中专学历，或是接受过技校的专业技术培训；在西部地区，具有大专及以上水平的创业农户仅占 1%。更糟糕的是，大部分农户并未意识到更新自己知识结构的必要性，这种观念不仅加大了农户接受新知识的难度，还影响到其创业活动的经营效益。因此，在人才培养方面要加快步伐，增强农户创业者的创业意识，提高其创业能力及素质。通过这样的方式激发农户创业的积极性，扩大农户创业的选择范围，巩固创业企业的实力。关于农户创业资金，有 70.63%的创业农户受到资金的约束，其中 27.81%是供给型信贷约束，主要是没有抵押物；而政府的扶植力度在 27%左右。因而大部分创业农户在自有资金短缺的情况下主要还是向亲友借贷，只有少数会向银行或信用社贷款，通常情况下贷款的额度都较低。由此可见，农户在创业初期遇到资金困难时，主要依靠政府拨付专项资金或银行提供宽松的贷款环境等来解决问题。技术也是农户创业成功的一个重要影响因素,西部地区有 59.09%的农户都有在外打工的经历,中部地区占 54.54%,而东部地区只占 32.32%,从事的行业主要是建筑业,对农户创业没有太大的作用,因此创业农户在技术方面还存在问题,农户可以上网或购买相关书籍学习,但仍需要政府组织规范的培训,使他们形成系统的、严密的知识体系,也可以为他们提供相应的技术人才或建立技术服务站供其咨询。

5. 加强舆论宣传,培养农户创业、创新精神

20 世纪 90 年代,创业总会和企业家联系在一起,而企业家精神又被视为企业家标志的重要特征。德鲁克认为企业家精神实际上是一个创新的过程。企业家用其独特的创造力创造出新东西,并实现价值转变,所以创业家精神并不是每一个新创办的小型企业都能代表的。熊彼特(1999)认为创新是一种"创造性破坏",创造了崭新的东西。从中国农户的创业实践来看,农户创业并非一定推出崭新的、与众不同的东西,多数是资源的重新配置、技术上的改进、某一市场的开拓,甚至很多时候是模仿他人。因此,农户的创业创新行为更符合德鲁克的社会创新理论。观念、产品、技术、市场、制度及管理创新都属于创业,连创业过程本身也不失为一种创新。

一般将创新精神分为个体的创新精神和组织的创新精神,农户创业过程中基本没有改变家庭式的生产组织方式,所以主要表现为个人的创新精神。在个体层面,创业精神主要是指个体表现出的创新、承担风险和主动的进取行为(Miller and Toulopuse,1986)。本次调研发现:40%以上的农户胆量较小,比较内向,不敢进行冒险,创业意识低。大多数农民思想观念较为保守落后,市场意识和竞争意识也相对较为缺乏,因此要提高农户的创业成功率,就要从增强农民创业意识出发,广泛开展宣传教育,树立典型的先进示范,增强农户创业的风险意识、提升农户创业的机遇意识、养成农户创业的信誉意识、强化农户创业的竞争意识,鼓励农民敢想敢干,主动出击,培养创业农民捕捉信息、抢抓机遇的能力,增强农民经营、策划、竞争的实力,带动农民共同创建诚信市场体制,弘扬敢于拼搏的精神,形成"农户创家业、企业创大业、能人创新业"的良好的积极向上的创业创富氛围,构建起一个多形式、多渠道、多层次、多领域的市场格局,帮助有创业激情、创业能力和创业愿望的农民正视创业风险,提高创业能力,实现创业梦想,进而激发全社会的创新创业活力。

第六章　农户创业主体合作

摘要　单个农户创业受到自然风险和市场风险双重约束,作为有限理性经济人的创业农户把在分散经营的小农生产方式下承担的,但在市场经济环境中又承担不了的经营职能部分或全部剥离出来,由公司或中间层组织及农业专业合作组织等创业合作载体来承担,使双方都能获取因专业化而产生的合作剩余成为农户创业的必然选择(姜玉凯,2011)。本章在比较分析个体农户创业与群体农户创业、普通农户创业与异质农户创业行为差异的基础上,研究农户创业合作偏好、合作方式、合作组织及利益分割等内容,将农户创业的合作偏好的选择标准归纳为风险规避、效益提高、效率增长、公平偏好、规模报酬五个方面。合作模式主要是"农户+农户""农户+合作社""农户+企业""农户+合作社+企业"四种。在此基础上,根据经济学的不完全契约理论、博弈理论等,运用经济模型给出农户选择不同合作方式的阈值范围;并采用 Shapley 值法与核仁法给出合作社在不同发展阶段中应该采用的收益分配方式。研究结论对农户创业风险规避、合作方式选择与创业收益分配具有很强的实践指导作用。

一、农户创业主体的合作基础及冲突

农户作为集生产、加工、流通等多重功能于一身的复合体,在传统的小生产方式下,其行为具有"不可分割性"。这种不可分割性在某种程度上强化了农户作为创业主体的自我封闭性,随着农村分工分业的深入,农村市场化、社会化不断发展,这种小而全的农业经营方式逐渐显示出与利润最大化为目标和市场导向的农业适度规模、农业现代化发展趋势的不适应,许多农户创业组织逐渐突破血缘、地缘关系的限制,成立农业合作组织专门从事这类经营活动,农户创业合作行为开始出现。农户创业组织专业化程度越强,其对创业合作的愿望越强烈,农户与合作载体的关系变得越稳固(朱广其,1996)。交易费用理论也指出,在整个交易环节,交易双方都将付出高昂的成本,包括人力、物力和资金成本。农户创业主体的合作实现了交易成本的内部化,提高了合作经济组织经营效率和运营效率，有利于实现农业规模经济和范围经济（苏斯彬和卫龙宝，2004）。

冲突可划分为良性冲突和不良冲突。其中良性冲突是指对组织发展有利，能够提高经营业绩或更快实现组织目标的建设性的冲突；而不良冲突是指那些不利于组织发展，并阻碍组织目标实现的破坏性的冲突。本章所指的冲突主要是不良冲突。在农户创业主体的合作过程中最先建立合作关系的是个人的思想变化，合作主体要通过成员间相互协作压缩运营成本、创造更高的利益，协同思想贯穿合作过程的始终（Rigsbee，2000）。事实上，由于环境的不确定性，合作主体资源整合失败或无效，这种协同效应将不会产生，反而会产生"合作风险悖论"，即在合作创业过程中对组织内部资源整合的失败，使各种资源经济性利用的目标未达到，成本高于行业平均水平，各合作主体不能获得利益（沈巧凤，2007）。冲突还可能出现在创业合作过程的信任机制中，并且二者之间存在高度的相关性。奥尔森（1995）在《集体行动的逻辑》中指出，在许多情况下，集体选择的过程中，多数人未必能战胜少数人，"囚徒困境"正好验证了这一观点。"囚徒困境"理论也反映了合作理性（或集体理性）和个体理性的冲突（黄珺等，2005）。

总之，盈利目标、价值认同等的一致性是农户创业主体合作的基础，是维系创业主体合作关系的前提，这些要素还能确保农户合作经济组织在长期发展中的稳定性。而冲突正是另一些因素的不一致性导致的，同时由于外界的不确定，冲突的存在又具有必然性，这些因素会阻碍农户间的长期合作，对合作经济组织产生消极的影响。只有充分协调合作基础和冲突之间的关系，才能真正实现农户创业合作组织的"合作"。

二、农户创业合作类型

（一）个体农户创业与群体农户创业

个体农户与群体农户是一组相对立的创业主体，也是当前中国农民创业的典型形态，农户创业主体若为单个家庭，则称为个体农户，而群体则是相对于个体而言的。本章认为两个及两个以上农户联合起来进行创业的就解释为群体农户创业。

Holmstrom（1979）认为，委托人和代理人的目标是不一致的，双方存在极大的信息不对称，双方都会根据各自的利益做出自利行为。因而个体农户存在就有其必然性，家庭成员有相同的价值认可和利益目标，在创业初期可以有效解决管理层的激励约束问题。在农户创业进程中存在着多种不确定性及风险性，相比较单个创业农户，群体创业农户具备通过整合更多资源来实现成员间知识、信息共享、技能互补等优势，从而可以更有效地应对高度不确定的创业环境。群体农户由多个个体农户构成，多个农户之间必然存在着相互作用，这种作用既可以起到推动作用，也可以起到阻碍作用，即使在理想状态下，群体农户中的单个农户之间、单个农户与群体农户的创业目标是一致的，对事物的认识局限或信息沟通不畅都会导致群体农户创业行为与单个个体农户创业行为的背离，从而影响甚至决定创业成败。

由于个体农户创业人员范围集中，有共同的生活背景、价值取向，利益目标也趋同，管理成本大大降低的情况主要出现在创业初期。但农户主体的资本和其他资源受到限制，合作组织规模较小，发展也具有局限性，因而常被视为"小农"创业群体。而群体农户由于异质性的存在，在原始资本积累和其他技能、社会关系等资源方面就更有优势，并且来自不同的生活环境更有利于创新思维的形成，能够有效地利用现有资源实现高效率的发展。另外，不同农户的集聚会形成不同的利益需求，驱使机会主义和自利心理的产生，增加内部管理成本，甚至导致"囚徒困境"。所以，个体农户创业和群体农户创业之间并没有绝对的优劣势，农户主体应有效利用不同创业方式的优势，在合作组织发展和外界环境变化中不断调整战略，规避既定模式在不同创业时期的劣势和风险。

（二）异质农户创业与普通农户创业

异质性（heterogeneity）是某个特定类别参数表示的差异性（布劳，1991），作为团队结构的一项重要指标，异质性主要反映团队成员在年龄、性别、种族、价值观和经验等方面的差异。创业农户异质性这一概念从"团队异质"概念中演变而来，团队异质性是指团队成员之间在人口统计学特征方面，以及在重要观念、价值理念和经验等方面的差异化（祝木伟，2011）。Jackson等（1991）按照异质性测量的难易将团队异质性分为外部异质性和内部异质性，年龄、性别、教育水平等易观察和测量的差异称为外部异质性；基于认知、价值观等的不同而产生的差异由于不易被观察和判断，称为内部异质性。Jehn等（1999）则将异质性分为社会特征异质性（团队成员在人口统计学特征上的差异，如年龄、性别、民族、种族等）、信息异质性（团队成员不同的教育经历和工作经验而带来的知识背景及观点方面的差异）及价值异质性（成员对团队目标、任务理解不同而造成的差异）三类。

费孝通先生早在1947年就以"乡土中国"来标志中国农村性质。费孝通（1948）认为，中国农村的"乡土社会"是一个"没有陌生人的社会"，其生活富于地方性。在"乡土社会"中，人们依靠血缘、地缘、家族联系，生活受农民个体与各类组织之间形成的习惯、惯例、文化风俗广泛支配和影响，非正式制度更加具有潜在性和基础性的资源配置功能。对农户创业而言，内部异质性及价值差异性在农户创业过程中的应用非常有限，因而与普通农户相比，异质农户也主要表现为农户在性别、年龄、个性、专业背景、从业经验、认知等人口统计学特征及农户家庭背景、社会关系、从业经历等家庭资源禀赋的差异及分布情况。参照利益诉求、个人能力、社会关系等均趋同于传统合作社的成员特征，把农户专业合作社异质性界定为有别于传统合作社成员特征的成员之间的特征差异化（邵科和徐旭初，2008）。

农户创业的各主体拥有不同的资源禀赋，大致分为自然资源、资本资源、人力资源和社会资源四类，不同的参与主体又在创业过程中扮演不同的角色。那些具有较大份额资源投入的参与主体能够承担更多的组织成本和经营风险，成为农村合作经济组织的中坚力量，这部分人属于核心成员，而其余不具有主导力量的成员是普通农户（林坚和黄胜忠，2007）。普通农户无论是在人口统计学特征还是资源控制层面，均处于社会平均水平，因而不具有对合作经济组织的控制权。

综上所述，异质创业农户是指在年龄、性别、种族、价值观、经验、资本、社会资源等方面拥有比较优势资源的农户创业群体；普通创业农户是指在上述各方面具有一致性或差异性非常小的农户创业群体。

（三）不同特质创业农户的行为差异

Caruana 等（1998）指出资源禀赋构成的异质性决定了微观层面上创业行为的随机性和多样性。不同特质农户在成员间会有不同的看法，因而其创业结果存在着很大的不同，本章将农户特质分为两个方面，一是户主特质。户主是农户创业活动的主要决策者和参与者，户主特质主要包括户主的文化程度、年龄、民族、外出打工经历等，本部分研究将户主特征变量视为农户参与创业决策的首要因素。由于通常情况下户主基本为男性，因而本部分研究对户主特征变量仅主要考察户主年龄、受教育程度两个变量，不再考虑性别的影响。二是农户的家庭特征（家庭资源禀赋），主要包括农户劳动力人数、农户家庭年收入等。农户创业决策主要遵循家庭预期收入最大化和风险最小化的原则。为获得土地、资本等稀缺资源，或为使收入最大化，家庭成员共同做出决定。由于农户创业，尤其是在初创阶段，主要依靠家庭资源，家庭背景、土地规模、家庭年收入等因素对农户创业影响显著。基于此，本章对农户特质的考量要素主要包括以下几个方面。

1. 户主年龄

年龄代表着创业主体的社会阅历和对待风险的态度。年龄差异是创业农户异质的最直接指标。一般而言，随着年龄增加，人的某些认知能力、知识结构，以及对社会环境的应变能力会降低，同时抵制组织变革的倾向会加大，对创业的决断能力呈现不同程度的下降（鲁倩和贾良定，2009）。因而，随着户主年龄增长，更倾向于保持现状，在决策时更多地依靠过去的职业经验与信息，年长的创业农户更倾向于将创业安全作为重要的考虑因素以降低风险。年龄较小的户主，由于其获取信息的能力较强，且年经、富有朝气，表现出更好的创新精神和敢于冒险的勇气。

2. 教育背景

一个人的教育背景在一定程度上反映一个人的知识和技能基础，反映其认知能力及对新异、复杂信息的搜集和处理能力。通常，教育水平越高，人们分析问题的视角越多样化，越愿意接受新思想和变革，也越能够更好地选择适合自己的创业方式。同时，拥有良好教育背景的人，其社会交往的参与度较高，交往对象的层次也较高（胡荣，2003）。因而，学历较高的农户户主，由于其社会关系无论从规模还是从网络层次较同年龄段学历较低的农户户主都具有较好的优势，也更容易获得较多的社会资源和支持，从而更有效地规避农户创业的市场竞争风险，也更容易把握创业成功机会。

3. 家庭背景

家庭背景对农户创业行为有着显著的影响。家庭背景主要包括创业农户家族成员关系、创业经历、工作经验等所体现的差异。家族成员之间的共同愿景、相互信任与密切联系都会影响农户的创业行为。家族愿景与家族成员个体基于家族利益与家族荣誉构建共同愿景，这个共同愿景能凝聚家庭成员的所有力量，并激励全体成员为之而努力（李前兵，2011）。创业家庭成员具有的同学、同事、亲属关系及成员之间的"情投意合"表现为一种心理契约，这种心理契约使他们一起创业，这对创业团队的职能分工、稳定性、决策、沟通等都有着非常重要的影响。

4. 社会关系

作为农村地区的商业组织形式，非正式制度往往起着更为重要的作用。户主是否曾经外出打工、有无特殊从业经历、是否参与过专门职业培训都在一定程度上决定了农户创业方向或方式的选择。"行为门槛"理论认为，不同社会关系或社会结构对人们的集体行动的影响是不同的。浦徐进等（2011）认为，中国的农户创业合作组织的成员绝大多来自周边村庄，成员之间相互熟悉，绝大多数农户具有较强的从众心理，因而周围熟人行为的示范与相互效仿对农户创业也会产生很大影响。

5. 户均人口数（劳动力数）、人均土地面积

一般来讲，农户劳动力平均人口越少，人均土地面积越少，土地越分散，管

理成本越高,对创业行为的期望及依赖越强。

6. 家庭年收入

农户家庭收入水平与农民创业活动有一定关联。通常,农户家庭收入水平越高,越有能力为农户创业提供支持,尤其是资金方面的支持,从而可以在一定程度上促进农户创业。因而,农户家庭年生产收入水平越高,其抗风险能力越强,参与创业能力越强,参与创业的机会越多。

三、农户创业合作偏好

农户为了降低创业的风险及不确定性,存在与他人、公司、专业合作组织进行合作的偏好。不同的合作对象影响着与农户合作的关系稳定性及农户创业的发展进程。新制度经济学认为,农户选择哪类组织或个人作为自己的合作伙伴,实际上是交易对象的选择问题。这种选择存在着农户与合作载体为实现合作而形成的谈判成本,以及合作组织建立后为保持组织高效运行、维护组织成员合作关系而支付的费用,因而农户选择与谁建立合作组织并产生合作行为进行创业的前提条件是创业合作的收益大于合作成本,换句话说,农户与其他合作主体进行创业的合作行为实际上是农户在外部利润诱导下进行的一项制度创新。

(一)农户创业合作组织形式的演变

合作经济组织的各类形式是农户创业合作的载体,农户创业的动机就是通过综合管理现有的各项资源和创新技能在潜在资源上的运用,获得比从事简单农业生产更高的经济报酬。因而,农户创业主体需要寻找一种新的生产方式,本章认为这种新的生产方式就是经济组织。

对中国农户经济组织形式的发展历程的研究是基于农户创业经济组织的含义而言的,朱艳(2009)、万秀丽(2011)等认为农户创业经济组织是指在家庭联产承包责任制基础上,按照自愿联合、民主管理等原则,从事同类农产品的生产经营和服务的互助性经济组织,一般经历了萌芽阶段(农村专业技术协会)、起步阶段(专业合作社和股份合作社)和深化发展阶段,如表6-1所示。

表 6-1 基于狭义的农户合作经济组织形式下的发展观点

时期	观点	代表学者
1978年至20世纪90年代初	农村专业技术协会兴起	朱艳（2009）、万秀丽（2011）等
20世纪90年代	实体型农户专业组织（专业合作社和股份合作社）的发展	
21世纪以来	农户经济合作组织迅猛发展	

当把农户合作经济组织的概念外延之后，梅德平（2004）、赵慧峰（2007）、朱良瑛（2010）等认为应该分为农业互助再分配时期、人民公社化转型时期和新型农民专业化建设时期如表6-2所示。

表 6-2 基于广义的农户合作经济组织形式下的发展观点

时间	1949年→1953年→1955年→1958年→1966年→1976年→1978年→1985年→2006年→							
观点	再分配时期			转型时期		新型农民专业化建设时期
	互助组	初级社	高级社	人民公社阶段	家庭联产责任承包制	—
	临时性、季节性合作互助	持久性合作互助	从产权到分配全部公有化	经历了"大跃进"时期、整风运动时期、"文革大革命"时期及恢复时期的公社化运动	—	多层次联合、现代化发展
学者	梅德平（2004）、赵慧峰（2007）、朱良瑛（2010）等					

随着国内和国际环境的变化，以及农业和农村经济的深入发展，传统农户合作创业"小而全"的分散经营与社会化大生产的矛盾将会凸现，对新型农户合作创业组织提出了更高的要求：现代化的生产技术和管理理念，生产单位和生产项目的规模化经营。农村合作经济组织的数量将会大幅度增加，现存经济组织的结构还会因行业环境而分化或因联合等而发生大的变革，国家和地方部门将完善立法，各级政府或职能部门将适度干预（王礼力，2003）。但以合作社为载体的农户合作创业依然是主流，小农内化为龙头企业会逐渐成为重要方式和发展方向。

可见，狭义的农户合作经济组织形式是广义的合作经济组织形式的一部分，从时间维度看，狭义的农户合作经济组织形式处于转型时期的后期和新型农民专业化建设时期，而广义的合作经济组织形式还包括再分配时期、合作社时期。

（二）农户创业合作偏好的选择标准

针对农户对农户创业合作的认知和需求程度，我们进行了问卷调查，许多农户对此也表现出较大的兴趣。针对"您认为农民创业加入农村合作经济组织或专业协会重要吗"这一问题，有85%的农户认为"非常重要或比较重要"，只有5%的农户认为"没有必要"。针对"您是否加入了农村合作经济组织或专业协会"这一问题，有45%的创业农户认为非常希望或比较希望，只有10%的农户认为不希望，这说明对参与农村专业合作经济组织进行农户创业的需求是非常迫切的。

1. 风险规避偏好

姜明伦等（2005）对农民合作的内在经济动因的研究发现，提高农民市场谈判力和降低市场经营风险是农民合作组织产生的主要动因。

农户创业主要依托农村市场，创业绝大多数为涉农产业，农户一家一户分散经营，规模小，经济力量相对薄弱，对市场信息反应滞后，这种小生产封闭性、凝固性的农户经营格局与市场经济发展的大市场的开放性、流动性的矛盾环境不相容。在一定程度上要求在农户与市场之间构建一种合作载体，借助这种载体来改变农户与市场信息的非对称性，以及市场的不完整性而造成的不确定与风险，从而改善农户在市场交易中的不利地位，有效规避农户创业的市场风险，最终更好地引导农户创业。

2. 效益偏好

获取更好的合作效益是农户产生合作行为的重要偏好。在创业进程中，依靠分散经营制度下"一家一户"进行创业不能取得更多潜在收益时，就会期望通过农户之间或农户与其他专业合作经济组织进行合作的需求，来获得分散的农户创业无法获得的收益。当内部化收益大于内部化成本时，合作才可能产生（国鲁来，2001）。虽然合作组织运行成本较高，但其能够存活下来，主要在于它把增进成员及组织整体效益作为主要目标，即农户创业选择合作行为的主要偏好是希望获得较高的收益。对经济组织中的各种资源进行充分利用，将个人资源融入组织资源中并转化为组织资源，充分挖掘和利用组织内部资源、激活和创造隐性资源，最终通过创造"1+1>2"的协同效应，实现效益的提升（刘美玉和李哲，2013）。小规模经营无力承担高昂的交易费用是中国农业合作组织产生的主要诱因（袁迎珍，2004）。改革后农户基于市场机制，自主加入创业合作经济组织对农民增收具有显著正效应，是具有帕累托效率的合作行为（肖卫和朱有志，2011）。

3. 效率偏好

创业对绝大多数农户而言是一个相对艰难的过程。要进行创业，就要进行大量的环境分析和市场调查，而这需要付出相当高的信息搜索成本，尤其是技术信息的获取成本。表6-3显示：针对"您最希望行业协会或政府机构得到哪些方面的帮助"这一问题，48%的农户选择"技术提供与支持"，28%的农户选择"提供市场信息"。这些创业农户希望行业协会或政府组织提供帮助的意向直接反映了农户参与合作组织的最初动机。同时，合作载体很显然在信息获取、合约谈判与合同执行中都具有相对较高的效率，从而导致效率提高成为农户创业合作的选择偏好。从调查的典型案例中得知，创业初期的许多农户面临的困难都能十分清晰地体现这一点。

表 6-3　创业农户参与合作意愿与偏好（n=518）

合作意愿	非常希望	比较希望	一般	不希望
农户数/人	233	220	39	26
百分比/%	45	42.50	7.50	5
需求意向	技术提供与支持	开拓销售渠道	提供市场信息	组织创业培训
农户数/人	249	62	145	62
百分比/%	48	12	28	12

资料来源：课题组调查资料整理而得

4. 公平偏好

信任是创业合作关系产生的必要条件，它能够有效降低组织内部的交易成本，防范投机倾向，避免机会主义行为，降低未来的不确定性，从而优化组织资源配置，产生更高的组织绩效，有利于组织的生存和发展。Granovetter（1985）指出，经济关系所嵌入的人际关系包含着信任治理机制。而 van de Ven（1976）的研究则认为，信任产生一方面基于公平原则，即一方判断另一方实现自己承诺的程度，另一方面是指关系的公平性。

罗尔斯（2001）在《正义论》中反复强调社会合作是人类生存和发展的必要条件，社会应被看做一个自由与平等的公民为了达到互利而合作的项目。Gouldner（1959）认为公平最初出自社会交换理论，关系双方有以下三个方面期望：①互惠，一个人有责任在接受合作以后给予他人回报；②成本、效益交换的公平率（布劳，1988）；③分配的公平，即每个人得到的效益与投资要成比例（Homan，1961）。因此，合作者之间实际上是在进行利益交换，通过前期的投入来获得相应的回报（刘蕾和秦德智，2005）。

5. 规模偏好和范围经济

马歇尔（1964）在《经济学原理》中指出，大规模生产能够带来规模经济，并将其划分为内在规模经济和外在规模经济。其中，内在规模经济是指大规模生产单一产品带来成本节约或者收益增加的生产模式，同时对内在经济赋予空间维度，即建立在多样化产品生产经营基础上的规模经济就是外在规模经济，也即范围经济。Baumol 等（1982）指出，范围经济主要源于分享的投入或者分享的准公共投入，即一种投入用于生产一种产品的同时对其他产品的生产也是有用的，实现管理成本节约的同时还可实现低成本扩张。

超常的人地关系和"均田制"使农业基本组织细胞呈现超小型化和无序状态，农户"一家一户"分散创业在生产力组织上存在着排斥社会分工的自然经济型小规模生产与建立在专业化基础上的社会化大生产之间的矛盾,这种规模不经济性特征,成为农户创业的重要瓶颈,也制约了农户创业的进一步发展。为了解除小规模对农户创业的束缚,与农业合作组织进行合作创业、与农业合作组织和专业化生产分工协作,实现规模经济是一个可取选择。

但农户创业主体应该对组织规模的调整和决策的制定有适度的把握,它们动态地影响了规模经济和范围经济之间的相互权衡(徐斌,2010)。然而,农户创业合作偏好并不具有普适性,是因人而异的,同时也根据农户创业组织形式的不同呈现出多样性特征。所以,农户在合作创业时要根据各自的偏好结合现有资源选择合适的合作经济组织形式,并根据外界环境的变化适时调整,必要时可创新合作组织形式以更快更好地实现预期收益。

四、农户创业合作模式

基于农民、农业与农村的天然关联、立足乡村农业和家庭庄园的农户创业是农村建设与发展的内生性增长动力的源泉,对加快我国现代农业发展与产业结构转换、带动农村剩余劳动力就地转移、实现农民稳定持续增收、统筹城乡发展、消除二元结构发挥着积极的作用(周菁华和谢洲,2012a)。家庭是农户创业的主要依托组织,基于农户的先天弱势,农户创业往往缺乏相应的资金技术及对市场机会的全面把握,农民通过成立合作组织进行合作创业是一种理性选择。在市场不确定性较强、个体创业风险大的情况下,农民通过构建合作载体获取自身创业所需的资金、技术及市场经验和金融服务,从而更好地把握创业机会,努力降低创业成本,获得创业成功(邓俊森,2010)。

农户创业会根据自己的性格特征、行为习惯、经验知识及资金技术等主客观条件来选择创业合作模式。

(一)创业合作载体特征描述

农户创业是一项依托农村市场、家庭或者其他合作组织,通过扩大现有的生产规模或者从事新的生产活动而进行的一项事业。创业项目涉及的合作载体一般有家庭、家庭企业、泛家庭企业、合作组织、股份制企业等。

1. 家庭

马可一和王重鸣(2003)通过社会交换理论对婚姻满意度和家庭生活质量进

行研究，发现相互信任和相互吸引的家庭关系比其他任何投资的回报都大。交换过程中产生的尊重和信任远比物质和资源的交换要重要。事实上，在中国传统社会，家庭或大家族的声誉、利益对个人而言，其重要程度远远超过其他任何组织。换言之，家庭是农户创业的首选合作载体。

家庭是农民创业可以依靠的主要的和重要的组织。在创业初期，农户由于受到经验、资金、劳动力的限制，往往以家庭为单位（也称为个体工商户），依托家庭开办小商店、小饭店、农家乐，以及小规模进行农产品加工等技术含量低、进入门槛低的行业。因此，以家庭为创业的依托载体或合作组织具有易起步、低风险的特点。家庭自主创业多呈现夫妻店、父子店等组织形式。

以家庭为载体的农户创业，其优势是显而易见的。其所需资金相对较少，经营形式灵活，能够对市场需求的变化及时做出反应和调整。同时，因其创业资金没有法定要求，经营收入归公民个人或家庭所有，注册相对方便，有政府的优惠政策和较低的创业门槛等有利条件，因此以家庭为载体的农户创业是创业的首选合作模式。分散的小规模家庭在今后相当长一段时期内仍将是农民开展创业活动的主要组织形式。但这种创业家庭不具有法人资格，所处行业竞争相对激烈，需要整合更多的信贷、人才、技术等资源，其发展壮大相对较难。因此选择个体工商户等家庭合作组织形式的农户创业基本上属于谋生性或早期的创业。

2. 家族企业

龚小琴和江柯（2012）认为家族企业从狭义上讲是指家庭创办企业，即以家庭组织为基础，以家庭成员为主要劳动者，由传统手工业演变来或通过扩大原有生产规模来实现劳动成果商品化的一种农户创业载体。创业者凭着亲情、血缘、地缘等特殊社会关系共同努力实现目标。这样的组织形式在农民创业中比较常见。

当农户意识到单个家庭为载体的创业企业已经不能满足利益与发展的需求，基于单个家庭自主创业面对不具有法人资格、经营规模小、信誉低、贷款困难等创业发展问题的时候，农户必然且应当先获得家族的支持来创办企业，因此家族企业成为农户创业的另一种重要载体。

农户选择家族企业作为创业载体，有以下几点优势：①组织对管理能力要求低，任何成员均可加入，因此家族成员是农户创业合作的低成本的组织资源。②代理成本较低。由于家庭企业所有权、经营权合一，企业所有者与经营者信息对称、激励相容，不存在委托—代理关系，也就不存在委托—代理成本，同时避免了信息不对称可能造成的道德风险问题。因此，家族企业这种合作组织是一种封闭式的"独善其身"的农户创业模式。

家族企业成长与发展主要依赖家庭内部资源，家庭若不能提供支持，企业将面临夭折的风险。另外，以创业者权威为主要特点的家族式管理，一般而言规模相对较小,随着企业规模不断扩大,企业管理跨度及管理层次不断增加,企业管理变得更加复杂,对企业管理的科学化、规范化要求越来越强,家族企业的相对优势也将逐渐消失,最终制约企业的发展(彭亚敏,2006)。

3. 合作组织

事实上,创业农户资源禀赋仍主要表现为农村承包土地,农业仍然是农户创业的主要空间。创业过程中的信息、技术、资金的获取等实际问题通常建立在家庭经营基础上,依照自愿、民主的原则组建专业合作组织来创业也是各类创业大户经常采用的组织形式。合作经济组织主要由专业经济协会、专业合作社、农业行业协会、供销合作社、社区合作经济组织等组成,其主要特征是以农业为基础,以农民为主体,采用自愿联合、共同所有和民主管理原则,满足农户共同的经济、社会需求(李昆,2004)。基于中国是世界上最大的发展中国家,且经济体制正处于转轨时期这一特殊国情,构建专业合作组织、改善其市场地位、谋求创业农户个体利益提升不失为一种较好选择。合作社通过有效了解农民需求,促进农业技术引进、试验示范及推广应用,对农业推广体系建设、农业产业结构调整具有重要意义。

在创业的中后期,创业者在具备一定的经验和资金基础、创业达到一定规模后,以血缘、亲缘关系为纽带的家庭经营模式与市场经济所要求创业主体信息对称及决策灵活之间的矛盾,创建新的创业合作组织、实现专业化的经营管理成为农户创业的必然要求。

首先,农业合作经济组织中的农民作为团队组织的一成员,积极参与集体创业,合作组织通过整合农民的不同力量,提高了农户创业的成功率,这有利于更好更快地打开市场;其次是合作组织具有聚集效应,有力地推动了农业产业化经营的发展和农民创业规模的提升,有利于农产品标准化生产;最后,提高了农民的创业组织化程度和在农产品贸易中的谈判地位,提高了农民的收入水平,尤其是专业合作社具有了法人资格,保障了农户权益。其制度特色及制度绩效所导致的经济效益,使农民专业合作经济组织成为当前在农村生产经营领域发展最快的农民合作经济组织形式。

然而,农业合作经济组织也存在局限性。农民专业合作经济组织对领导者发现创业机会、统筹集体资源提出了较高的要求,要充分调动农民参与积极性,并使参与创业的农户主动了解自己的权利及义务。因此,农业合作经济组织成员之间的关系维系既包括组织内的规章制度维系,也包括成员之间的社会关系维系。

4. 其他组织形式

除以上几种合作组织外,涉农企业(多以股份制企业形式成立)也是农户创业合作的一个载体。涉农企业一般是指从事农产品生产、加工、销售或农业生产资料供给服务等活动的营利性组织，也泛指农、林、牧、副、渔、果、菜、桑、茶、烟等行业企业。涉农企业主要有四种，即农资生产企业、农产品生产企业、农产品加工企业、农产品流通企业。

创业中后期，创业者为寻求更大的发展、更广阔的市场和更规范的制度形式，往往会采用股份制企业的形式，寻求与个别资产所有者或者现有企业的合作。成立公司、实行公司制管理，并以法律的形式规范企业运行的组织形式是比较正式的，也是以上创业合作形式的主要发展趋势。

作为这一创业载体，其优势表现如下：股份有限公司是独立的经济法人，具有相应的权利与义务，受到政策与法律的保护；股份制企业有完善的自我约束、自我发展的经营管理机制，制度规范健全，有利于发展；向市场公开发放股票，有更广阔的融资渠道。作为股份制企业，其局限在于存在代理问题或者代理成本较高；对管理者的要求高，包括技能要求与素质道德要求；建立过程复杂。

5. 不同合作载体的比较

不同合作载体各有其优势与局限，如表6-4所示。

表6-4 农户创业不同合作载体形式的比较

合作载体	优势	局限	适用时期	适用情况
家庭	所需资金相对较少；经营形式灵活；经营收入归公民个人或家庭所有；注册相对方便；政策优惠多；创业门槛较低	不具有法人资格；能够整合的信贷、人才、技术有限；发展壮大较难	创业初期	农户受到经验、资金、劳动力等限制
家族企业	低成本的组织资源；不存在代理问题或者代理成本较低	企业的发展过多依赖家庭的内部资源；家族式管理对大规模企业管理具有局限性	创业中期	单个家庭为载体的创业企业已经不能满足利益与发展的需求
合作组织	提高农民创业的成功率；推动农业产业化经营的发展和农民创业规模的提升；提高农民的地位和收入水平	对集体组织的领导者要求较高；组织成员间的关系维系问题	创业中后期	创业者在具备一定的经验和资金基础、创立的事业达到一定规模后，家庭经营模式和血缘、亲缘关系已不能和市场经济所要求的契约关系匹配
涉农企业（股份制企业）	具有法人资格；制度健全规范，减少可能风险；更广阔的融资渠道	存在代理问题；对管理者的要求高；建立过程复杂	创业中后期	为寻求更大的发展、更广阔的市场和更规范的制度形式

表6-4中载体适用时期及使用范围的分类是多数创业农户的创业合作选择发展的一般规律，不排除农户从一而终选择一种载体进行创业和发展，则对各个创业阶段有不同的能力与素质要求。

（二）农户创业合作模式描述

危旭芳（2012）认为合作模式涉及一系列关键要素及其相互关系，是解决某类问题的规律性方式。而农户创业合作模式是指为实现创业者的目标，对包括其自身和外部资源在内的众多创业要素进行的合理整合过程（龚小琴和江柯，2012）。

选择一个适合农民创业者的模式，是农户创业起步的一个最重要步骤。农民创业者在做出决策前需要充分考虑所有可能出现的创业影响因素，这种创业模式或许不一定需要大量资本投入，不一定具有最佳规模优势，但一定是创业者在统筹各种资源禀赋的情况下做出的理性选择。

根据农户创业的阶段性特征及农户对各种资源禀赋的统筹情况，本章将农户创业合作模式分述为以下几种。

1. "农户自身"或"农户+农户"

"农户自身"或"农户+农户"是具备一定创业素质和条件的农户，通过模仿与创新，在明确市场空间的基础上新创组建公司或各类经济组织的总称，包括依照公司法组建的有限责任公司、独资经营企业、合伙制企业、个体工商户、非正规劳动组织及其他类型的小商小贩及各种创意创业项目。这种模式通常以家庭或家族为载体，创业前期，大多数比较谨慎，先模仿后创新，这一模式分为农户个体创业和农户间的合作创业。前者是指创业者个体按照自己的创业思路，独自筹资与创办自己企业的一种创业方式。通常情况下集中于当地比较优势的产业，如养殖业、种植业及手工加工业等。合作创业模式是指由两个或两个以上的农户自愿组合，共同商议创业目标，共同协商创业管理，并共同承担创业风险的一种创业方式。合作创业者之间多为亲戚、朋友、兄弟等较为密切的关系，因此创业合作者之间可以实现资源互补。

这种模式存在并良好运行的条件包括以下方面：①良好的创业素质，主要包括创业所需的专门知识、从业经验、社会资源网络、心理承受能力及风险意识等；②原始资金积累和资本保障；③创业空间，主要是指有潜力的创业市场；④支持政策和服务措施。此外，合作创业还要很好地掌握合作博弈，从投资到运营再到收益分配，要保证公平且收益最大化，维护好农户之间的关系，以保证合作继续下去。

对这一模式，在创业初期，通常采用个体和家庭商贩经济等小本经营方式获取经验和积累原始资本。这种方式灵活、对市场变化反应快，经营风险相对较小，还可以通过这种方式来获取创业所需的经验和创业资本原始积累。创业初期的资本来源主要有靠亲缘关系、民间借贷和银行小额信贷等。创业中期，创业者通过经营转变，扩大小本经营规模。创业组织达到一定规模和具备雄厚资本后，就进入了创业后期，创业者有继续经营原有经济实体，或投资其他领域（或称二次创业），或兼营前两者等多种选择。

2. "农户+合作社"

合作社一般是指围绕某一产业或产品采用农民自愿投资入股、自主经营、自负盈亏的一种合作经济组织。各类农村专业合作组织是合作社的重要组织形式和组成部分。"农户+合作社"这一创业模式是以农村经济合作组织为载体，通过发挥当地的比较资源优势，广泛参与农业产业经营，使组织成员获得更多收益的一种农民创业高级组织形式。合作社有较规范的组织机构和决策机制，实行民主化管理，按产品的购销数量向社员返还利润，在农民创业的产前、产中和产后的各个环节为其提供全方位且及时的服务，提高农户创业的市场竞争力。因此，此时的合作社不仅是中介组织，而且是一种经营实体。

"农户+合作社"模式存在并良好运行的条件如下：一是要有明确的发起主体及人员数量，发起人要么是经济能人，要么是政府组织；二是要有具体的创业合作项目；三是创业农户要提高思想认识，认识到专业经济合作组织带来的便利，积极参与其中，了解自己的权利和义务；四是领导者，领导者要高瞻远瞩，善于发现与识别市场机会，并努力激发成员积极性；五是组织成员之间的良好关系，这种关系主要来依赖于组织规章制度维系及组织内部成员之间的社会关系。

由于资源禀赋、经营环境与经营条件不同，各类合作组织的演化路径也不尽相同。一般而言，呈现由简单到复杂、由松散到紧密、由不规范到规范、由劳动联合，到劳动与资金联合兼顾、由服务型向市场型转变的演化趋势（李昆，2004）。

3. "农户+企业"

"农户+企业"的合作模式一般是指以涉农企业为载体，公司与农户签订短期或者长期协议，企业提供资金技术支持，并提供销售渠道，农户则提供土地与劳动力，按事先约定好的契约，农民直接与企业签订合同，不用担心产品销路问题，农户将种植的产品"卖"给企业，企业则通过自身的销售渠道进行销售获得收益，最后企业与农户进行利益分配。这一模式多是企业主动找到农户进行合作，一些农户为保障个人利益，分散风险，也会找到企业进行合作，成为农户创业合作的一种模式。这一模式还存在另一种特殊方式，即农村集体创业，农户联合起来，集体与企业以承包或租赁的形式签订协议进行合作。

这种模式存在并良好运行的条件如下：创业农户有较高的认识；农户相对于企业有资源禀赋优势或其他专有资源以保证农户与企业有相对平等的谈判地位，否则农民创业者与企业的地位不平等，农户创业的收益不高；合作企业要有较高的信用度与社会道德和责任感,能够积极平等地与农户合作,获取收益;而且农户与上下游企业要保持良好关系,因其发展空间紧密且与上下游的企业相关,一旦合作破裂将不利于农户。

这种模式发生往往起源于农户与企业的一次性合作协议,并且是短期的临时性的模式。创业初期,农户与企业签订一次性的协议,农户种植农作物,与企业签订协议,由企业收购并售出。农户与企业有一定合作基础,农户或农户形成的集体与企业签订较长期合作协议,形成较稳定的合作关系。但这一模式一般不会长期保持,最后会因农户收入提高、规模扩大等为寻求更广阔市场和更大利益而改变模式,或者企业方面的原因等,终结这一模式。

4. "农户+合作社+企业"

"农户+合作社+企业"模式主要包括涉农企业、合作社和农户三大主体。其中,涉农企业占主导地位。专业合作社由涉农企业牵头成立,为避免直接面对数量众多、情况各异的农户,由合作社与农户签订订单。合作社为企业和农户之间的合作搭建桥梁,一方面,合作社与农户在种植前签订合约,向农户提供技术指导和信息服务,促使创业农户规范化、标准化生产;另一方面,专业合作社与企业订立合同,在一定程度上保障了农民创业权益。

这一模式是应用较广、较高级的模式。随着经济发展,农户认识加深,这一模式将成为拉动农村经济发展的主流模式。其实质是以龙头企业与农户签订订单,解除分散农户在参与市场交易时在资金、知识和规模方面的限制,从而稳定农户收入,使农户创业发挥最大效用,带动农村经济最大化发展。

五、农户创业合作实现的运行条件

创业者选择合作往往是出于降低市场交易成本和分散风险的考虑。创业合作关系应整合法律-经济-社会心理维度。农户创业合作中,因其特殊身份地位的限制及经验认识的局限,以及合作对方的心理与态度,需考虑的因素很多,最后达成合作的过程也很复杂,下面根据契约理论从投资到控制权分配再到收益分配研究合作运行条件、过程与结果。

(一)不完全契约理论及其在农户创业合作中的应用

人的有限理性、信息不完全性及交易事项的不确定性是不完全契约理论产生的主要源渊。由于明晰所有规定的成本太高,因而不完全契约普遍存在。Grossman 和 Hart(1986)、Hart 和 Moore(1990)的不完全契约基本框架解释了契约不完全的原因,包括契约的复杂性、契约的可描述性及第三方难验证性。

双边专用性投资是指为了维护交易双方合作关系而共同投入的,仅用于该交易对象且具有一定特殊性的互补性战略资源。这些资源随着交易终止,其价值也就降低了。双边或多边专用性投资由于其"互相抵押"即双边"锁定",可以使契约双方或多方相互监督,在某种程度上缓解了单边"套牢"。

农户创业合作中的投资包括农户的土地、专门的种植技术培训等专用性投资。首先,契约的不完全性及事后双方谈判的地位和讨价还价的能力不同,使事前难以确定利润分配比例。其次,即使这种分配比例确定,专用性投资也很可能导致事后机会主义行为的产生。因此,当农户创业的合作各方的投资为序贯行为且收益分配比例既定时,各方的专用性投资水平如何?各自的专用性投资水平一定时,怎样分配各方合理的事后收益?控制权的合理分配是农户获取盈余并保障正常运行的关键。

Hendrikse 和 Veerman(2001)基于不完全契约理论、新制度经济学理论,分析了何种治理结构能使合作社各方的投资受益合理且最大化,将合作社视为一个契约集,进一步将讨论深化,分析了长期合约的作用。Royer(1999)发现,合作社规模扩大后,生产者导向的理事会将在监督管理者方面失去效力,合作社逐渐倾向于消费者导向。发展中国家的订单农业契约多为非正式契约,关系型交易和声誉机制可以减少机会主义行为,这使非正式契约变得相对更有效率(Nooteboom, 2002; Klein et al., 2005)。Ng(2011)研究了双边专用性投资及劳动分工,序贯投资、要挟与所有权结构,事后破坏关系型专用性投资能否消除套牢等多边专用性投资的系列问题,研究表明双边专用性投资在非合作博弈框架下很难实现一阶最优。Kacker 和 Wu(2013)研究了在不对称信息下采购双方序贯专用性投资最优决策,双方的专用性投资增加将提高总收益,但需要可信的信息交流渠道。

周立群和邓宏图(2001)研究发现,企业和农户都进行一定的专用性投资是稳定交易、降低风险的另一途径。张珉(2005)分析了风险投资中的双边"承诺"问题,并利用分阶段投资缓解这一问题。针对专用性投资还需要从潜在可替代交易量和交易转换成本两方面去平衡双方的再谈判力(贾愚,2009)。王军(2009)研究了公司领办的合作社中公司与农户的合作与竞争并存的关系。合作社资本控制具有积极和消极双重效应,合作社的资本控制不是必然导致合作社功能弱化(崔宝玉,2010)。王国才等(2010,2011)综合关系交换理论、交易成本理论和组织间学习理论,分析了渠道成员双边专用性投资对渠道关系绩效的作用机制。许景和王国才(2012)从双边专用性投资的角度研究了农产品供应链的纵向协作关系,指出与单边专用性投资相比,双边专用性投资有利于解决农户和下游买方的合作问题，是维护农户利益的有效措施。刘颖娴和郭红东（2012）对资产专用性与合作社纵向一体化经营的正向影响关系进行了实证研究，但对双边专用性投资对一体化经营的影响并未进行分析。

周菁华和谢洲（2012b）基于"大城市带大农村"的重庆实际，认为农民在市场经济体制条件下追求自身收益最大化，并以创业理论、投资理论、劳动力转移理论为主要支撑，对新的历史时期农民创业的现状、决策机理、创业条件、创业绩效的影响要素和创业风险的识别与评价等进行了系统研究，认识到农民创业是农村建设与发展的内生性增长动力的源泉，并总结出农户创业特点和农户创业行为发生机理，最后提出政策建议。张应良等（2012）对重庆农户创业与县域经济发展关系进行了实证分析，揭示农户创业活动对传统农业改造、农村非农产业发展及推进农村城镇化与工业化发展的多重功效，并透视农户创业活动对改造传统农业、发展非农产业、农村城镇化的传导机理，进而从农户创业培育机制的完善、农户创业活动保障工程的实施、农户创业活动扶持力度的提升三个维度，提出促进农户创业广泛参与的政策框架。吴昌华等（2007）根据创业的阶段性特点和生产要素配置情况，从微观视角提出自主开发型、引领型（专业合作组织）、带动型（"老板村官"）三种农民创业模式，以及优化农民创业模式的对策措施。危旭芳（2012）从资源视角切入，选取五个具有代表性的农户创业典型案例，提出资源拼凑型、特色资源开发型、外部资源嵌入型和人力资本积累型四种农民创业模式，并总结出资源要素与农民创业者的互动机制具有差异性。李昆（2004）总结出现实中的农民专业合作模式或组织制度的选择不是人的主观意志决定的。这种模式的有效性取决于产权安排对其内在的规定及农民专业合作禀赋约束和资产专用性。禀赋约束和资产特征的变动为农民专业合作组织的制度变迁提供了内生的组织行为动机，在技术层面上制约和影响着经济组织的制度选择。

1. 模型设定

在一个农户创业的合作中，包括成员农户与多种外部投资者（如农业企业、营销批发商等）。本部分研究以农业企业作为外部投资者的代表，除外部投资者之间专用性投资的相互影响外，农户与农业企业存在双边专用性投资；因为投资各方最关心的是收益分配，我们将合作的最终收益分配比例作为控制权的代表。农户投资农产品生产，其成本为 C（其中专用性投资为 K_f）。农业企业加工后产品的销售价格为 P，在完全契约条件情况下，总收益 $V = P - C > 0$，双方共同的投资策略是进行投资，且此时双方可以事先签订契约。如果契约是不完全的，可能对事后机会主义的惩罚条款无法做详细的规定，那么农户因为专用性资产的投入而处于谈判的弱势地位，在再次谈判中，企业就可能要对准盈余 $(V + K_f)$，而非先前的盈余，进行分配。设定农户的分配比例为 S，那么此时农户的收益为 $V-(1-S)\cdot(V+K_f)$，而农业企业的收益为 $(1-S)\cdot(V+K_f)$。当然，农户在投资之前就会预见这种情况，所以当且仅当 $V-(1-S)\cdot(V+K_f)\geqslant 0$ 时，投资才是农户的最优选择。

综上所述，农户是专用性资产的投入者，在投资后必然会面临农业企业的威胁，由于农户在事前能预见这种情况，所以就不会进行投资或减少投资，农业企业也是如此。因此，此时存在着双边专用性投资。

在不完全契约框架下，鉴于控制权的配置影响到事后盈余的分配，事后讨价还价的能力相当重要，设合作治理中赋予农户的权利为 S，$S\in[0,1]$，即在专用性资产投入后，农户享有对准盈余分配的比例。根据 S 的数值不同，可以将控制权分为三种类型，如表6-5所示。

表6-5　合作社的控制权分配

控制权分配	农户主导（$S=1$）	股份合作，共同主导（$0<S<1$）	农业企业主导（$S=0$）
农产品生产、加工等阶段	农户	农户与农业企业	农业企业

2. 序贯投资：固定分配比例

分析在固定农户的控制权比例 S 的情况下，具有双边专用性投资特征的农户与农业企业的投资水平。许多农产品生产具有先后投资的性质，如农业生产的投资在前、农产品加工的投资在后，因此农户需要投入自身的专用性投资，为了避免事后单边套牢，需在投资前确定事后分配比例。那么当农户投入一定的专用性投资之后，可接受的企业专用性投资数量为多少呢？如果农业企业的投资在前（如农业生产的事前培训、农产品良种购买、农业机械投资等），可接受的农户专用性投资水平如何？

设农户专用性资产投入水平为 K_f，农业企业的专用性资产投入水平为 K_p，联合生产最终产品后的收益为 V，治理结构中收益的分配为 S。由于双方意识到签约的不完全性，S 在签约时已经确定。

如图6-1所示，农户的收益用横坐标表示，外部投资者（农业企业）的收益用纵坐标表示。根据 Hendrikse 和 Veerman（2001），可知线段 OA 表示利润 V 在农户与农业企业间的分配比例，且 $S=\dfrac{90-X}{90}$，X 为 E 点处向上倾斜的角度，$S\in[0,1]$。原点 O 为农户与农业企业在专用性资产投入前的谈判位置（0,0），在 B 点，控制权为农户全部所有，$S=1$；在 D 点，控制权为农业企业全部所有，$S=0$。

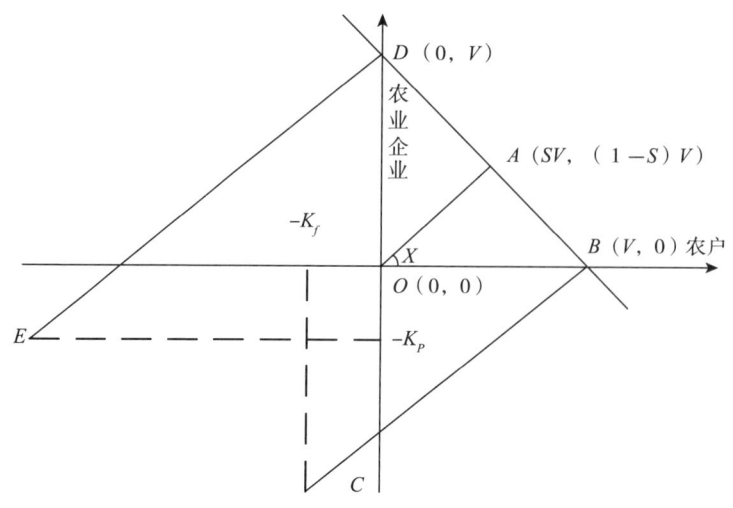

图 6-1 固定分配比例时的专用性投资水平图

当农户的专用性投资固定为 K_f 时，为保证农业企业不退出联合生产，农业企业的专用性投资水平区域为 BC 线以左，因为在 B 点的右下方（第四象限区域），农户的收益大于总收益 V，而企业的收益为负。可得直线 BC 的方程为 $y = \frac{1-S}{S}(x-V)$，由此可得，当企业的专用性投资 $0 \leq K_p \leq \frac{1-S}{S}(V-K_f)$ 且 $K_f < V$ 时，企业愿意进行专用性投资，并按照 1-S 的比例进行利润分享。当 $K_p > \frac{1-S}{S}(V-K_f)$ 时，企业为保证自己的事后盈利为正，实行一体化战略，并由企业完全掌握控制权，S=0，此时农户与投资者的合作行为演变为投资者所有的企业（investor-owned firms，IOFs）。

类似的，当企业的专用性投资固定为时 K_p，为保证农户不退出联合生产，农业企业的专用性投资水平区域为 DE 线以右，因为在 D 点的左上方（第二象限区域），企业的收益大于总收益 V，而农户的收益为负。可得直线 DE 的方程为 $y = \frac{1-S}{S}(x+V)$，由此可得，当农户的专用性投资 $0 \leq K_f \leq \frac{S}{1-S}(V-K_p)$ 且 $K_p < V$ 时，农户愿意进行专用性投资并按照 S 的比例进行利润分享。当 $K_f > \frac{S}{1-S}(V-K_p)$ 时，农户为保证自己的事后盈利为正，实行一体化战略，并由农户完全掌握控制权，S=1。

因此，在序贯投资时，根据各自的专用性投资水平不同，可得出不同的控制权方式，如表 6-6 所示。

表 6-6 序贯投资时的控制权配置

控制权分配	农户主导（S=1）	股份合作，共同主导（0<S<1）	农业企业主导（S=0）
农户先投资 K_f	—	$0 \leq K_p \leq \dfrac{1-S}{S}(V-K_f)$	$K_p > \dfrac{1-S}{S}(V-K_f)$
企业先投资 K_p	$K_f > \dfrac{S}{1-S}(V-K_p)$	$0 \leq K_f \leq \dfrac{S}{1-S}(V-K_f)$	—

由表 6-6 可以看出，当事后的盈余分配比例 S 固定时，双方都会尽量减少各自的专用性投资。要使双方扩大专用性投资水平，需要增大双方合作的收益 V。当某一方的专用性投资超过一定水平，专用性投资相对高的一方为保护自身的利益，就会采用一体化等方式去掌握全部的控制权。这就违背了农户吸引外部投资来壮大创业实力的初衷。在合作的框架下，如果要促使另一方加大专用性投资水平，可采取的措施即降低自身在收益分配中的比例，下面我们将分析在双边专用性投资均确定的情况下，双方可接受的收益分配比例范围。

3. 同时投资：固定双边专用性投资水平

在农业生产中，也存在农户与农业企业同时进行专用性投资的情况，如农业生产过程中的农产品培育，需要农户与农业企业技术人员共同投入各自的专用性投资，此时并无双方投资的先后，因此为保证合作关系的继续，双方需要事后对分配比例进行谈判。

如图 6-2 所示，如果双方的专用性投资水平已经固定，为 (K_f, K_p)，此时专用性资产谈判的位置由原点 O 变为 F 点，事后的盈余分配比例 $S = \dfrac{90-X}{90}$，由事前的 $\angle X \in [0, 90]$ 变为 $\angle Y \in [\angle BFD, \angle BFC]$。

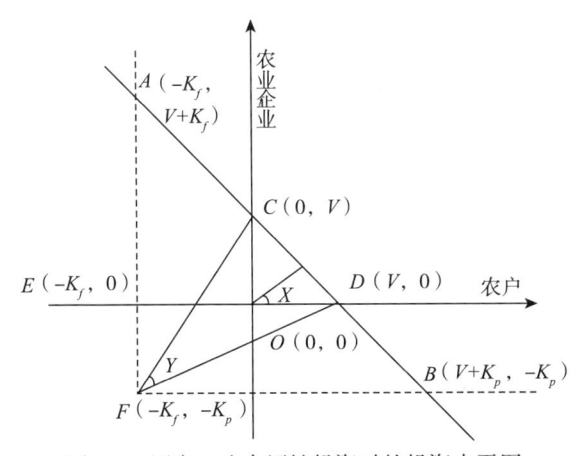

图 6-2 固定双边专用性投资时的投资水平图

由直线 CF 的方程 $y = \dfrac{V+K_p}{K_f}x + V$ 及 DF 的方程 $y = \dfrac{K_p}{V+K_f}x - V$ 可知

$$\dfrac{\operatorname{arc\,cot}\dfrac{V+K_p}{K_f}}{90} \leq S \leq \dfrac{\operatorname{arc\,cot}\dfrac{K_p}{V+K_f}}{90}$$

因此，当 $S \in \left[0, \dfrac{\operatorname{arc\,cot}\dfrac{V+K_p}{K_f}}{90}, \dfrac{\operatorname{arc\,cot}\dfrac{K_p}{V+K_f}}{90}\right]$ 时，农户与农业企业各自进行专用性资产投资，并按照 S 进行收益分割。

当 $S \in \left[0, \dfrac{\operatorname{arc\,cot}\dfrac{V+K_p}{K_f}}{90}\right]$ 时，此时如果按照 S 进行收益分割，双方收益位于直线 AB 的 AC 范围内，此时农户收益为负，那么农户选择 $S=1$，即农户创业进行下游一体化，农户独自进行农业生产和农业加工的专用性投资，如农户（合作社）自己创办加工企业。

当 $S \in \left[\dfrac{\operatorname{arc\,cot}\dfrac{K_p}{V+K_f}}{90}, 1\right]$ 时，此时如果按照 S 进行收益分割，双方收益位于直线 AB 的 BD 范围内，此时企业收益为负，那么企业选择 $S=0$，即农业企业进行上游一体化，企业独自进行农业生产和农业加工的专用性投资，如农业企业自己承包农场，为自己的加工企业提供原材料，此时农户与投资者的合作行为演变为投资者所有的企业。

因此，在同时投资时，根据各自的专用性投资水平不同，可得出不同的控制权方式，如表 6-7 所示。

表 6-7 同时投资时的控制权配置

控制权分配	农户主导（$S=1$）	股份合作，共同主导（$0<S<1$）	农业企业主导（$S=0$）
收益比例	$S \in \left[0, \dfrac{\operatorname{arc\,cot}\dfrac{V+K_p}{K_f}}{90}\right]$	$S \in \left[\dfrac{\operatorname{arc\,cot}\dfrac{V+K_p}{K_f}}{90}, \dfrac{\operatorname{arc\,cot}\dfrac{K_p}{V+K_f}}{90}\right]$	$S \in \left[\dfrac{\operatorname{arc\,cot}\dfrac{K_p}{V+K_f}}{90}, 1\right]$

从表 6-7 可以看到，若使农户与企业合作的区间变大，需要增大 S 的范围，包括增大事后的收益 V，如通过更多的产品差异化，增加 V。另外，可以增大企业的专用性投资增加 K_p，或者减少农民的专用性投资 K_f，但此时农户获得的收益比例 S 在减小，即加大对专用性投资大的一方的分配比例。

（二）考虑股份与专用性投资水平的创业合作控制权分配

无论是序贯投资还是同时投资，当前我们仅仅得到在各方可接受合作的条件下，可接受的专用性投资水平与收益分配比例的范围。我们应如何确定参与合作各方的收益分配比例呢？能否采用一种各方都能够接受且又考虑了股份特征和专用性投资特征的收益分配方式来确定各自的控制权呢？企业内部的权力分配是指企业内部各要素拥有者作为缔约方讨价还价后的一个合作博弈解（Aoki，1984；卢周来，2009），农民合作组织也是农民之间合作博弈的产物（晋洪涛，2009）。Staatz（1983）和 Sexton（1986）提出运用合作博弈模型分析合作社中成本收益分配问题。

1. 控制权分配的 Shapley 值解法

合作博弈理论中有相当多的解概念，但 Shapley（1953）提出的 Shapley 值是利用公理化方法得到合作博弈的唯一解。对传统的合作利益分配，传统的 Shapley 值按照参与合作成员的边际贡献率进行利益分配具有一定的合理性，如传统合作按照"交易额返还"进行利益分配，交易额度越大，农户得到的收益越大。但对存在专用性投资的股份合作社，这种分配方式则存在一定的不足。一方面，因为传统合作中成员异质性较小，传统的 Shapley 值忽视了股份差异对收益的影响，尤其是某些外部股份不直接贡献于交易额时；另一方面，传统的 Shapley 值忽视了各方专用性投资的作用，与一般的投资相比，专用性投资的可撤出性下降、沉没成本上升，专用性投资大的一方必然要求更高的收益分配，而这在传统的 Shapley 值计算时都无从体现。

基于 Hendrikse 和 Veerman（2001）对农户在农产品产业链上所有权结构的分析，戴建华和薛恒新（2004）对动态联盟伙伴企业利益分配策略的分析，黄珺和朱国玮（2007）对异质性成员关系下的合作均衡的研究，以及文洪星等（2012）考虑了股份差异的农民利益分配分析，我们提出同时考虑了农户股份与专用型投资的改进 Shapley 值的农户收益及控制权分配方案。定义 K_i 为合作中农户 i 的投资水平，其中包含了 K_{is} 的专用性投资。

那么 i 的投资占全部股本的比例为 $p_i = \dfrac{K_i}{\sum K_i}$，$0 \leqslant P_i \leqslant 1$；$i$ 的实际与平均股份比例之差为 $\Delta p_i = p_i - \dfrac{1}{n}$，$\Delta p_i = 1$，$\sum \Delta p_i = 0$，$n$ 为合作参与方的数量。同理，i 的专用性投资占全部专用性投资的比例为 $q_i = \dfrac{K_{is}}{\sum K_{is}}$，$0 \leqslant q_i \leqslant 1$；$i$ 的实际与平均专

用性投资比例之差为 $\Delta q_i = q_i - \dfrac{1}{n}$，$\sum q_i = 1$，$\sum \Delta q_i = 0$。

基于 Shapley 法，同时考虑股份与专用性投资水平的农户控制权计算步骤如下。

第一步，计算传统的合作收益分配。参与方 i 的收益为

$$V_i = \sum_{\{R|i \in R\}} w(|R|)\left[v(R) - v(R/i)\right] \quad (i = 1, 2, \cdots, n)$$

其中，联盟为 R；$w(|R|) = \dfrac{(n-|R|)!(|R|-1)!}{n!}$。

第二步，计算考虑了合作中不同参与方股权差异的合作社收益分配。修正后的合作各方收益为

$$V_i^* = V_i + \Delta V_1$$

其中，$\Delta V_1 = V \cdot \Delta p_i = V \cdot \left(\dfrac{K_i}{\sum K_i} - \dfrac{1}{n} \right)$。

第三步，计算考虑了合作中不同参与方专用性投资差异的合作社收益分配。修正后的合作各方收益为

$$V_i^* = V_i + \Delta V_1 + \Delta V_2$$

其中，$\Delta V_2 = V \cdot \Delta q_i = V \cdot \left(\dfrac{K_{is}}{\sum K_{is}} - \dfrac{1}{n} \right)$。即

$$V_i^* = \sum_{\{R|i \in R\}} w(|R|)\left[v(R) - v(R/i)\right] + V \cdot \left(\dfrac{K_i}{\sum K_i} - \dfrac{1}{n} \right) + V \cdot \left(\dfrac{K_{is}}{\sum K_{is}} - \dfrac{1}{n} \right)$$

第四步，计算同时考虑了股份与专用性投资的合作各方的控制权：

$$S_i = \dfrac{V_i^*}{V} = \dfrac{V_i + \Delta V_1 + \Delta V_2}{V}$$

$$= \dfrac{\sum_{\{R|i \in R\}} w(|R|)\left[v(R) - v(R/i)\right] + V \cdot \left(\dfrac{K_i}{\sum K_i} - \dfrac{1}{n} \right) + V \cdot \left(\dfrac{K_{is}}{\sum K_{is}} - \dfrac{1}{n} \right)}{V}$$

从以上计算过程可以看到，修正后的合作各方收益为 $V_i^* = V_i + \Delta V_1 + \Delta V_2$，当 $\Delta p_i > 0$ 时，该方的实际股份投资相对水平高于平均值，应当适当多分配一些投资回报。当 $\Delta p_i < 0$ 时，该方的实际股份投资相对水平低于平均值，应当适当少分配一些投资回报。而当 $\Delta q_i > 0$ 时，该方的实际专用性投资相对水平高于平均值，应当适当多分配一些投资回报。当 $\Delta q_i < 0$ 时，该方的实际专用性投资相对水平低于平均值，应当适当少分配一些投资回报。因此，以上调整过程考虑了不同的股份与专用性投资对合作社的贡献，并体现在收益与控制权中。

同时因为：

$$\sum V_i^* = \sum (V_i + \Delta V_1 + \Delta V_2)$$

$$\sum \left(\sum_{\{R|i\in R\}} w(|R|)[v(R)-v(R/i)] + V \cdot \left(\frac{K_i}{\sum K_i} - \frac{1}{n} \right) + V \cdot \left(\frac{K_{is}}{\sum K_{is}} - \frac{1}{n} \right) \right)$$

且 $\sum \Delta p_i = 0, \sum \Delta q_i = 0$，即 $\sum \left(p_i - \frac{1}{n}\right) = 0, \sum \left(q_i - \frac{1}{n}\right) = 0$。因此，$\sum V_i^* = \sum V_i = V$；$i=1,2,\text{L},n$，即修正的收益分配结果只是在总收益的框架下进行内部分配调整，并不对合作社的总收益产生影响。

2. 控制权分配的核仁解法

合作博弈中的核仁是由 Schmeidler 于 1969 年首先提出的概念，他证明每一个合作博弈都存在非空的核仁，当核存在时，核仁必定包括在核中。核仁法的基本思想如下：在分配属于核仁的条件下，最不理想的联盟也要优于其他分配的最不理想的联盟。核仁法与 Shapley 值法一样，具有稳定性，其解必定唯一且可行。

随着股份制的引入，农户创业的资金来源越来越多样化，包括资金资本、专业人力资本、专用设备投资、品牌资源、专用技术资源、专利、专用营销渠道等，这大大提高了农户创业的实力，但也对合作的收益和控制权分配提出挑战。首先，在某一类资源的投入占比中占优势的一方总是试图按照对自身有利的这类资源投入比例来分配收益；其次，专用性资产及其作用的价值计量也是各方关心的问题，因为专用性资产脱离此合作社价值就会大打折扣。

借鉴 Nakabayashi 和 Tone（2006）考察多标准情形中多人之间如何达成协议的 DEA（data envelopment analysis，即数据包络分析）Game 模型，以及张欣和张卫平（2008）提出的奖金分配应用方案、吴华清等（2010）的归纳总结，我们提出考虑股份与专用性投资水平的合作社收益及控制权分配方案。

基于核仁法，同时考虑股份与专用性投资水平的农户控制权计算步骤如下。

首先，合作各方（或其代表）把一致认为对合作产出做出贡献的重要的指标列出，如资金、劳动、专有技术、品牌、渠道等；并根据客观标准（如资金）与主观分析（如渠道人脉），在考虑专用性投资的基础上，集体评定出各方在这些指标下的指标分值，分值越大，说明在此指标上该方付出越多，最后将同一指标进行归一化处理，如表 6-8 所示。

表 6-8　合作社各方贡献度示例表

项目	A	B	C	…	合计
资金	a%	b%	c%	…	1
劳动					1
技术					1
⋮					

其次，设定有 m 个指标与 n 方合作成员，记 x_{ij} 为合作的成员 j 在第 i 个指标下的分值。定义合作内部的联盟（共 2^n 个）S 的第 i 个指标值为 $x_i(L)\sum_{j\in S}x_{ij}$，$i=1,2,\text{L},m$，定义联盟 L 的特征函数为 $C(L)$，$C(L)$ 由如下线性规划求得

$$C(L)=\max\sum_{i=1}^{m}w_i x_i(L)$$

$$\text{s.t.}\begin{cases}\sum_{i=1}^{m}w_i=1\\ w_i\geq 0\end{cases}$$

其中，w_i 表示指标 i 在某一联盟下的权重。

由此，得到不同联盟下的特征函数，如表6-9所示。

表6-9 不同联盟下的特征函数示例表

联盟方式		特征函数值
独立	A	e
	B	f
	…	…
两方联盟	AB	g
	AC	h
	…	…
…	…	…
完全联盟	ABCD…	总收益：V

再次，定义 $e(L,V)=C(L)-\sum_{i\in S}V_1$，即合作中联盟 S 所得总收益与实际单独各方收益 Z_i 的差额，差值越大，采取这种策略就越不被接受。将它们按照由小到大的顺序排序为向量 $\tau(V)=(\tau(V),\tau_2(V),\cdots,\tau_{2^n-1}(V),\tau_{2^n}(V))$。核仁即 $N(V)=\{z\in B|\tau(z)\leq\tau(V),\forall y\in B\}$，其中 B 为所有分配向量的集合。核仁就是使超出向量最小的一种分配。由此，$\min\delta$ 控制权的分配由如下线性规划求得

$$\min\delta$$

$$\text{s.t.}\begin{cases}V_A+\delta\geq e\\ V_B+\delta\geq f\\ \cdots\\ V_A+V_B+\delta\geq g\\ V_A+V_C+\delta\geq h\\ \cdots\\ V_A+V_B+\cdots+\delta=\text{total}\end{cases}$$

由此，求出合作的每一方的收益 V_A，V_B，…。

最后，计算同时考虑了股份与专用性投资的合作各方的控制权 $S_i = \dfrac{V_i^*}{V}$。

3. 不同控制权分配方法的比较与应用

Shapley 值法与核仁法均属于合作博弈的单点解，即合作博弈的解是唯一的。Shapley 值是将收益按照参与人的边际贡献率进行分摊，参与人 i 所应当获得的收益等于该参与人对每一个他所参与的联盟的边际贡献的平均值。核仁是从平均主义的角度来衡量各个不同的联盟 L 所能带来的福利，衡量的标准为联盟的剩余。Shapley 值法强调边际贡献，核仁法更偏向于公平。Shapley 值体现的是一种功利主义的"公平"，而核仁法体现的是平均主义的公平性（吴铭峰，2012），这是一种同情与保护弱势群体的分配方案。

因此，在农户创业合作发展初期，为保证合作的发展壮大与各方投资者的投资积极性，可考虑倾向使用 Shapley 值法，而在合作发展壮大后，应考虑回归合作的本质，更多地考虑公平，使用核仁法。当然现实中采用哪种方法主要依赖于合作不同发展阶段各方的讨价还价能力。例如，李勇军等（2009）基于数据包络分析与联盟博弈考虑多个决策单元（decision making unit，DMU）间的固定成本分摊问题，分别以 Shapley 值与核仁分析联盟博弈的分配。

除 Shapley 值法与核仁法之外，合作博弈中还存在诸多解的集合，包括谈判集、稳定集、核心等，但谈判集、稳定集、核心等属于完全合作博弈的多值解，即这些解主要是从防止联盟异议的准则来考虑合作博弈的利益分配，且可能存在多个最终满足条件的解，从而限制了这些方法的实际应用。

（三）基于合作社生命周期的收益分配方案选择

当农户创业合作处于不同的发展阶段，每一阶段的发展目标有所不同。在其培育期，目标是加快农户创业实力扩张，鼓励不同股份多做贡献；在其成长期，目标是引导合作逐渐规范，保持合作稳定成长；在其成熟期，目标是稳定合作各方维持合作，共同分享合作收益；在其分化期，其目标是平衡合作各方利益关系，实现合作的再生式发展。

合作社不同发展阶段的收益分配方案图如图 6-3 所示。

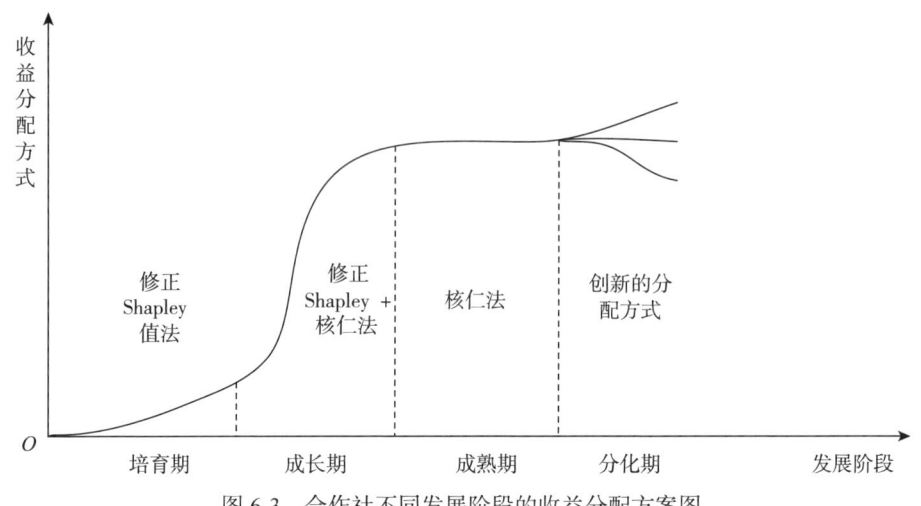

图 6-3 合作社不同发展阶段的收益分配方案图

综上可以看出，随着农村分工分业深入，农村市场化、社会化不断发展，小而全的农业经营方式逐渐显示与利润最大化为目标和市场导向的农业适度规模、农业现代化发展趋势的不适应，许多农户创业组织逐渐突破血缘、地缘关系的限制，成立农业合作组织专门从事这类经营活动，农户创业合作行为出现。

根据农户创业合作类型的不同，农户创业可分为个体农户创业和群体农户创业、异质农户创业与普通农户创业。不同特质农户创业的行为是有差异的，产生影响的个人特质主要包括户主年龄、教育背景（户主受教育水平）、家庭背景、社会关系、户均人口数（劳动力人数）、人均土地面积、农户家庭年收入等。

一个完整的经济体系中，农户创业合作偏好的选择受多种因素的影响，本部分研究将农户创业合作偏好的选择标准归纳为风险规避、效益提高、效率增长、公平偏好、规模报酬五个方面。农户创业会根据自己的性格特征、行为习惯、经验知识及资金技术等主客观条件来选择创业合作模式。创业项目涉及的合作载体一般有家庭、家庭企业、泛家庭企业、合作组织、股份制企业等，基于这些载体，本部分研究将农户创业合作模式归为"农户自身"或"农户+农户""农户+合作社""农户+企业""农户+合作社+企业"四种模式。

对合作的具体运行，从投资到控制权分配再到收益分配，根据合作发展不同阶段的特征，应选择不同的分配方式。在合作发展培育期，为保证合作的发展壮大与各方投资者的投资积极性，可考虑使用修正 Shapley 值法；在合作发展成长期，应考虑效率与公平兼顾，修正 Shapley 值法与核仁法兼用；在合作发展成熟期，合作发展有了一定规模，这时就可以考虑回归合作的本质，更多地考虑公平，使用核仁法；在合作发展分化期，则需要根据合作的再生发展方式选择分配方式。当然，现实中采用哪种方法还依赖于合作不同发展阶段各方的讨价还价能力。

第七章 农户创业模式选择及路径依赖

摘要 创业主体的多元化、创业形式的多样化、创业领域的丰富是中国当前农户创业的主要特征。是什么影响了农户创业行为？内在的影响机理和影响方式如何？是否有可循的创业路径？带着这些疑问，本章主要从"创业主体-创业环境-社会网络"三个维度分析农户创业行为的影响，通过调研问卷，采用线性概率回归模型分析"创业环境→创业行为""社会网络→创业行为"的影响，研究发现：创业环境中基础设施、公共服务对农户创业领域、形式选择较为重要；社会网络中，农户基于外出务工积累的弱连带社会网络的规模对农户开拓具有创新性的创业领域和现代化的经营组织形式具有显著正向影响。初步判断，弱连带的社会网络资本在农户创业中作用日益重要。金融服务作为重要的创业支持，通过 VAR 模型、Granger 因果检验、脉冲响应分析等实证发现：农户创业比例与农业贷款之间具有长期的协整关系，但当前受到的金融约束普遍严重。在实证研究的基础上，本章运用案例研究法，分析了农户创业的四种典型模式，并做综合案例剖析。在理论与实证的基础上，给出农户在不同创业领域应该遵循的创业路径，以期降低创业成本、减少创业风险。

一、创业主体、环境、社会网络影响农户创业行为的机理

农户创业从初始发生到结果呈现到再创业，是一系列链条式的发展过程，整个过程最为核心的是拥有创业基础、创业意识和创业动力的创业主体，在创业基本条件支撑和创业环境激励与保障下，积极选择创业行为，才会产生创业效果。狭义角度，整个创业的准备与实施都是创业行为发生的过程，其贯穿整个创业活动的始终。从第五章的分析可以看出，目前中国农户创业行为的发生主要是基于"创业环境、社会网络与创业者特质"协同作用的过程。

从过程视角分析创业过程，可以将创业链条分解（图 7-1）：在创业农户中具备创业意愿和创业能力的农户有创新需求，从而产生创业动机，然后，根据周边环境和自身条件与特征进行创业活动，如选择合适的创业领域、创业形式，并不断地进行创业行为调整，保证创业连贯持续。从经济收益上判断，创业结果会有成功、失败之分，创业成功者也会有效果显著与不显著的差异。创业者会在创业已有初步成果的基础上，进行创业再选择，如维持原有创业模式、改进创业或放弃创业。创业者的整个过程都根植于社会网络之中，社会网络是创业者获取资源的主要渠道，随着创业的发展，创业者的社会网络与创业过程协同推进。

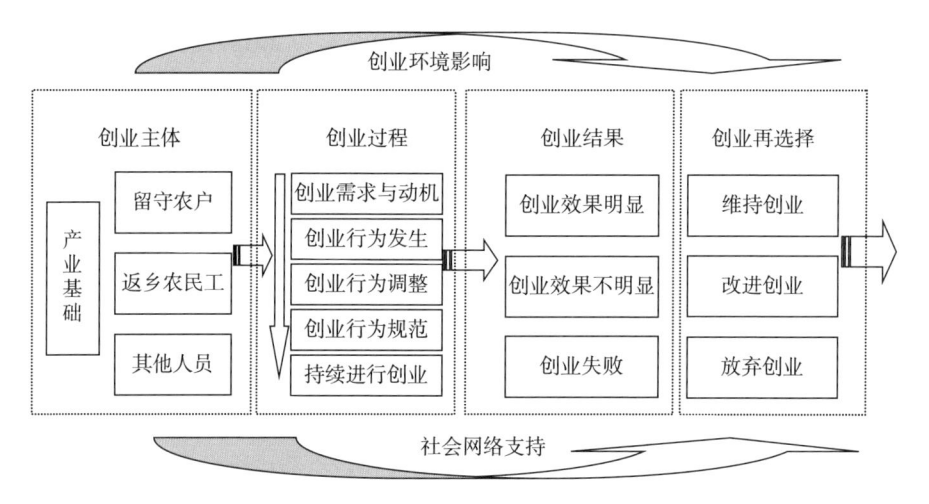

图 7-1 创业主体、环境、社会网络与农户创业推进过程

（一）创业主体

本章研究的创业主体即从事农业领域创业的发起者、组织者、实施者。调查发现创业主体主要包括四类，即普通农户、返乡农民工、非农人员、创业联合体（表 7-1）。第一类是指从事农业生产经营的农户本身。这部分主体自始至终从事农业生产经营服务活动，是农业发展的重要承担者和支撑力量，他们熟悉农业生产经营的规律和流程，农业是其唯一收入来源，倾注了其全部精力，在当地具有良好的社会网络关系，具有资源获取优势。不足之处在于他们缺乏良好的视野和市场预测及判断，囿于传统农业思维，风险意识强烈，抵御风险的能力较弱，创业信息获取渠道较窄，创业行为的选择趋于保守。第二类是指返乡农民工。返乡农民工是一类特殊社会群体，一般拥有农村和城市多种生活、工作经历，或者只拥有城市生活、工作经历（特指出生于城市、成长于城市的

新生代农民工),他们虽不具备丰富的农业生产经营服务体验和经验,但是却有着比第一类主体更为丰富的农业外部社会经验和较为开阔的视野,以及较为丰富的知识储备和较为敏锐的市场洞察能力。这类主体更能够将外部知识、先进的理念带回农村,创业的行为选择更为开放,也更富有冒险精神。不足之处在于他们普遍缺少丰富的农业生产经营的体验和经验,对农业发展规律的理解和掌握较浅,对农业的感情不太强烈,创业过程中容易出现摇摆和退缩情绪,但他们拥有丰富的经营管理经验,能够运用现代管理知识开拓新产业,提高农业产业附加值。第三类是指非农领域人员从事农业创业的主体。这类主体不能以农户指代,因为其本身不是农民。他们对农业生产经营活动比较向往,自身有能力、有理念、有知识、有渠道、有资金、有技术进行农业规模化和专业化生产经营或者服务,以家庭全部或者部分人员和资产支撑创业。他们往往具备很强的资金实力、经营渠道、管理经验和完备的技术条件,而且抵御风险的能力较强,创业的规模化和专业化程度更高,但以企业主或农场主等身份攫取利益的倾向更为明显。由于其本身不是农民,为了生产经营方便,他们选择资助当地的农户进行创业的概率很高,而这类主体是实质的创业实施者、组织者。第四类是指主体间的联合,也可以称为联合创业。他们利用各自的创业优势进行联合,形成创业合力,形成新型创业联合体,典型的是农户和农户之间的联合,从事新型经营业务。例如,典型的是农户和农户之间组建农民专业合作社、农业社会化服务组织;农户和企业之间联合组建"公司+农户"的产业模式;还有在此基础上"农户+基地+合作社+公司"等更为灵活的经营主体的组合。这种模式的优点在于能够形成农业产业链条的纵向延伸和横向规模化延伸的结合,实现专业化收益和规模收益的双重收益,但不足之处在于涉及的主体面太广,主体间异质化程度高,给产业化经营管理带来一定难度。

表 7-1　不同创业主体对比

创业主体类别	优势	劣势	主要创业领域	典型创业形式
普通农户	农业技术经验丰富,社会网络紧密	缺乏非农领域经验,经营管理水平差	传统农业的规模或扩张	家庭农场
返乡农民工	社会网络丰富,获取资源渠道较广	缺乏农业技术、经营经验	现代农业的经营	农业加工业
非农人员	拥有现代化管理水平、人力资本水平较高	缺乏农业技术经验,对当地社会环境生疏	农业产业化经营	农业企业(农业加工业)
创业联合体	能联合规避创业风险,获得规模收益和分工收益	组织形式复杂,内部治理难度较大	农业产业链的纵向分解	合作社、"农户+基地+公司"模式

上述创业主体的界定是从狭义角度进行的。从广义上讲,农户创业的主体较为广泛,既包括上述四类主体,还包括为农户创业提供支持、帮助的人,推动农

户创业的各类组织，如农业社会化服务组织。

（二）创业过程

邓小平南方谈话以来，市场体系不断完善，激励和支持农户自主创业的政策环境日益改善，农户创业活跃指数快速提升。1992~2011年，农户创业人数从1 744万人上升到3 228万人，增长了1 484万人，增长率为85.09%，农户创业人数占农村就业人数比重从3.66%提高到7.97%，提高了一倍多（古家军和谢凤华，2012）。可见农户创业是一个不断持续增进的过程，是一个农业创业人数不断涌现、创业规模不断扩大、创业效益不断提升的过程，是农业现代化进程的重要推动力量。整体上看，就农户创业的持续性和扩展性而言，这一过程是不断提升、不断替代、不断涌动的复杂社会过程，因此可以从时间延续上将农户创业的整体过程称为农户创业的社会过程。同时，就微观个体而言，农户创业也有从创业发生到创业持续再到创业终了的创业过程，可以将这一过程称为农户创业个体过程。

首先，从宏观上解析农户创业的社会过程。

在农户创业的社会过程中，难以找到其初始发生的典型标志。而且阶段的不同，对农户创业的界定也不断变化，实质是标准不断提升，外延不断扩大。从初期的传统农业大户，到现代农业专业户、农业生产综合组织、农村个体户、农业合伙企业等。农户创业的外在表现为涌动性和扩展性，呈现出急剧增长态势，成为活跃农业经济的主导力量。创业者创业发生过程如图7-2所示。

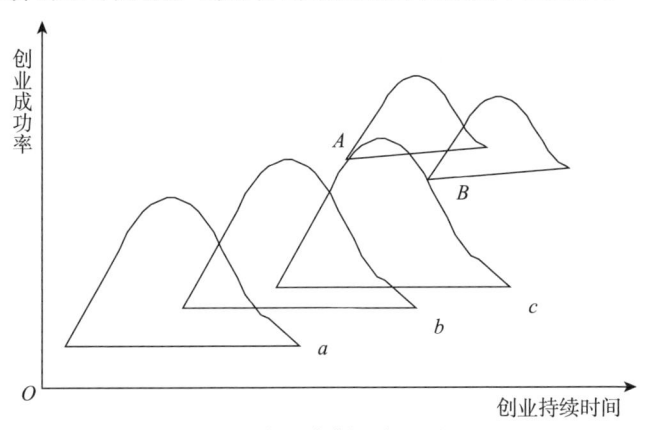

图7-2 创业者创业发生过程

农户创业的社会涌动性。创业环境的改善、创业技能的提升、创业手段的多元促使农户创业的成功率不断提升，创业周期和创业的存续时间也不断得到延长。作为弱质性产业的农业，其经营主体抵御风险的能力较弱，农户的创新意识和能力不足，创新动力欠缺。但在利益诱导机制作用下，周边农户的带动与示范效应对农户行为选择的影响深远，具体体现在以下方面：第一，农户模仿其他创业农户的行为，在创业领域、创业模式等方面进行类同选择，或者有所改进，如图7-2曲线 b、曲线 c 所示；第二，农户以其他农户创业为基础，沿着其他农户创业的路径或者依靠其他农户创业的支持，在更高层面进行创业（从图7-2的 A 点或 B 点发生）。农户创业在整体上数量不断增加，规模不断扩大，持续时间不断延长，层次不断提升。

农户创业的社会扩展性。农户创业的社会扩展性表现在以下三个方面：第一，农户创业所涉及的领域不断扩展。从最初的种植、养殖到规模化、大规模化种植、养殖，再到休闲旅游、农产品加工，再到农业生产服务、市场服务、信息服务等。农户创业的领域已经涉及农业生产经营的方方面面，多层面、立体化、广泛性的农户创业格局已经形成。第二，农户创业所选择的形式呈现多元化趋向。以家庭为主的个体经营形式，在农户创业初期极为普遍。但随着农户本身在创业领域的发展和壮大，众多农户联合或以企业形式呈现的创业模式纷纷涌现。同时企业与农户、农户与合作组织、企业与合作组织的合作也在不断加强，呈现出了多元化农户创业格局。第三，农户创业的影响不断扩大。农民工返乡创业在农户创业中占据很大比重，先进的理念、知识、技术和开阔的眼界将促进其努力改变农村保守封闭落后的局面；通过信息化手段有意识地与外部交流与合作，拉近农业生产与社会生产消费的距离，缩短农业与工商业之间的衔接时间，有效推动城乡一体化进程；农户创业的规模化效应，不仅能有效降低农业生产、经营成本，还能提升农业生产效率及农业资源的利用效率，从而实现农民增收。

农户创业的涌动性和社会扩展性体现在农业发展的整个过程，农户创业已成为农业现代化进程的重要推动力量。

其次，从微观上透视创业个体的发生过程。

按照企业生命周期论，沿着发生、发展、繁荣、衰落、退出路径，农户创业具有整体上的周期性特征。单个农户创业的过程符合企业生命周期理论，整个过程具有一定波动性。从一般意义上看，农户创业个体过程从创业主体发生，到创业结果结束，是二者紧密关联的纽带。单一的或者局部的农户创业本质上是就农业产前、产中、产后的某一部分或某一环节而发生的创业行为。表面上看，农户创业是围绕农业生产发展链条进行的，农户创业本身具有前后向和横向的衔接性，整体上呈现出覆盖农业发展全方位、宽领域的态势。但现实中农户创业毫无疑问地呈现一定的集中性，这种集中性突出表现为众多农户更倾向于围绕特定农业生产环节、特定农业生产领域、特定地域进行创业。这种现象的产生原因归结如下：第一，农户的逐利行为使其更多关注边际收益率较高的农业生产或服务环节；第二，农户更多选择生产服务条件较为成熟，市场空间更为稳定、广阔的农业领域；第三，创业环境和基础较好的地区，农户创业的集中和积聚程度更高。因此，就农户而言，创业行为是否发生，首先，要考虑农户自身的先决条件，如经验阅历、知识储备；其次，必须有创业的内在意愿；再次，上述三点原因在农户身边现实存在；最后，创业的外部组织条件和支撑条件具备。最后两个方面共同组成了农户创业的外部诱因。

（三）创业环境

创业环境是创业过程中存在的各种外在影响因素的集合体，包括政策条文、法律规范、社会经济条件、资金支持与非资金支持，以及相应的创业和管理技能。可以认为，创业环境对创业主体的行为选择有着重要影响，受个体特征、地域因素、行业因素的影响，农户对周边创业环境的感受和反馈不同，进而产生的行为选择也各不相同。当前各地区纷纷出台了鼓励农户创业的政策措施，创业环境得到了很大改善。但是作为对创业环境有着更为直观感受的创业农户，其对创业环境的评价各有差异。因此，为了更有效地改善创业环境，从农户角度探讨农村创业环境的供给效果，了解农户自身对创业环境的真切感受，并正确理解和把握创业环境对农户创业行为选择的影响就显得尤为重要。

Holtz等（1994）认为创业环境主要分为两类要素：一类是包括自然环境、技术环境、融资环境和人才环境等必要性的环境要素，另一类是包括制度环境、社会资本和文化环境在内的支持性的环境要素。有学者研究发现，某些地区的创业环境并不理想，如土耳其（Akin，2010）、立陶宛（Casas et al.，2011）等，仅有少量环境因素满足条件。另外有学者研究发现，创业环境会影响人的创业行为（Daryani，2013），并且会比个人层面的因素产生更为显著的影响（Hatos et al.，2013）。Vial（2011）采用印度尼西亚1993～2007年的面板数据分析得出基础设施的完善程度、政府机构的运行效率及金融支持力度等都是影响创业行为的重要因素，这一观点得到了Greblikaite和Krisciunas（2012）的证实，他们进一步指出完善的经济体制、金融支持、技术的使用及创新等都是创业行为需要依赖的外部环境因素。

从国内研究现状来看，学者从创业环境框架入手，以经济学的供需平衡理论和资源依附理论为基础，构建创业环境的理论分析框架，以及相应的指标评价体系（蔡莉等，2007b；郭元源等，2006）。之后，学者利用GEM模型分别对上海、南京、澳门的创业环境进行了评价（杨晔和俞艳，2007；陈兴淋，2007；萧志泳和林嵩，2008）。在此基础上，部分学者已经意识到创业环境存在地区差异性。张华和傅兆君（2005）研究得出江苏、浙江两省在创业环境上的差别。姚晓芳和陈汝超（2009）进一步对比分析了北京、合肥和广州地区各自在创业环境方面的优劣。赵西华和周曙东（2006）研究发现，创业环境是影响农户创业活动的重要因素，因而创业环境对创业行为的影响逐渐引起了学者的关注。其中，一般环境因素对农户创业行为的影响最大,家庭环境因素次之(朱明芬,2010)。并且,创业环境对农户创业机会的识别具有显著影响(高静等,2012)。许多学者认为当前中国农村地区的创业环境亟待改善,以降低农户创业的门槛(辜胜阻和武兢,2009;庄晋财,2011)。而面对这样的情况,政府机构更应该建立良好的创业环境体系,以激活民间创业活动(夏清华和易朝辉,2009)。

(四)社会网络

创业者植根于社会网络之中,因此社会网络在创业过程中发挥着关键的作用。

社会网络作为一种独特的研究方法,兴起于20世纪60年代,在70年代得到快速发展,在80~90年代不断成熟。时至今日,经历50余年的发展,社会网络的研究从社区、社会阶层、社会变迁流动等整个社会学领域,到人类学及诸多学科的交叉性学科都得到充分发展。一旦社会网络作为谋取利益的工具,网络的张力带来的"膨胀"效应开始放大。然而,社会网络的无形性导致难以定量测度这种网络带来的效应大小。

法国社会学家 Bourdieu(1984)认为,当社会网络被冠以利益诉求,社会网络就变成社会资本获取的渠道,社会资本作为一种重要资源,能够以网络的方式促进组织之间进行合作,帮助企业获取资源。同时,社会资本各方对合作方的强制要求又进一步强化了对社会网络的依赖,这就引致社会网络的规模化发展和社会资本的获取相互锁定。Bourdieu(1986)将社会网络提高到社会资本的高度,并认为社会资本存在于社会网络之中。林南(2005)认为资源既可以通过占有而获得,也可以通过网络关系间接获取,并在此基础上提出了社会网络成员社会地位的高低、网络属性的异质性与社会资源的数量、质量正相关。

与社会资本理论具有同样重要影响的社会网络理论是 Burt 的"结构洞理论"。Burt(1992)认为,一个网络中最有可能为组织带来竞争优势的是处于关系稠密地带的稀疏位置,并将其称为结构空洞,这种结构空洞为组织提供机会和信息,并使资源通过这种新的联结而流动,从而提升了社会网络的价值。

对创业而言,正是这种不同的个体和群体之间的结合才使社会关系在创业过程中非常重要。新创业企业需要大量的信息和资源,创业者可以通过社会网络获得支持,这种支持主要来自家庭成员、朋友或者其他社会网络成员(Aldrich et al.,1987)。因此,社会网络是创业者的重要财富,对新创企业而言,主要表现为能够有效降低交易成本和创业环境认知的不确定性(Granovetter,1973),更能够为创业者提供新的信息和市场机会(Uzzi,1996)。为了实现创业目标,创业者必须通过社会网络的构建、经营来从外界获取必要的资源和信息来保障创业企业的发展(Yoo,2000)。然而,社会网络并非规模越大越有价值,Uzzi(1996)证明,平衡网络(由弱关系和强关系构成)才更有价值,太弱或太强的网络对企业生存都具有负面影响。

二、约束条件下农户创业行为选择

在多元主体作用下,农户创业从初始产生到创业过程持续再到创业结果呈现,形成了完整的创业链条。而"创业动力产生→创业行为选择→创业行为调整与规范→创业行为持续"是组成创业过程的重要环节,在创业整体环境和创业基础条件保障和支撑下,创业者在利益诱导机制作用下,有意识地进行创业决策和各类创业行为选择。可以看出,创业行为是创业过程的核心。

(一)创业环境与农户创业行为选择

学术界认为创业者的创业行为同时受到内在和外在两个维度的影响,即创业者自身特征因素和外部环境因素的影响。早在20世纪初,以熊彼特为代表的创新理论学派,对企业家精神等创业者个人层面的内在影响因素进行了深刻的剖析。然而,技术进步、科技革命导致的生产工艺的改进、政府职能的拓展、法律制度的健全、融资方式的多元化等外在因素发生的巨大变迁,越来越多的学者开始关注创业环境等外在因素对创业者创业行为的影响。Miller(1983)、Holtz等(1994)对创业环境的构建要素进行了研究;Kouriloff(2000)认为创业者会对自身的创业感知和外部创业环境进行评估,当这两个条件均达到创业者的期望时,创业者将会实现创业行为;Clarysse等(2011)、Nikolaou等(2011)、Hopp和Stephan(2012)、Hatos等(2013)基于实证数据,分别对英国、希腊、欧洲等国家和地区的创业环境进行了评估,研究发现经济、社会和制度等一般环境因素要比个人层面因素对创业者的创业行为产生更为广泛的影响。

有关创业环境的问题也逐渐受到国内学者的关注。杨晔和俞艳(2007)基于GEM模型,对上海创业环境进行总结评价,并据此提出政策建议;萧志泳和林嵩(2008)认为创业环境有助于创业活动的进行及创业效率的提高;夏清华和易朝辉(2009)从不确定环境对创业成败的影响分析出发,说明了创业支持政策的必要性;宁亮(2009)结合我国现阶段实际情况,指出要落实"创业带动就业"政策,政府必须改善创业环境;同时,鉴于我国政府在公共政策和制度上对私营企业支持的缺失,Atherton和Smallbone(2013)建议我国构建一个良好的创业环境,以促进民间创业。国内外专门针对创业环境影响农户创业行为选择的研究较少,仅有部分学者意识到创业环境对农户创业的重要性,赵西华和周曙东(2006)具体分析了影响农户创业的因素,如缺乏政策支持、缺乏创业环境等;朱明芬(2010)以浙江杭州为例,实证分析了农户创业行为的影响因素,结果表明,一般环境因素对农户创业行为的影响程度最大,个人素质因素影响较小;赵浩兴和张巧文(2011)对我国16个省份实地调研后,针对我国内地农民工返乡创业特点及影响因素,建议构建一个基于创业资源整合及创业环境互动的沿海地区"反哺"内地农民工返乡创业的"整合-互动"机制。

已有研究分别从创业环境的重要性、创业环境构成、创业环境对创业行为影响及政策制定等内容展开分析,并提出建议。课题组调研时发现,目前我国鼓励农户创业的政策实施效果并不尽如人意,农户创业规模小、活跃指数低、非农产业创业活动匮乏、创业环境因素缺失等现象普遍存在。农户作为创业活动的主体,对其所处的创业环境有更为直观的体会,更可能直接影响他们的创业行为。因此,本章借鉴 GEM 报告中对创业环境要素体系的界定,从农户视角出发,以本项目调研数据为基础,实证分析目前农村创业环境是如何作用于农户创业行为选择的。

1. 农户创业行为的选择

农户的创业行为选择会对农户的创业结果产生直接的影响。农户的创业行为一般包括对创业行业或对创业方向、创业方式、融资方式等的选择,所以本章将从这三个维度分别研究创业环境对创业行为的影响方向及影响程度。如表 7-2 所示,近 80%的农户选择传统农业的规模化经营,对另外四种类型,如"建立新产业或改造传统农业""专业化生产""开展新业务""成立新组织"所占比例都较低,占比在 3%~6%,说明农户创业的形式主要是以农业的规模化经营阶段,通过扩大规模,获取农业经营的规模效益。

表 7-2 农户的创业领域选择(n =518)

创业领域		人数/人	比例/%
农户选择传统农业的规模化经营	创业类型Ⅰ	414	79.92
建立新产业或改造传统农业	创业类型Ⅱ	17	3.28
专业化生产	创业类型Ⅲ	25	4.83
开展新业务	创业类型Ⅳ	32	6.18
成立新组织	创业类型Ⅴ	30	5.79

注:①传统农业的规模化经营:农户通过扩大农业经营规模来实现增收,如大规模种植粮食、蔬菜、水果等;大规模养殖猪、牛、鸡等。②建立新产业:采用新工艺、新技术、新品种、新方法等改造传统农业。③专业化生产:农户进行专门化投资、从事某种产品、某种产业的专业化生产,如农产品加工等。④开展新业务:农户基于农事活动的专业化分工,进行专业化投资,开展专业化活动,如购买收割机从事农产品收割服务、农资经销等。⑤成立新组织:农户围绕农业生产、农产品加工和流通等阶段的社会化服务而成立的农业技术服务中心、农资供应中心、农产品加工、运销企业等涉农新组织

创业的组织形式是农户在组织内在交易成本和外在交易形式综合权衡的结

果。分析表 7-3，农户创业领域组织形式，有一半以上（54.83%）的农户选择个体经营，其次是选择私营模式，租赁形式占比最低，仅为 1.93%。说明农户创业主要选择较为灵活的个人经营或私营方式，较为现代的现代化企业经营方式尚少。

表 7-3 农户创业的组织形式（$n=518$）

经营模式	人数/人	比例/%
个体	284	54.83
私营	102	19.70
股份合作制	36	6.95
承包	85	16.49
租赁	10	1.93

2. 变量选取及模型选择

本章选择样本农户的创业行为作为被解释变量 Y，选择农户创业环境作为解释变量 X，具体变量的定义和赋值情况如表 7-4 所示。由于该模型中主变量创业领域、创业形式是多分类有序变量，所以本章选择概率回归模型。

表 7-4 农户创业调查数据相关变量及赋值（$n=518$）

变量名称	符号	变量赋值
因变量	Y	Y 为多元变量
创业领域	Y_1	传统农业的规模化经营=1；建立新产业=2；专业化生产=3；开展新业务=4；成立新组织=5
创业形式	Y_2	个体=1；私营=2；股份制合作=3；承包=4；租赁=5
自变量	X	X 为顺序变量
政府服务	X_1	非常满意=1；比较满意=2；一般=3；不太满意=4；很不满意=5
政策支持	X_2	非常大=1；比较大=2；一般=3；比较小=4；非常小=5
金融支持	X_3	非常满意=1；比较满意=2；一般=3；不太满意=4；很不满意=5
创业氛围	X_4	很强=1；较强=2；一般=3；较弱=4；很弱=5
基础设施	X_5	非常满意=1；比较满意=2；一般=3；不太满意=4；很不满意=5
公共服务	X_6	非常满意=1；比较满意=2；一般=3；不太满意=4；很不满意=5
技术壁垒	X_7	弱=1；比较弱=2；一般=3；比较强=4；非常强=5
法律保障	X_8	很好=1；较好=2；一般=3；较差=4；很差=5

3. 实证结果及分析

利用 STATA12.0 计量软件分析,以 $Y_i=1$ 为基期,依次对 Y_1、Y_2 两个被解释变量进行回归估计,剔除参数估计结果不显著的解释变量后,输出结果如表 7-5～表 7-8 所示。

表 7-5 创业环境对农户选择创业行业的影响参数估计结果($n=518$)

Y_1	2	3	4	5
C	-5.045 3***	3.697 9***		-3.226 1***
X_1				
X_2	-0.693 6**		-0.435 4*	
X_3	0.001 0***			
X_4				-0.519 9**
X_5	0.818 6*			0.743 7**
X_6	-0.984 5*		-1.197 8***	
X_7		0.525 8***	0.323 5*	
X_8				

*、**、***分别表示在 10%、5%、1%的水平下显著

表 7-6 创业环境对农户选择创业行业的相对比率比(OR)($n=518$)

Y_1	2	3	4	5
X_1				
X_2	0.499 8		0.647	
X_3	2.846 6			
X_4				0.594 6
X_5	2.267 3			2.103 6
X_6	0.373 6		0.301 9	
X_7		1.691 8	1.381 9	
X_8				

注:$P(y=j)/P(y=1)=e^{X_i\beta_j}$ 表示解释变量单位变化时,$y=2$ 与 $y=1$ 的相对概率

表 7-7　创业环境对农户选择创业形式的影响参数估计结果（n=518）

Y_2	2	3	4	5
C	−1.497 5**	−6.000 2***	−1.947 0***	−2.652 1**
X_1			−0.403 3*	
X_2			0.512 3**	
X_3			0.255 0*	
X_4				
X_5	0.586 9***		0.425 0*	
X_6	−0.490 1**			
X_7	0.232 6*			
X_8			−0.390 1*	

*、**、***分别表示在10%、5%、1%的水平下显著

表 7-8　创业环境对农户选择创业形式的相对比例比（OR）（n=518）

Y_2	2	3	4	5
X_1			0.668 1	
X_2			1.669 1	
X_3			1.290 5	
X_4				
X_5	1.798 4		1.024 3	
X_6	0.612 6			
X_7	1.261 9			
X_8			0.677	

注：$P(y=j)/P(y=1)=e^{X_i'\beta_j}$ 表示解释变量单位变化时，$y=2$ 与 $y=1$ 的相对概率

（1）创业环境对农户创业行业选择的影响分析。

分析表 7-6，当 Y_1=2 时，X_3、X_5 的 OR 值大于 1，说明当金融机构的贷款便捷程度降低、农村基础设施水平较差时，相对于传统农业的规模化经营（创业类型Ⅰ），创业农户更倾向于选择改造传统农业（创业类型Ⅱ）。当 X_3 每增加一单位时，选择创业类型Ⅱ的比率会增加 1.846 6（2.846 6−1）。X_5 每增加一单位时，选择创业类型Ⅱ的比率会增加 1.267 3（2.267 3−1）。X_2、X_6 的 OR 值小于 1，说明当政府的政策支持和公共服务较差时，农户选择改造传统农业的概率会降低，且公共服务的不完善程度对其降低的概率会更大（因为 0.626 4>0.500 2）。

同理，分析当 Y_1=3 时，只有 X_7 的系数显著，说明选择专业化生产时只有技术壁垒的影响显著。且 X_7 的 OR 系数数值大于 1，说明技术壁垒比较强的时候，相对于传统农业的规模化经营，农户选择创业模式Ⅲ的概率会增加 0.691 8。

当 Y_1=4 时，X_2、X_6、X_7 的系数显著，其中 X_2、X_6 的 OR 值小于 1，说明政策支

持比较小、对公共服务不满意的时候，农户选择开展新业务（创业类型Ⅳ）的概率会降低，X_7 的 OR 值大于 1，说明技术壁垒较强的时候，农户选择开展新业务的概率会增加，且技术壁垒变量每增加一单位，农户选择创业类型Ⅳ的比率增加 0.381 9。

当 Y_1=5 时，X_4、X_5 的系数显著，其中 X_4 的系数小于 1，说明创业氛围越弱，选择成立新组织（创业类型Ⅴ）的比率更小，且创业氛围变量每减弱一单位，选择创业类型Ⅴ的比率降低 0.405 4。X_5 的 OR 值大于 1，说明基础设施变量每变差一单位，选择创业类型Ⅴ的比例增加 1.103 6。可能原因在于成立新组织，对基础设施的依赖性没有那么强，这也反映出传统农业的规模化经营对基础设施的依赖性很强。

（2）创业环境对农户选择创业形式的影响分析。

分析表 6-8，当 Y_2=2 时，X_5、X_6、X_7 的回归系数显著，其中 X_6 的 OR 值小于 1，说明公共服务变量每增加一单位，即公共服务供给减少时，农户选择私营创业形式Ⅱ的概率会降低 0.387 4。X_5、X_7 的系数大于 1，说明基础设施变量和技术壁垒变量每增加一单位，即基础实施变差或技术壁垒变强时，农户选择私营创业形式的概率会相应的增加 0.798 4、0.261 9，基础设施对农户选择私营创业形式的影响更大。可能原因在于，农户可以通过私营的组织力量扩大来抵抗基础设施不足对创业活动的制约。

当 Y_2=3 时，所有解释变量对被解释变量均不存在显著影响，但常数项在 1% 的显著性水平下是显著的。通过分析调查问卷，选取股份制合作创业形式的农户大多都是自有资本充足（一般为 10 万元以上）、人力资本水平较高（一般为大专以上学历）、有较长时间的打工经历（一般为两年以上），说明选取股份制合作创业形式的农户更多受到自身特征因素的影响，而较少受到创业环境的影响。

当 Y_2=4 时，X_1、X_2、X_3、X_5、X_8 变量的 OR 值显著，其中 X_1、X_8 的 OR 值小于 1，说明当政府服务和法律保障变量每增加一单位，即政府的服务和法律保障变差时，农户选择承包经营的创业模式概率会降低，主要在于这两个维度的软环境变量对维护契约的稳定性至关重要。对农户而言，承包经营的对象主要为农村土地，农地产权的不明晰和流转契约的口头形式致使政府的服务和法律保障对承包经营的创业模式至关重要。

当 Y_2=5 时，所有的解释变量对被解释变量均无显著影响，说明选择租赁经营方式的农户更多地受到自身特征因素的影响，而较少受到创业环境的影响。

4. 研究结论

根据实证结果的分析可得到如下结论。

第一，创业环境对农户选择创业行业有显著影响。除了政府服务因素和法律服务因素外，其余创业环境维度对创业领域选择均有重要影响。总体上，政策支持、基础设施、公共服务、技术壁垒更为重要。当金融支持力度大、基础设施较为完善时，农户会倾向选择改造传统农业。可能原因在于，对传统农业的改造主要是通过采用新的技术进行现代农业的经营，其中需要大量的固定资产投资，因此对金融服务的要求较高；同时，现代农业技术的采用，需要以完善的基础设施为前提，尤其是生产性的基础设施；此外，考虑这类创业主体多具有较高学历和城市生活经历，所以对生活性基础设施的要求也较高。当技术壁垒较高时，农户会增加选择进行专业化生产和开展新业务的倾向，从创业的三要素——人力、资金和技术来考察，当一个行业的技术要求较高时，可以通过提高资本的有机构成，解决技术不足难题，如有些农户，通过购置大量的专业性农用机械，成立农机合作社进行农业的社会化服务，这是典型专业化生产和开展新业务的农户创业案例。对成立新组织，最为典型的就是农民专业合作社，基础设施的改善对农户成立新组织最为重要，因为农户之间的联合可以解决资本不足难题、分散经营风险，同时获得农业生产的规模化效应，这些内在因素影响都可以通过组织创新控制，唯独由政府提供的基础设施这一外在因素影响难以通过组织创新和契约创新控制，所以基础设施的改善对农户通过成立新组织创业影响较大。

第二，创业环境对农户选择创业形式的影响。可以看到，相对于个体经营，当农户所在地的农村基础设施有所改善时、农户所处的软性公共服务变得更好时、农户进入一个新的生产领域更加容易时，农户会更愿意选择私营经营；当农户所在地政府的运行效率更高和更加人性化时、政府对农户的支持力度增加时、农户向正规金融机构贷款更加便捷时、农户所在地区的农村基础设施有所改善时、农户所在地区的法律制度对农户的权益保障程度更高时，相对于个体经营，农户会更倾向于选择承包经营，而股份制合作经营和租赁经营主要受到农户自身特征的影响。

（二）金融约束与农户创业行为选择

2013年中央一号文件和党的十八大报告都明确提出，要积极培育新型农业经营主体，不断增强农村经济发展活力，而农户创业则是发展新型农业经营主体的重要途径。创业资金的血脉，对农户创业依然至关重要。从整体来看，近年来，虽然农民收入保持持续增长，但是农民的收入和积蓄仍主要集中在衣、食、住、行等基本生活开支，以及教育、医疗、养老等必需支出，这导致农民的资金积累较少，并呈现出明显的"贫困累积循环"现象，因此其进行创业所需的资金就很难得到满足。农户创业的资金主要来自民间借贷和金融机构。而金融机构又是农户最直接、有效的资金来源。但是由于农户的创业本身具有很高的风险性，且农户本身缺乏抵押物自身抗风险能力较差。正规金融机构出于自身的利益往往会对农户创业的项目"慎贷"和"惜贷"。因此，就积极培育新型农业经营主体而言，当前我们应关注的焦点是努力改革农村金融制度，尽可能消除人为因素和制度障碍，引导正规金融机构切实服务于"三农",以满足农户创业的资金需求,推动农户创业活动。

金融支持对农户创业影响的逐步加深引起了学术界的广泛关注。农户之所以会向非正规金融机构寻求资金支持,是因为农户无法通过正规金融机构获取贷款(张胜林等,2002)。因此,我国应不断完善农户创业的融资体系,加大对创业农户的金融支持(郭军盈,2006),不断降低农户创业的信贷约束(韩俊和崔传义,2008;肖华芳和包晓岚,2011),尤其是省级以上的政府机构应出台相关的融资支持政策加以配合(吴昌华等,2008)。因为创业农户最期望获得的资金扶持就是政府提供给创业者的风险补偿优惠政策(罗明忠,2012)。

根据上述研究可得,明确有效的金融支持对农户创业意义重大。分析金融约束对农户创业的影响,并提出一定的对策建议,当区域差异性较大时,新的时代背景下,金融体系也在不断创新与完善,农户的创业融资需求日益呈现多样化、个性化特点。基于此,本章在现有研究成果之上,采用计量实证方法,重点研究农户创业与金融支持之间的相互关系及影响,探索二者的内在联系,探讨金融支持对农户创业的必要性及其有效实现路径,以期活跃农户创业活动,并帮助其取得较好的经济效益与社会效益。

1. 金融约束下的农户创业行为

农户经济行为特征是农户决策的基础。根据"舒尔茨-波普金命题",农户是理性个体,农户会综合其自有资本情况、所处的金融环境、对未来风险和收益的预期进行利己判断,从而决定是否为创业而借贷融资。当农户迫于就业压力形成了创业意向,或者是想提高生活水平时,又或者是在外部因素的作用下,如环境的诱导、其他创业主体的成功示范,但由于缺乏资金,在权衡风险和收益之下,农户会通过借贷来解决资金短缺问题。在农村剩余劳动力广泛存在的背景下,农户创业活跃指数将攀升,这就会对金融支持的需求更强烈。农户创业活动的金融需求及金融供给曲线具体如图 7-3 所示。

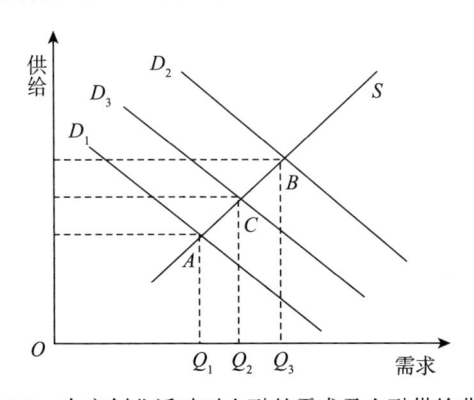

图 7-3 农户创业活动对金融的需求及金融供给曲线

如图 7-3 所示，在农户创业活动初期，创业农户对金融的需求由 D_1 表示，金融供给曲线由 S 表示，二者相交于均衡点 A。当创业农户人数增加时，会对金融产生更多需求，这时需求曲线由 D_1 移动到 D_2 位置，并与供给曲线 S 相交于新的均衡点 B。但现实中往往存在贷款门槛高、供需结构不合理、贷款减值风险过高等因素，致使正规金融机构对农户创业行为产生金融约束。因此，实际上 D_1 仅移动至 D_3 位置，也就是说金融约束抑制了创业农户的借贷需求，进一步将阻碍农户创业行为，此时便出现了市场失灵现象。这一结论正符合肖华芳和包晓岚（2011）所提出的观点：正规金融缺失造成金融约束对农户创业行为的消极影响。

由此可得，当农户创业对金融支持的需求增加时，政府就应当优化配置金融行业资源集中到金融供给方面，通过政府支持及相关政策努力克服农户创业过程中的信贷约束，以消除市场失灵带来的负面作用，以达到资金资源配置的帕累托改进。在这样的情况下，如果政府没有进行合理的支持与引导，农户群体创业的积极性会下降，进而影响到整个国民经济的活力。基于此，提出以下假设。

H_1：金融约束将抑制农户创业行为选择，约束程度越高对农户选择创业的阻碍越大。

H_2：完善的信贷市场和充分的创业信贷支持将有利于促进创业的产生和成长。

2. 实证分析

（1）模型、变量和数据来源说明。考虑到传统经济计量方法不足以解释变量之间的动态联系的问题，所以本章拟采用非结构性方法来建立各变量间的关系模型，即 VAR 模型。

VAR 模型的一般表达式为

$$Y_t = C + \Phi_1 Y_{t-1} + \cdots + \Phi_{p-1} Y_{t-p+1} + \Phi_p Y_{t-p} + HX_t + \varepsilon_t \quad (t=1,2,\cdots,T) \quad (7-1)$$

其中，Y_t 表示 k 维内生变量列向量，X_t 表示 d 维外生变量列向量；p 表示滞后阶数；T 表示样本总量。$k \times k$ 维矩阵 $\Phi_1, \Phi_2, \mathrm{L}, \Phi_p$ 和 $k \times d$ 维矩阵 H 是待估计的系数矩阵。ε_t 是 k 维扰动列向量，相互之间可以同期相关，但不能与自身滞后期相关，且不能与等式右边的变量相关。

与以往研究以农民个人作为基本单位进行创业分析不同，本章选择以农户家庭为基本决策单位。这与大多数学者所持有的观点是一致的。原因在于：在我国广大农村地区，各类活动的开展主要以家庭为主，农民的生产经营行为也都是围绕家庭这一基本单位进行的。农户开始创业活动的资金来源主要是家庭的自有资金，并且农户需要通过贷款来获得金融支持时，家庭财产（如房屋等）都是进行抵押担保的重要资产（黄宗智，1992；刘杰和郑风田，2011）。考虑到数据的可得性，本章参考了前人的研究成果（韦吉飞和李录堂，2010；古家军和谢凤华，2012），选取了农村私营企业投资者人数和农村个体户创业者人数之和作为农户创业的指标（NC）。该数值越大，表明创业人数越多，这在一定程度上能反映出农户创业的活跃度。鉴于农户贷款数据不易获取，所以另选农业贷款（XD）作为金融支持的主要指标。其中，农业贷款是指金融机构为满足农业生产的需要，提供给从事农业生产经营（包括农、林、牧、副、渔、工商业经营）的个人与企业的贷款。该数据能较好地反映出金融机构对农户创业活动的支持程度。

对变量取自然对数来消除异方差，分别用 ln NC、ln XD 表示。鉴于1992年是深化改革开放的转折点，农村私营企业和个体户从这一年开始活跃。因此，本章选取1992~2011年的数据作为样本，数据来源于《中国统计年鉴》和 Augmented Dickey-Fuller。

（2）单位根检验。为了避免伪回归问题，接下来采用 ADF 单位根检验，分别对解释变量和被解释变量进行平稳性检验。根据表7-9的结果可得，解释变量和被解释变量的 ADF 统计量均小于5%的临界值，这表明 ln NC 和 ln XD 属于平稳数列。

表 7-9 单位根检验

项目	检验形式（C, T, K）	ADF 统计量	显著性水平	P 值	稳定性
ln NC	（C, 0, 4）	−3.825 6	−3.081 0	0.012 8	平稳
ln XD	（C, T, 4）	−11.077 8	−3.759 7	0.000 0	平稳

注：C 表示常数项，T 表示趋势项，K 表示滞后期

因可获得的样本数量较少，在小样本条件下，最大似然比检验（likelihood ratio，LR）会比赤池信息准则（Akaike information criterion，AIC）准则和施瓦茨准则（Schwarz information，SC）更有意义。所以本章选择 LR 检验，并确定 VAR 模型的最优滞后长度为4。使用最小二乘法估计后，输出结果如下：

$$\ln XD = 9.4739 - 0.6892 \ln XD_{t-1} + 0.2443 \ln XD_{t-2} + 0.8872 \ln XD_{t-3}$$
$$+ 0.6442 \ln XD_{t-4} - 1.9189 \ln NC_{t-1} + 1.0277 \ln NC_{t-2}$$
$$- 1.3044 \ln NC_{t-3} + 0.9764 \ln NC_{t-4} + e_{1t} \quad (7-2)$$

$$\ln NC = 0.9462 + 0.1453 \ln XD_{t-1} + 0.1785 \ln XD_{t-2} - 0.0523 \ln XD_{t-3}$$
$$- 0.2870 \ln XD_{t-4} + 1.6236 \ln NC_{t-1} - 0.9035 \ln NC_{t-2}$$
$$+ 0.6587 \ln NC_{t-3} - 0.4904 \ln NC_{t-4} + e_{2t} \quad (7-3)$$

VAR（4）模型各参数的 t 统计量均显著，且方程（7-2）和方程（7-3）的拟合优度分别为 $R^2 \ln XD = 0.9939$，$R^2 \ln NC = 0.9553$，方程的整体拟合度较高。

从方程（7-2）和方程（7-3）可以得出，ln XD 与自身的滞后值有较大联系，且逐渐增强，在第三期达到最大，并且受到 ln NC 长期持续的影响。ln NC 主要与自身的滞后值有较大的联系，第一期影响影响最大，后逐渐减弱，并受 ln XD 的第二期影响较大。

（3）Johansen 协整检验。为验证被解释变量与解释变量间相互间的长期动态关系，本章采用 Johansen 协整检验方法，检验结果如表 7-10 所示。

表 7-10 各变量间的 Johansen 协整检验结果

零假设：协整方程数目	迹检验 统计量	5%临界值	Pro.*	最大特征值检验 统计量	5%临界值	Prob.*
None	18.558 4	15.494 7	0.016 7	18.455 1	14.264 6	0.010 3
At most 1	0.103 35	3.841 47	0.747 8	0.103 35	3.841 47	0.747 8

Pro.*表示在 10%的可能性下；None 表示没有协整关系；At most 1 表示多存在一个协整关系

由表 7-10 可得，农户创业人数 ln NC 与农业贷款 ln XD 之间存在协整关系，且长期协整方程如下：

$$EC_t = \ln NC_t + 0.349\ 5\ \ln XD_t \tag{7-4}$$

式（7-4）反映出，1992~2011 年，上述变量之间存在长期均衡关系，即贷款人数与农户创业活跃度正相关。

（4）Granger 因果检验。本章采用 Granger 因果检验来检验变量之间的因果关系，结果见表 7-11。Granger 因果关系检验和逻辑意义上的因果关系有所不同，它主要是衡量一个变量对另一个变量具有的延期影响。Granger 因果关系检验有助于发现变量之间特有的动态影响，也有利于提高模型的预测效果。

表 7-11 Granger 因果关系

零假设	样本量	F-Statistic	P 值	是否接受
ln NC 不是 ln XD 的 Granger 原因	16	16.155 7	0.001 2	拒绝
ln XD 不是 ln NC 的 Granger 原因		2.106 62	0.183 3	接受

如表 7-11 所示，其中，ln NC 是 ln XD 的 Granger 原因，说明随着农户创业积极性的提高，农户创业人数增长，由此也会对农业贷款产生更多需求。而 ln XD 不是 ln NC 的 Granger 原因，则表明制度、法律、环境等要素不完善，再加上农村社会保障体系滞后，农户对风险总会持有惧怕心理。因此，仅单纯增大农业贷款的数量，是不足以刺激农户产生创业动机的。

（5）脉冲响应分析。Granger 因果关系检验仅能说明变量间的因果关系，但不能反映出这种关系的影响程度大小。所以本章采用广义脉冲响应函数来进一步说明解释变量和被解释变量之间的相互影响程度。

脉冲响应分析结果（图 7-4~图 7-7）所示，ln XD 和 ln NC 均受自身影响较大，均与其自身的滞后值有很大的关联。而 ln XD 受到 ln NC 的结构冲击后，经过短期波动调整于第四期开始呈稳定的正相关关系。

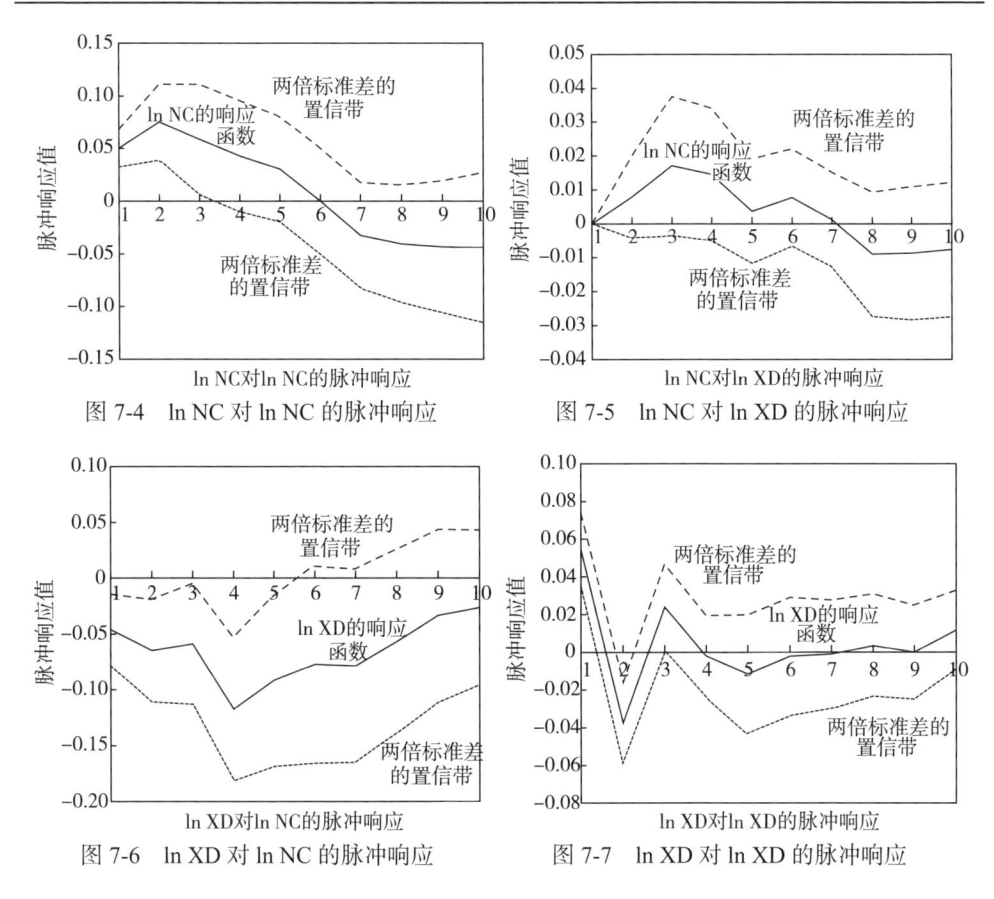

图 7-4　ln NC 对 ln NC 的脉冲响应　　　　图 7-5　ln NC 对 ln XD 的脉冲响应

图 7-6　ln XD 对 ln NC 的脉冲响应　　　　图 7-7　ln XD 对 ln XD 的脉冲响应

3. 研究结论

通过前文的 VAR 模型、Granger 因果关系检验、脉冲响应函数分析等实证研究方法，得到以下结论：农户创业行为与农业贷款之间存在长期正相关关系。这说明农户创业活动对金融支持的需求强烈。一方面，金融支持对农户创业活动具有正向促进作用，优良的金融支持环境将有助于农户创业行为的发生。这一结论也验证了本章之前提出的研究假设。另一方面，金融约束又会抑制农户的创业热情，影响农户创业行为的选择，大大降低农户的创业活跃度。此外，农户创业行为和农业贷款还受到其自身滞后期较为显著的影响，而这一结果与中国现阶段的国情是基本符合的。

（三）社会网络与农户创业行为选择

始于 1978 年的中国农村经济改革，为私营经济在中国的重新发展提供了历史前提和现实条件；采取商品经济运行方式的私营经济弥补了单一公有制经济运行的低效率，为中国农村经济发展注入了新的活力（刘文璞等，1989）。住户中外出农民工 12 584 万人，比 2010 年增加 320 万人，增长 2.6%；近年来，劳动力市场的分层性、城乡分割的社会保障制度和户籍管理制度增加了劳动力外出的社会成本、心理成本；劳务输出地投资环境的改善和输入地市场竞争的日益凸显，加大了劳动力外出的机会成本；外出务工人员对输出地和输入的投资成本和效益进行比较后更多地开始返乡创业（刘光明和宋洪远，2002）。在此背景下，有外出务工经历的农户的创业行为更为活跃。农户外出务工经历给予了他们丰富的社会网络，与普通农户相比，他们拥有更多的异质性弱连带社会网络、网络的规模更大（高静等，2012）。社会网络是创业者最常用的获取外部信息和资源的平台（李文金等，2012）。它的首要价值就表现在信息功能上，即社会网络对解决信息不对称，尤其是网络成员间分享非公开信息方面具有促进作用（黄晓勇等，2012）。创业者社会网络获取到信息的异质性决定了机会识别的随机性和多样性（杨俊和张玉利，2004）。蒋剑勇和郭红东（2012）的研究发现影响农户做出创业决策的三大因素包括创业榜样、先前创业经历和经验与社会网络支持。创业农户个人积累的社会网络规模越大，嵌入网络中的资源就越丰富，就越有机会从中享受低成本优势，或者是得到通过市场途径难以实现的整个资源。创业者可以利用强关系网络提高资源获取的效率，利用强关系网络撬动其他网络资源来获取创业所需的资源，提高创建新企业的成功率。例如，对返乡农民工创业来说，弱关系网络在一定程度上能够帮助其获得政府支持。所以返乡农民工扩大自己的社交网络，善用社会关系网络中的各类资源，从而帮助其获得政府支持。

1. 数据来源及变量测量

本部分的数据来源于本项目调查问卷。本章将所有的变量分为三类，即个体特征、社会网络、创业选择。个体特征：农户的个体特征是影响农户创业行为的最直接的因素，本章选取年龄、政治面貌、受教育程度三个指标进行衡量。社会网络：根据第四专题对创业农户社会网络的描述，将其分为强连带社会网络与弱连带社会网络构成的社会资本总和，本章依然选择上述分类标准，从强、弱社会网络的视角分析创业对农户创业行为的选择；创业选择：本章采用农户的创业行业选择、创业形式选择等来分析农户的创业决策。三类变量的定义及赋值如表 7-12 所示。需要说明的是，创业行业、创业形式的界定与前所述，有所差异，对创业行业选择，该模型中将"创业类型 I"（传统农业的规模化经营）定义为 1，其余创业类型定义为 2，主要是因为其他几种类型中都包含创新性因素，与传统的规模化经营相比，这类创业形式的创新性主要包括组织创新、要素创新、领域创新等，预期会获得更多的创业绩效。创业形式中，将"个体"创业形式赋值为 1，其余赋值为 2，主要如下：从公司组织管理角度分析，个体形式的创业组织结构最为简单，经营方式灵活，但管理的专业化水平也受到限制，现代化特点较弱，其余四种方式都具有一定的现代公司管理的特征。

表 7-12 社会网络与农户创业行为的相关变量界定与赋值（$n=518$）

变量		符号	变量赋值
创业行业选择		Y_1	传统农业的规模化经营=1；建立新产业、专业化生产、开展新业务、建立新组织=2
创业形式选择		Y_2	个体=1；私营、股份制合作、承包、租赁=2
强连带程度	联系亲戚朋友的数量	X_1	5人之下=1，5~10人=2，11~15人=3，16~20人=4，21人以上=5
	联系频率	X_2	几乎不=1，偶尔=2，一般=3，有时=4，经常=5
	创业者在当地的人缘关系	X_3	差=1，较差=2，一般=3，较好=4，好=5
弱连带程度	联系熟人的数量	X_4	5人之下=1，5~10人=2，11~15人=3，16~20人=4，21人以上=5
	联系频率	X_5	几乎不=1，偶尔=2，一般=3，有时=4，经常=5
	是否外出务工	X_6	是=1，否=0
	外出务工时间	X_7	1年以下=1，1~2年=2，3~5年=3，5~10年=4，10年以上=5
	年龄	A_1	30岁以下=1；31~40岁=2；41岁以上=3
	政治面貌	A_2	中共党员=1；非党员=0
	受教育程度	A_3	小学及以下=1；初中=2；高中=3；大中专及以上=4

2. 模型选择与构建

由于被解释变量为多分类有序变量，且解释变量均为离散型数据，所以拟采用有序 Probit 模型进行研究，该模型的数学表达式如下。

Y_k 表示在 $\{1,2,L,m\}$ 上取值的有序响应，其基本形式如下：

$$Y_k^* = X_k'\beta + \varepsilon_k, E\left[\varepsilon_k | X_k\right] = 0, \varepsilon_k \in \left(0, \delta_k^2\right) \quad (7\text{-}5)$$

$$\text{Pro.}\left(Y=1 | X_k'\right) = \text{Pro.}\left(X_k'\beta + \varepsilon_k \leq \alpha_1 | X_k'\right) = \varphi\left(\frac{\alpha_1 - X_k'\beta}{\alpha_k}\right) \quad (7\text{-}6)$$

$$\text{Pro.}\left(Y=2 | X_k'\right) = \text{Pro.}\left(\alpha_1 < X_k'\beta + \varepsilon_k \leq \alpha_2 | X_k'\right)$$

$$= \varphi\left(\frac{\alpha_2 - X_k'\beta}{\delta_k}\right) - \varphi\left(\frac{\alpha_1 - X_k'\beta}{\delta_k}\right) \quad (7\text{-}7)$$

持续迭代后，可得

$$\text{Pro.}\left(Y=m-1 | X_k'\right) = \text{Pro.}\left(\alpha_{m-1} < X_k'\beta + \varepsilon_k \leq \alpha_m < X_k'\right)$$

$$= \varphi\left(\frac{\alpha_m - X_k'\beta}{\delta_k}\right) - \varphi\left(\frac{\alpha_{m-1} - X_k'\beta}{\delta_k}\right) \quad (7\text{-}8)$$

$$\text{Pro.}\left(Y=m | X_k'\right) = \text{Pro.}\left(X_k'\beta + \varepsilon_k > \alpha_m | X_k'\right) = 1 - \varphi\left(\frac{\alpha_m - X_k'\beta}{\delta_k}\right) \quad (7\text{-}9)$$

其中，Y_k^* 表示一个不可观测的潜在变量，Y_k 表示可观测变量；X_k 表示自变量，

$k(k=1,2,\cdots,n)$ 表示观察值数；β 表示待估计参数变量；ε_k 表示随机解释变量，δ_k^2 是 ε_k 的方差；m 是状态函数；$a_i(i=1,2,\cdots,m)$ 表示区间分界点；φ 是标准正态累计分布函数。

3. 实证结果分析

采用多元有序 Probit 模型依次对农户创业行业选择、农户创业形式选择等因变量进行回归估计，剔除参数估计结果不显著的自变量后，输出结果如表 7-13 所示。

表 7-13 影响农户创业行为的 Probit 模型估计结果（$n=518$）

	变量	Y_1（模型 I）	Y_2（模型 II）
X_1	联系亲戚朋友的数量	−0.123 5**	—
X_2	联系频率	−0.256 4*	—
X_3	创业者在当地的人缘关系	—	0.121 6**
X_4	联系熟人的数量	0.132 1***	0.621 8***
X_5	联系频率	—	0.012 8*
X_6	是否外出务工	0.425 7***	0.317 8***
X_7	外出务工时间	0.098 1**	0.357 0**
A_1	年龄	−0.105 7**	−0.086 9**
A_2	政治面貌	—	0.002 1*
A_3	受教育程度	0.325 9***	0.416 0***
	最大似然比	−148.00**	−169.20***
	伪 R^2	0.153	0.182

*、**、***分别表示在 10%、5%、1%水平下显著

根据以上计量结果，两个模型总体上统计显著，社会强、弱连带网络从不同侧面影响农户创业行为。

模型 I 分析了影响农户创业行业选择的主要因素，从表 7-13 的实证结果可以看出：强连带社会网络中 X_1、X_2 通过了 5%和 10%的显著性水平检验，且符号为负，说明创业农户中联系亲戚朋友的数量越多、频率越大，则农户选择具有一定创新性的创业行业概率越低，反之，强连带的社会网络有助于农户进行传统农业的规模化经营模式的创业选择。可能原因在于，农户的强连带网络成员主要是世代务农的普通农户，思想相对封闭落后，但传统种养业技术经验丰富，所以可以通过增加劳动力或扩大土地规模的形式，进行规模化经营；弱连带的社会网络中 X_4、X_6 通过了 1%的显著性水平检验，X_7 通过了 5%的显著性水平检验，且符号均为正，说明弱连带社会网络的规模较大、有外出务工经历且务工时间较长者，倾向于选择具有一定创新性的创业形式，但 X_5 未通过检验，说明弱连带网络的频率对创业形式选择不重要，与张玉利等（2008）、黄洁和买忆娱（2011）的研究结论吻合。农户获取弱连带的社会网络，主要在于网络的规模大小，而频率高低并不

重要，从 Burt（1992）的"结构洞"理论分析，弱连带网络的异质性能够给网络节点主体带来更多的结构洞，可以获取更多的新鲜信息，从而发现具有创新性的机会，进而通过创业机会的开发利用，开创具有一定创新性的创业行业；在人口学控制变量中，A_1、A_3通过了显著性水平检验，其中A_1符号为负，A_3符号为正，说明年龄越小、受教育程度越高的人，越倾向于选择具有一定创新性的创业领域。主要在于创新性领域具有一定的专业门槛，同时具有较高风险。

模型 II 分析了影响农户创业形式选择的主要因素，从表 7-13 的实证结果可以看出，强连带社会网络中仅X_3通过了显著性检验，符号为正，而X_1、X_2没有通过，总体而言，强连带的社会网络对农户创业形式选择影响较小，可能原因在于农户的强连带交往主要是指出于农村礼节习俗之间的交往，他们交流的内容与创业关系不大、交流的时间和形式也是固定的，所以对创业的形式选择没有较大影响；强连带的社会网络中，均通过显著性检验，且X_4的系数最大，说明弱连带社会网络的规模越大，创业农户越倾向于选择具有现代化公司形式的创业形式，反之，则会选择个人形式，可能原因在于，农户的弱连带社会网络群体的网络地位和网络层次较高，他们会拥有更多的社会资本和新鲜信息，所以创业农户能够有更多机会学习现代经营管理知识，所以倾向于选择合作、股份、私营形式的创业模式。人口学变量中，均通过显著性检验，其中，A_1符号为负，A_3符号为正，与模型 I 影响方向一致，原因类似，不同的是，党员身份有助于选择具有现代管理模式创业形式。

三、多维因素下农户创业参与的典型模式

目前，国内学者给出了一些关于创业模式的描述性定义，但是对创业参与模式没有给出明确的定义。本章将创业参与模式界定为创业者依靠自身创业禀赋在一定的创业环境中利用自身或社会创业资源参与创业的一种方式。由此可以看出，创业参与模式的选择既受到来自微观层面的创业者禀赋及资源的影响，也受到来自宏观层面的创业环境和创业资源的影响。本节将通过案例分析的方式从不同维度对具有代表性的农民参与创业的典型模式进行阐述。

（一）以农户个体为主的创业参与模式

以农户个体为主的创业参与模式是指农户在自身创业素质和条件达到一定水平的前提下，通过市场引导，采用模仿和创新等方式，建立公司或其他经济组织，

这其中也包括小商小贩等各种创意创业项目。在创业初期，创业者采用外出打工、经营小本生意（个体或家庭商贩经济）来完成相关的经验和资本原始积累。在这种模式下，经营实体具有经营方式灵活的优点，能对市场需求变化做出及时应对。所以市场供需变化而造成的商品销路不畅的情况也较少。创业者初期的资本来源主要包括个人积累、亲缘关系和银行小额信贷等方式。

【案例7-1】浙江省丽水市缙云县农家休闲山庄。

（1）创业背景。浙江省丽水市缙云县舒洪镇的樊正勇原是农技站的工作人员，后来受到当地撤区并乡建镇政策的影响他丢掉了"铁饭碗"，20岁出头的他受到了很大的打击，但是又不得不回家务农。在沉默了一阵子之后，不甘于当一辈子农民的他，在父亲的帮助下到一家建筑公司当了一名学徒，从此跨进建筑行业。

（2）创业过程。到了建筑公司，樊正勇便踏上了一条艰苦的创业之路。在整个创业过程中，他不怕苦不怕累，任劳任怨，在经历苦难和艰辛之后，他终于成为公司里技艺出众的砌筑工，渐渐学会了施工、设计、管理，也成为师傅最得意的弟子。2003年一次偶然的机会，自己老家有个新农村改造工程，樊正勇手里也积累的一点资金，这个时候还没有成家，一个人可以放开手去拼搏。樊正勇果断地成立了自己的建筑队——"正勇建筑队"。正是凭着精湛的技术和为人诚恳，他的第一个工程小获丰收，获得了创业的第一桶金15万元。随着公司经营的成熟和社会主义新农村建设的推进，他的事业如履平地，一路顺畅。经过几年的打拼，他成为当地知名的建筑老板。欲穷千里步，更上一层楼。就在当地国家4A级风景区打造的时候，樊正勇凭着敏锐的眼光捕捉到乡村旅游将成为假日经济的主导消费。2006年，他租地15亩，加上自己家的果园，在近30亩的土地上一步步实现他办休闲庄的梦。种橘树，配绿化，建房子，经过一年的努力，投资近50万元，小桥流水，假山瀑布，榭亭廊桥，环境优美的农家休闲庄呈现在我们眼前。休闲山庄热情的服务、优美的环境、地道的农家菜引来了许多客人。仅2008年旅游旺季，一个月接待各地游客就达两万多人，创收近20万元，同时还为当地40多人解决就业问题，获得的良好的社会效益和经济绩效。

从樊正勇的致富故事中，我们可体会到不少道理。古往今来，凡事业有成者，不外乎有两种东西是能够说明其本质特点的，其一是天分，其二是励志。相比较而言，励志更能够体现其在事业上的成就，它可以让一个人更持久地坚持自己的志向，克服重重困难，适应多种环境。一位普通而又不凡的人，只有加倍努力，不惧艰苦才能实现自己的理想、自己的目标。

（3）案例剖析。案例7-1中，樊正勇选择的创业领域主要有两个，一个是非农领域的建筑业，另一个是借助国家政策契机，发展乡村旅游业。创业的形式从个体到成立私人企业，日益成熟和规范化。分析创业主体樊正勇，从外出打工进行技术积累，成立建筑队进行资本积累，到最后开办休闲山庄过程中有着敏锐的市场意识，机会识别能力较强，与普通农户相比，他的创业者个人特质主要表现为敏锐的市场意识，创业过程中所需的资金、技术等相关资源都是农民个体通过外出打工、个体经营等方式进行原始积累。同时，农民创业的意愿更多的是依靠创业者自身所具备的禀赋，如胆量、创业意识等，没有来自相关成员的鼓励和政府的政策支持，创业禀赋在这种创业参与模式下起到主导作用；再考察创业环境，可以说是乘着政策的东风，进行第二次创业的成功转型；再考察社会网网络，强、弱连带的社会网络都起到了积极作用，基于外地工程经验获得的技术积累进行了第一次建筑业创业，基于家乡亲朋好友的强连带社会网络获得了资金、土地等创业要素支持。正是靠着良好的个人创业素质、优良的创业环境和丰富的社会网络资源，樊正勇走出了一条不断创业、不断升级创业的成功创业路。

（二）政府引导下的农户创业参与模式

政府引导下的农户创业参与模式是指农户在政府提供相关市场信息、资金支持、政策扶持等条件下结合自身优势开展创业活动。在创业初期，政府提供市场需求信息，必要时提供一定的资金支持引导农民创业行为向相关方面发展。从整个创业活动来看，政府只起到了辅助作用，农民要想取得成功必须依靠自身力量。在这种模式下，因为政府把了解到的市场信息无偿提供给农民，有创业意愿的农民依靠这些信息进行创业，风险相对较小。他们的资金来源除了通过个人积累、亲缘关系和银行小额信贷等方式外，可能还包括政府的支持。

【案例 7-2】重庆万州梨湖园休闲庄。

（1）创业背景。重庆市万州区高梁镇的张贵华是一位普通的残疾农妇。2004年的一场大病花掉了她家用于改造房屋的积蓄，同时左脚因此落下残疾，行动不便，这对这个祖祖辈辈靠种地为生的农家人来说无疑是一场灾难。但是天性好强的她没有就此失去信心，她坚信只要努力，依靠现在国家的好政策，就一定有致富的一天。

2005 年，她所在的高梁镇被确定为万州区第二批社会主义新农村建设示范镇，对道路、水利等基础设施进行了大力改造，对土地也进行了大规模整理，还修建了 120 多户农民的聚居点，村貌焕然一新。在政府的大力支持下，依托当地梨子产业，举办梨花节，发展旅游观光业。2006 年和 2007 年当地梨花节，吸引了成千上万客人来到此地游玩，车子停了 20 多里（1 里=0.5 千米），当地人随地摆摊，每天也能收入上百元，精明的外地人还到当地租用房子办农家乐，一季下来要赚几万元，她由此看到了商机。在镇政府的大力宣传及引导下，她和家人都坐不住了，开了一个家庭会之后决定响应政府的号召创办农家乐。一家人便开始了轰轰烈烈的创业路。

（2）创业过程。2007年10月她和家人就开始了紧张繁忙的筹备工作，首先是选址，利用在大林镇翠湖梨乡风景区梨花大道旁一个废弃的5亩多的池塘，其周边已经种满了梨树，距梨花大道仅60米，地理位置优越，环境优美，同时还在镇政府的协调下向邻村村民租了20亩地。其次是规划设计，为了符合镇政府打造4A级国家旅游风景区的总体规划和要求，所修建的休闲庄必须符合以汉代风貌为主体，充分利用梨子这个主导产业和池塘这个独特景观，修建一个集休闲旅游、观光娱乐、垂钓于一体的高规格、上档次的大型休闲庄，为此政府还为其邀请园林设计院专家帮忙设计房屋、走廊，打造假山、喷泉、绿化园林等，给游客耳目一新的感觉，后来得到了游客的普遍好评。最后是资金筹措，修建一个较大型的休闲庄，资金的确是一大难题，初步预计投入40万元。政府在得知消息后主动联合当地农村信用社帮助张贵华解决资金问题，提供了修建大型休闲山庄的大部分资金，同时张贵华也通过自己的亲朋好友筹了几万元，成功地解决了创业过程中遇到的困难。

当然，在休闲山庄修建工程中也遇到不少难题，不过张贵华最终依靠自己的智慧一个一个破解了。例如，预算的工程造价，如砖、水泥、河沙、钢筋等价格成倍增长，工程队工人的工资也翻了一番，张贵华始终没有泄气，只得坚持再坚持，由于2008年年初的雪灾，工程队无法施工，工程进度十分缓慢，眼看都要到春节了，工程还有一小半没有落实，完不了工，许多后续工作都受到影响。春节后，马上就到3月了，梨花节就要开始了，她只有向施工队老板苦苦哀求，请他们加快施工进度，最终在临近春节时基本完工，她们一家总算松了一口气。房屋修建基本完工后，又遇到了一个难题，那就是装修的费用，购买厨具、附属设施的建设预算超过了14万元。屋漏偏逢连夜雨，但她始终坚信：世上无难事，只怕有心人，对许多工程（如绿化），她和家人通过自己动手来减少成本。

通过张贵华和家人春节的紧张忙碌工作，"梨湖园休闲庄"终于在2009年3月开张。梨花节时期，参观游玩的外地客人川流不息，每天有上万人，周末的时候可达几万人，甚至几十万人，休闲庄的生意也异常得好。一个不大的休闲山庄带动了当地几十个人的就业，同时在政府的指导下，加强培训，不断改进服务质量。服务质量的提升也给他们带来了可观的收入，一般情况下每天的营业收入几千元，生意好的时候，可达一万元，每个月发工资总额近两万元。在访谈过程中，她说到感谢党委政府给了她创业的机会和条件，让农民通过自己辛苦劳动，找到一项较稳定的经济收入，这也是对新农村建设做出应有的贡献。

回顾过去，创业是多么艰难，展望未来，他们始终充满信心；坚信有党的正确指导，有政府的大力支持，特别是大林镇在打造4A级国家旅游风景区，新农村发展大有希望，农民建设家园、增加经济收入大有前途，农民将倍加珍惜这来之不易的发展机遇，把梨湖园休闲庄办得更好、更出色，带动其他农民都来创业，不断增加经济收入，促进农村经济社会又快又好地发展。

（3）案例分析。在本案例中，张贵华一家在政府相关优惠政策的引导下，自筹资金，修建农家乐，充分利用乡村旅游的市场获取经济收入。在整个创业过程中，政府起到了引导和辅助作用。她们这种创业属于典型的在政府引导下农户参与创业的模式。在该模式下政府利用相关的政策引导和一定的资金支持为农民创业创造创业环境和创业条件，有创业意识的农户则发挥自身的创业禀赋充分利用市场机会筹措资金借助政府给予的优惠条件进行创业。在此过程中，政府为农民创业营造了一个良好的外部环境，提供了一定的创业资源，作为创业者的创业禀赋也发挥了十分重要的作用，但在农户个体为主的创业参与模式中农民禀赋重要程度有所减弱。政府引导下农户参与创业模式得益于政府职能的转变，在现行条件下是一种常见的创业模式，这样做不仅增加了农民收入，也为当地的经济发展增添了活力。

（三）"农户+社会动员"创业参与模式

"农户+社会动员"农户创业参与模式也可称为经济能人带动创业，这种创业模式十分普遍。在该模式下，首先，经济能人先充分整合与创业活动有关的经济资源；其次，带领自己创业团队展开示范创业活动，并将创业成功经验进行推广；最后，全面引导农民进行共同创业。

该创业模式成功与否取决于经济能人的个人禀赋条件，包括他们的经济实力、影响力和带动力、政治素养和服务观念等，在该模式发展中还有可能形成各种经济组织。

【案例7-3】河南省濮阳县清河头乡清河头村草莓生产专业合作社。

（1）创业背景。由于家庭缺乏劳动力，张淑清在1992年初中毕业之后选择了留在家里务农。同时他也深深地认识到传统的农业改变不了家庭的现状，他时刻关注着各种机会。机会是给有准备的人。因为一次偶然的机会，他接触到了草莓这种经济作物，巨大的经济效益触动了他沉睡已久的心。于是在1993年春节刚过，人们都还沉浸在节日的欢乐中，忙着走亲访友的时候，他独自骑上自行车，直奔早已获得草莓种植成功的鲁河乡，去那里取草莓致富经！当他来到鲁河乡草莓种植基地时，所有的田野里全是草莓！家家户户都种植草莓！传统农业在这里几乎不见踪影！这壮观的景象和当地人的农业观念，强烈地震撼了他的心灵，彻底让他改变了思想观念，于是他暗下决心：一定要将草莓技术学到手，把草莓也种到他们那里去。

（2）创业过程。在草莓种植初期，种植技术是必不可少的，但是对张淑清来说，还非常陌生。为了更快掌握草莓种植技术，他找到当地的种植能手刘老伯拜师学艺。历时两个月，他掌握了全套的草莓种植技术。学成将归的时候，师傅刘老伯送给了他 200 株草莓母株苗。

经过张淑清的悉心管理，草莓苗全部成活而且发出幼苗，看着生机盎然的草莓幼苗，他憧憬着美好的未来，看到了新的希望。但实际的问题也出现了，种植草莓最好采用稻莓轮作的方式，因为水稻田种植草莓有病虫害少、产量高的特点。但是在传统的水稻收割后种草莓就迟了，必须要种早稻才能确保草莓移植时间不延后，可种植早稻的亩产又比晚一些的中稻产量低 200~300 斤。

由于这明显的减产，他 60 多岁老父亲坚决反对。为了能种上草莓，他日夜劝说，又动员母亲和兄弟姐妹、亲朋好友给父亲做思想工作。后来，父亲实在受不了"疲劳轰炸"才勉强答应拿出家中下等田中的一半给他试种。即便如此，他依然坚定信心，一定要在这块来之不易的土地上做出成绩，让种了一辈子粮食的父亲看看，种草莓到底赚不赚钱。

当时种草莓对他们这个偏僻的传统农业村来说，是很容易引来异样眼光的，不少人还等着看笑话。但他始终坚信：功夫不负有心人。待到种植草莓的最佳时节，将所学的技术逐步运用到草莓种植的实际生产中，没日没夜地在田间地头操劳。

当年的夏天，第一批草莓鲜果在他的精心培育下终于成熟了，由于那时候人们只知道鲁河乡有草莓出售，所以他要卖草莓只能到 50 里外的鲁河乡去，偏偏草莓这种水果是极易损伤的，加之那时候没有安全包装，只能依靠肩挑背扛，其劳累程度一点也不亚于在田间劳作。

这种艰苦的劳动对这个刚出校园不久的学生，是难以想象的，但当他自己的辛勤努力有所收获的时候，就什么都忘记了。一年辛苦下来，除去成本，净收入竟然有 2 500 元之多，这笔收入比传统粮食种植收入高出近 10 倍，周围的群众都惊异地看着这些"黄金果"，仿佛稀世珍宝，连握着土地"大权"的父亲也连连赞叹。

后来的日子里，村里越来越多的群众纷纷开始向张淑清讨教草莓种植技术，他也倾心传授。第二年春天，又把田地里的草莓苗无偿地分送给周围愿意种植草莓的群众用于母苗繁种。村委会知道这个情况以后，给予村民大力支持，请草莓专家到田间地头做现场技术指导，开设种植技术培训班，村里掀起了种植草莓的热潮。到了 2006 年，通过大家共同的努力，全村草莓的种植面积达到 500 亩，从业人员 450 人，人均增收 3 000 元，还带动了竹编、运输等多项产业的发展。现在的清河头村已经发展成清河头乡的草莓生产大村，人们足不出户，就有草莓贩子上门来谈生意，就可以把草莓卖个好价钱，这极大地提高了群众种植经济作物的积极性。

因为带动群众种植草莓，推动了村子的经济发展，增加了人们的收入，2004 年，经群众推荐选举，张淑清当上了生产小组组长，2007 年更被选举成村委委员，分管农业经济工作。张淑清感觉到了他身上的责任感和使命感,他在内心发誓一定要做出成绩来。

随着东山地区草莓种植的时间增加,各种草莓病虫害逐渐增多,对草莓的生产、销售都造成严重负面影响。而且人们生活水平提高后,对草莓的质量也提出了更高要求。现在的农产品开始走向绿色环保、无公害和有机生产的先进道路,如何持续发展草莓生产这一富民道路,成为摆在他们面前的一个难题。

在镇党委、政府和村两委的支持帮助下,村里的草莓种植户一起成立清河头村草莓生产专业合作社,其目的就是维护广大草莓种植户的利益,加强绿色环保、无公害和有机草莓种植等各方面的培训,使村子的草莓种植能走上一个新的台阶,走上一条可持续发展的道路,为今后的草莓产业更快更好发展继续奠定坚实的基础,为建设社会主义和谐新农村继续努力!

(3)案例分析。从案例7-3中可以看出,现阶段中国农民有一种典型的创业参与模式:在一定的市场经济利益刺激下,个别农民(或称经济能人)通过自学、接受培训等方式掌握相关的技术,再结合自身条件发展相关产业,与此同时,也带动了相关群体(如村民、亲戚等)从事同样的行业,最后带动一个村、一个镇,甚至一个区域的发展。在农户创业过程中,由于发展产业的相似性也有可能建立起一定的集体组织(如合作社)。在这种模式下,个别农民具有敏锐市场洞察力,充分发挥其创业禀赋,在创业取得一定成功的基础上带动其他人员广泛参与,这是一种典型的"先富带动后富"的模式。

(四)"农户+政府+社会动员"创业参与模式

"农户+政府+社会动员"创业参与模式是指经济能人通过自己的创业活动来带领周围群众进行创业,而且在此过程中政府会给予政策上的引导和扶持的一种创业模式。在这种创业模式下成功的关键点有两个。一是经济能人的个人禀赋,即经济能人必须具备以下几点要素:能代表先进生产力、经济实力过关、政治素养高、服务观念强、影响力较大。二是政府的优惠与扶持,政府必须为经济能人带领农民创业提供各种扶持和保障。在该模式下同样会形成各种形式的经济组织,如专业合作社等。

【案例7-4】四川双流县金桥镇昆山村共同致富之路。

(1)创业背景。一提起金桥镇昆山村,几乎家喻户晓。昆山村是全国十佳小康村,被双流县县委确定为"统筹推进三个集中,推进城乡一体化,建设社会主义新农村"的综合示范区,省级社会主义新农村示范村。昆山村展现在人们面前是"生产发展、生活宽裕、乡风文明、村容整洁、管理民主"的新农村形象。老百姓过上了像城里人一样的生活。在这个先进的群体里,自然有一群带头致富人。胡守刚,就是其中一位。

（2）创业过程。首先，开拓创新求发展。2005年前的昆山村属金桥镇一个偏远的、没有区域优势的、环境十分恶劣的、村级道路不平整的、基础设施非常薄弱的一个落后村。

胡守刚，1967年出生在昆山村一个贫穷农民家庭，从懂事的那一天，就发誓要帮家里摆脱贫困。因家庭贫困，高中毕业后，就回家到乡镇企业上班。当时每月工资只有60元，虽然工资不高，但也能维持生活，而且在工作中还能学到不少经验。

2005年年初，昆山村在县委、县政府的亲切关怀和各部门的大力支持下，按照县委"35223"工作思路和"统筹三个集中，全面深入推进城乡一体化，建设社会主义新农村"的发展战略，先后在昆山村成立了昆山都市农业园区管委会和昆山农业专家大院，确定昆山村为"统筹三个集中，全面推进城乡一体化，建设社会主义新农村"综合示范区，全面推进农用地向规模经营集中，形成万亩蔬菜园区。胡守刚得知这一消息后，凭借自己的经历，回到家乡，投入5万多元购买了联合收割机，每天起早贪黑，辛勤劳作，收入大大增加，胡守刚以自己的实际行动，在为农民朋友减轻劳动负担的同时也为自己创造了财富。

在政府开放的政策下，胡守刚大胆尝试，怀揣着梦想，最早在本村投入了3万元承包土地，做起了种植花圃、苗木的生意，凭借着吃苦耐劳和虚心好学的精神，第一批种植的天竹桂在第二年全部卖出，每亩土地纯赚6000元。看着可观的收入，当地的几户农户也跟着胡守刚一起租用土地，种上了花木。为了获得更大的收益，胡守刚又扩大了规模，承包土地15亩，同时购买了微型面包车。为了掌握市场信息，还经常带着当地村民外出考察，力求选取市场前景好的品种来栽培。胡守刚在空闲之余，还组织农户学习种植技术，共同研究致富之道。在胡守刚的积极带动下，周围的村民都以他为榜样，纷纷在村里承包了土地，搞起了经济作物栽培。村民的收入增加了，日子渐渐富裕了，生活也得到了很大改善。在换届选举时，村民一致推选胡守刚为生产队队长，带领村民共同致富。

其次，依托科技创市场。2006年，在建设社会主义新农村中，胡守刚敏锐地抓住"农用地向规模经营集中"这一契机，以"抓工业的思路来抓农业，跳出农业来抓农业"的观念，详细分析了当时的市场情况及以后的发展模式，并以市场为导向创新思路，在昆山都市农业园区的虹禾物产有限公司承包了170多亩土地，以公司带动农户的模式，搞起了反承包，即把村里租给公司的土地从公司承包过来，按公司种植的需求组织村民用科学的种植技术进行蔬菜种植，所种植的产品由公司包回收。并在村党支部的带领下，应广大蔬菜种植户和营销专业户的要求，由农业科技工作者、种植业主、种植能手和营销专业户等组建成立了双流县昆山蔬菜产业协会。该协会在新品种的引进、试验、示范、栽培和标准化生产技术及营销方面起指导服务作用。在胡守刚的带领下，进一步健全了服务网络，畅通了销售渠道，促进了产品的生产和营销，为全村无公害蔬菜种植营销创造了良好环境，形成了"支部+协会""协会+业主""业主+农户"的一条龙生产营销产业化经营模式，带动昆山村农户36户种植蔬菜，带动贫困户23户脱贫，实现了"业主带农户，大户带小户、农民跟着富"的目的。胡守刚也成了村上远近闻名、让乡亲交口称赞的致富能人。

最后，创业发展富乡亲。为了让农业走向市场，让农民走向富裕，深知农村和农民的胡守刚积极想办法、出主意。胡守刚认为：作为一名党员，要真正起到模范带头作用，成为致富、带富的领头人，就应该充分发挥个人的技术专长，牢记"自己富了不算富，大家富了才算富"的道理。积极围绕党支部解决好"如何致富、如何带富、如何富脑袋、如何富口袋"的问题，以"支部为民引路、协会助民致富"的方式，积极发挥党员的先锋模范作用。主动以党员和双流县昆山蔬菜产业协会会员的身份结队帮扶，对村民提出的问题进行解决，对技术上难点进行攻坚，遇到自己不能解决的问题时，向专家教授请教。在种植技术的试验、示范、试种中，把失败留给自己，把成功送给别人。他经常说，"我发挥的是一个协会会员的作用，同时也是一名普通党员应该做的事情"。为了帮助村民致富，还聘请当地大学的知名专家教授及农业局蔬菜站老师，利用昆山村专家大院，对村民进行技术培训，并在实践中给予技术指导，提倡科学种植，改变传统农业种植方法和模式，以种植高附加值的品种为主，提高种植的技术含量。同时，不断更新观念。为帮助农民增收，积极调动"4050"人员，甚至"60"人员的积极性，在大量用工时，让这些人员在地里帮助摘蔬、收蔬，每天给予20元左右的补助。家里的年轻人员外出务工，"405060"人员就近务工，每户不仅拿到了固定的土地租赁金和工资，还在基地接受专家的培训指导，学到了知识和技术，形成了全家"齐动员"、共同致富的模式。

胡守刚以致富不忘父老乡亲的实际行动得到了村民的认可，被全村村民誉为昆山村的杰出青年、创业致富的带头人。胡守刚还有一个梦想：带动全村、全镇蔬菜种植户发家致富，为全镇经济发展做出应有贡献，为新农村建设添砖加瓦。

（3）案例分析。案例7-4体现了农民、政府与社会动员三者相结合的创业模式，在这个模式下，政府起到了政策引导、提供技术培训等方面的作用，主要从外部条件上为农民创业提供支持。农民作为创业主体在这种模式下涌现出个别或者少数经济能人，在他们的引导下，对全村的资源进行有效整合，并带领其创业团队开展示范活动，然后将创业成功经验进行推广，全面带动农民进行共同创业。案例7-4中的胡守刚将外出打工所积累的资金、知识技术及市场资讯一起带回家乡开展创业活动，成功的创业活动能够带动周围群众积极效仿。同时，在农民广泛参与的条件下，也为专业合作组织的形成提供了一定的现实土壤，这也是当前农民创业过程中比较流行的模式,只需要通过入股或者合作组织的方式建立相关的契约关系,就能够让农民实现规模生产及产业化经营;此外,合作组织将会服务农民创业的整个过程,会在其产前、产中、产后各个环节提供及时的全方位的服务,帮助农民推进其创业的标准化生产和产品的品牌化经营,不断提高农民创业的市场空间和竞争力。其主要表现为两种模式,即"龙头企业+合作社+农户"模式、"合作社+农户"模式,案例7-4采取的是第一种模式。

(五)农户创业模式的比较分析

从以上案例可以看出,中国农民创业呈现"创业主体多元化、创业领域多样化、创业环境优良化"特征,农民参与创业的模式多种多样。一般来讲,创业参与模式的选择根据外部环境特征和创业者特征确定。本章中将影响因素划分为创业者特征、创业环境、创业资源三个方面。创业者不同,创业参与模式也可能不同,资源禀赋丰富的创业者可以选择个体为主的参与模式进行创业,反之,则可以选择"农民+政府"或者"农民+政府+社会动员"等模式进行创业活动。创业环境不同,对创业参与模式的选择也各有差异。如若面临激烈的市场竞争,创业者通常情况下会选择"农民+政府"或"农民+政府+社会动员"等模式进行创业。通过以上分析可以看出:只有与创业环境和创业者对接的创业参与模式才能长期持续下去,并成为众人效仿和推广的经典。因此,在选择创业参与模式时,一定要遵循以下原则:与创业者特征相吻合、与创业环境相适宜,充分利用社会网络,获取创业资源。

四、农户创业的路径依赖

通过上述分析,创业环境、社会支撑条件、个人经历、创业者禀赋特征均对创业者的创业行为选择有着强烈的影响,同时地区差异也在其中起着重要影响作用。

(一)农户集中传统产业领域的创业路径

以种养殖为主的传统农业产业是农业发展的基础,也是国民经济发展的基础。传统的种养殖业以人力配以简单机械操作为主,人均效率低下。当前,我国城镇化速度不断加快,农业转移劳动力连年增长,1978~2011年我国城镇人口从17 245万人增加到69 079万人,年均增长约1 570万人,城镇化率由17.92%上升到51.27%。从1978年开始,我国农民工总量持续增加,至2011年已达到25 278万人，比2010年增加1 055万人，增长4.4%；其中，外出农民工15 863万人，增加528万人，增长3.4%；举家外出农民工3 279万人，增加208万人，增长6.8%[①]。城镇化的加速，涉农人口的减少，促使传统农业资源特别是农地、水利设施、农业机械等资源的人均占有量增长迅速，农业发展的条件发生巨大变化，无论是从农业内部还是外部，都要求农业规模化、专业化发展，这是现代农业发展的基本趋势。

农业规模化、专业化呈现两种状态：第一，被动规模化、专业化，即农业转移人口将部分农业资源以低廉的价格或者无偿转让或转移给当地农业人口，而当地农业人口被动接受，致使农业人均产出效率提高。第二，主动规模化、专业化，部分拥有资金、技术和市场敏感性较强的农业从业者，主动承租或受让农业转移人口所拥有的农业资源，发展规模化、专业化农业种养殖。一般将第二种情况视为农户创业的情形之一。

传统农业的规模化经营不是简单将土地连块成片，进行粗放发展，而是要通过不断增加农业要素投入，提升农业整体产出效率，产生更高的农业效益。根据前述研究结论，相对于传统农业的规模化经营（如大规模种植粮食、蔬菜、水果等，大规模养殖猪、牛、鸡等），当政府对农户的支持力度增加时、农户向正规金融机构贷款更加便捷时、农户所在地的农村基础设施有所改善时、农户所处的软性公共服务变得更好时，农户创业更倾向于选择对传统农业进行改造，即在规模化经营的基础上农户更加注重新工艺、新技术、新品种、新方法、新工具的使用，这要求创业农户必须拥有良好的外部视野，拥有良好的发展预测与判断能力，并且能够进行必要的资金投入。

在传统农业领域农户创业主要以农业规模化形式呈现。此种创业路径的基本要求如下：第一，创业外部环境和条件具备。改造传统农业的基本形式是农业的规模化，就农户而言，敢于选择此种形式创业的农户其所在地必须有良好的道路交通设施、水利水电设施及其他必备公共设施，因为规模化农业对农村基础设施的需求是大量且长期的，需要政府公共投入进行修建与完善，单个农户的力量是无法实现的。第二，完善的软性公共服务。农户从事规模化农业创业需要大量采购、用工、销售，需要大量且完善的信息服务、人力资源市场服务、销售市场服务，需要政府及社会进行良好供给。第三，对新技术、新品种、新方法、新工具的需求旺盛。农户创业是创造性地进行农业规模化生产经营，以提升单位生产效率和效益为主导，因此对新技术、新品种、新方法和新工具的使用和推广是最基本保障，也是区别于传统农业的重要标志。第四，需要充足的资金投入。无论是土地等农业资源的承租或受让，还是种子、农药、化肥的购买，还是技术服务、

---

① 资料来源：国家统计局《2011年我国农民工调查监测报告》。

市场服务、人力服务，创业农户都需要大量的资金投入，以维持和满足其基本的创业需求。

基于上述分析，通过规模化生产形式进行的农户创业，必须在城镇化背景下，由政府、社会和农户合力进行，并通过市场与其他领域进行有效衔接。因此，此种创业路径的开端是城镇化进程中大量农业资源的重新配置，促使规模化农业可行性增强，政府和社会提供良好的农业公共产品服务，农户产生创业需求和动机，并选择合适的创业行为，其核心是通过大量的资金、技术投入，实现农业生产的规模化效应。

（二）农户围绕新兴产业领域的创业路径

农户创业涉及涉农领域和非农领域。狭义上讲，涉农创业主要围绕农业的种养殖，而非农创业涉及农村服务、农村工程建设，实质上都是在大农业范畴内进行的创业活动。广义上讲，涉农创业是指与"三农"有关的创业活动，而非农创业是指与"三农"无关的创业活动，如农户在城市第三产业领域从事的创业活动。为了体现农户创业活动对"三农"的作用，并体现本部分研究的主旨，农户创业界定于狭义范畴。

以规模化为主的农户创业活动在一定程度上整合了农业资源，提升了农业的产出效率，但农户的创业活动仍然以自我（包括适当雇佣）生产、自我经营、自我服务为主，如自己或雇佣少量劳动力进行种植、灌溉、田间管理，自己购买并操作农用机械设备并在农闲时闲置，这仍然是一种典型的以自我发展为主的农业经济形式，无法彻底改变小农业现状，也无法满足现代农业发展需求。

整体上看，以规模化为主的农户创业形式，是被"放大了的小农经济形式"，投入的农业生产成本大，农业的闲置资本比重高，总体产出效率低。农业经济在规模化的同时，走"生产专业化、服务社会化"的道路，既是现代农业的发展趋向，也是市场导向下农业生产经营主体的理性选择。根据前述研究，当农户进入一个新的生产领域更加容易时，会促使农户选择专业化生产（即农户进行专门化投资、从事某种产品、某种产业的专业化生产，如农产品加工等），而当政府对农户的支持力度增加时、农户所处的软性公共服务变得更好时、农户进入一个新的生产领域更加容易时，农户会更愿意开展新业务（如购买收割机来从事产品收割服务、农资经销服务等）。

因此，除传统的规模化农业创业路径之外，在市场机制作用下，在利益诱导机制作用下，农户更倾向于选择面向新兴领域专门化的农业创业路径，主要包括以下内容：第一，为农业生产提供服务，如劳动力服务、农业技术服务、农业生产设备服务等；第二，为农业经营提供服务，如农业信息服务、农产品购销服务、农业交通运输服务等；第三，为农村生活娱乐提供服务，如农业休闲服务、农村消费市场服务、农村建筑施工服务、农村文化娱乐服务等。上述新兴领域专门化农户创业面向的是农业生产经营中间环节和农村生活娱乐消费最终环节，其基本特点是专业化程度较高、服务覆盖面较宽、不以生产农业最终产品为目的。

农户在新兴领域的创业活动是农业生产方式变革的重要推动力量，以专业的农业社会化服务为主的创业形式有效衔接了农业内部各领域、各环节，以及农业与其他产业部门之间的联系，对提升农业专业化生产的效率，推动农业不同部门及农业与其他部门协同发展，是规模化、多元化、多功能农业迈向现代化大农业的重要环节。

农户在新兴领域创业的基本要求是以规模化农业作为支撑，地区性需求较为旺盛，公共服务配套跟进及时，创业主体拥有良好的市场及商业经营理念和知识。对不同的创业领域，农户还需要拥有充足的资金、设备及必要的人力和技术支撑。

基于此，新兴领域农户创业应由规模化农业生产，在农业农村公共配套设施及服务支撑下，利用适用专业技术和丰富的人力、物力，提供专门化、专业化农业生产经营服务，改变传统农业生产方式，强化农业专业化分工，深化现代农业改革，以满足区域性农业发展需求。

（三）农户通过新型组织形式的创业路径

现代化经营的高级阶段是成立商业组织进行生产运营。农户可以在农业规模化和专业化经营基础上通过组建新型组织形式进行创业，或者直接组建新型组织进行创业。前者属于循序渐进的创业改进，后者需要"从无到有"地创建，难度较高。就农户创业而言，成立商事组织的形式有两种，一是成立公司进行企业化经营，主要受《中华人民共和国公司法》约束与规范；二是成立农业合作组织进行合作经营，主要受《中华人民共和国农民专业合作社法》等法律法规约束与规范。前者只需要农户个体单独操作即可，后者需要大量农户共同参与才能成立并正常运行。

新型农业经营组织是面向市场、自负盈亏的经营主体，与单个农户自主经营相比，这类组织抵御风险的能力强，生产效率高，具有很强的示范与带动作用，有能力进行新技术、新产品的研发，专业化分工明确，市场议价能力强。其经营范围主要以农产品加工为主，推动延长农业产业链条，为市场提供增值服务。这类组织往往会创建自己的品牌，这将会大大提升产品的市场知名度、可信度和美誉度，使之更具有市场竞争性，并能带来更多收益。

农户可选择个体经营、合伙经营和公司化经营的形式进行创业，在此阶段合伙经营和公司化经营更为常见。合伙经营以组建合伙企业为主，由2个以上50个以下的农户作为合伙人共同出资、共同经营、共担风险、共享利益，合伙人之间承担无限连带责任。由于合伙企业合伙人出资方式较为灵活，可以以货币、劳务、实物等出资，并且无最低注册资本限制，同时法律对其的干预和限制也比较少，所以适合农户之间进行联合创业，组建更大规模的经营实体。但合伙企业的资金和信用能力有限，并且合伙人承担的责任和风险很大。公司化经营以成立有限责任公司和股份有限公司为主，因股份有限公司成立和存续的注册资本额等条件较高，所以有限责任公司最为常见。新修订的《中华人民共和国公司法》将成立组建有限责任公司的门槛大大降低，1人以上50人以下的股东均可以组建有限责任公司，并且放开了注册资本的限额，这为创业农户进行自由、自主创业创造了非常好的制度条件，因此组建有限责任公司将是未来农户创业的主要形式。

根据前文研究，当农户所在地周边农户创业意识更加浓厚时、农户所在地的农村基础设施有所改善时，农户会倾向于成立新组织（如农户围绕农业生产、农产品加工、流通阶段而成立服务组织）。综合以上创业路径的选择，农户选择组建新型经济组织作为基本创业形式，除了要充分考虑自身特征（如风险偏好、创新意识等）之外，还必须考虑当地创业文化、创业环境、制度保障和融资难易程度等综合影响因素。基于此，农户选择组建新型经济组织要以满足市场需求为出发点，充分利用当地的优势资源，包括农业资源、人力资源及其他资源，在良好的制度保障、金融保障、公共服务保障支撑下，根据所涉领域特点和自身特征，有针对性地选择组建现代化产业组织形式，以延伸农业产业链条，提升农业产出效率，提供优良增值服务，获取高额回报，最终推动农业现代化变革。

五、农户创业的模式选择

通过前文研究，农户创业所起的带动作用和示范作用很明显，在某些地区甚至引发了全民创业的热潮，为农业经济的发展注入了活力。但农户在传统农业经济环境熏陶下，其思维和意识大多趋于保守，整体上农户风险意识较强，抵御风险的能力较弱，创新动力和能力不足，再加上资金、技术等要素限制，创业对大多数农户而言遥不可及，造成整体上农户创业的数量较少，比重较小，在地域空间和创业领域分配上也很不平衡。然而创业是促进农户增收的重要途径，也是优化农业资源配置，提高农业生产效率，转变农业生产方式，加速发展现代农业，活跃农业、农村经济的重要力量。因此，需合理选择创业模式，有效促进农户创业，提升创业效果，以推动当前农业、农村经济快速发展。

为降低农户创业成本和风险，提高创业效率和效益，实现理想创业效果。在综合考虑前文研究结论和农户创业实际的基础上，尝试探寻有助于促进农户有效创业的创业模式——网络化创业模式。网络化创业模式是指在全民创业背景下，规模不等、层次各异、领域相关的创业农户，在内外部多重力量作用下形成的创业网络，是农户创业较为高级的形式和形态，其形成需要经历以下三个阶段。

第一阶段，改善创业环境，营造创业文化。

根据前文分析，创业环境和创业文化氛围对创业者是否选择创业和选择何种创业形式等具有重要影响。当政府对农户的支持力度增加时、农户向正规金融机构贷款更加便捷时、农户所在地的农村基础设施有所改善时、农户所处的软性公共服务变得更好时、农户所在地政府的运行效率更高和更加人性化时、农户周围的创业意识（创业氛围）更浓厚时，农户的创业积极性更高、意愿更强，其创业领域的选择、创业形式的倾向也各不相同。因此，地方政府及其他机构和部门应该致力于加大对农户创业的支持力度，积极改善基础设施、软性公共服务现状，提高自身运行效率，通过宣传等渠道营造农户创业的意识、氛围，加强农户创业教育和创业能力培养，为农户的踊跃创业和有效创业奠定基础。

第二阶段，加强重点扶持，强化龙头带动。

根据现实经验和研究结论，不可能所有的农户都有意识、有能力、有魄力进行创业，只有那些敢干、敢拼、敢闯，有经济和商业头脑，有一定实践经验，拥有较雄厚资金实力，能够整合相关资源的农户才会自觉实施创业，并可能获取较好的创业效果。而其他农户或者仍然保留在传统农业领域采用的传统生产经营方式进行农业生产，或者成为创业农户整合的对象，为创业农户提供相关农业产品或人力服务。同时，创业者多倾向选择那些利润率高、回报率高、进入门槛低、容易组织和操作的领域进行创业。整体上看，农户创业不会"遍地开花"地发生，所以应采取措施率先鼓励和扶持那些有意愿、有条件、有能力创业的农户，选择重点领域将部分代表产业发展趋向、有发展潜力的创业实体做大做强，以龙头创业组织发挥模范带头示范作用，带动周边农户创业，形成良好的创业热潮和创业格局，为创业的普及推广及进一步发展奠定基础。

第三阶段，激发全民创业，构建创业网络。

随着创业环境的进一步改善、农户创业意识及能力的进一步提升、市场对创业需求越来越旺盛，在龙头创业企业带动和示范下，农户创业的参与性将得到不断提高。在相关领域集聚创业基础上，农户创业的覆盖面不断扩展。整体上来看，创业者数量、创业层次、创业效果均有显著提升，农户创业迈入了相对成熟、稳定发展的阶段。

在这种状态下，应采取措施，努力做到：在微观上，农户创业在各个领域踊跃进行，各领域创业农户之间相互协作、相互促进，形成领域内创业合力，产生规模效应和外部效应；在宏观上，不同领域创业主体通过地缘关联，产业衔接，利益诱导，进行相互协作，形成地域性综合农户创业体系和格局。创建以"政府引导→市场指向→龙头带动→全员参与→协同共生→持续演进"为主线的农户动态创业网络。

  这种网络化创业模式的核心是充分利用市场作用机制，促使创业农户组建创业者联盟或其他类型创业综合体，推动创业者相互联合、相互协作、相互作用、相互带动，产生外部经济效应，降低各类创业及发展成本，形成强大创业发展合力和抵御风险能力。其中政府应在提供良好创业软硬环境的基础上，重视创业通道的构建和创业平台的搭建，出台特殊政策培育网络化创业综合体。创业者联盟可以组建创业工场，培育和孵化创业者和创业实体，引导社会资本组建创业基金，为创业者提供资金支持。针对大规模创业农户的联合难以协调的现实，可以考虑组建同领域联合体，不同领域的联合体仍可形成网络化协同发展。总之，网络化创业模式是农户创业较为高级的阶段，需要以良好的创业基础作为支撑，更需要政府、社会、创业者共同努力才能实现转变。

第八章 农户创业典型个案及地方政府创业支持

摘要 本章列举分析了我国农户创业五种创业形式的典型案例和失败案例,以及浙江、河南、重庆和四川对农户创业的相关政府文件及政策支持。从创业项目上看,农户创业领域正在从单一的传统农业规模化经营向传统规模经营与多元经营并举方式发展。随着创业农户创新视角的开阔及人力资本的提高,越来越多的农户参与到建立新产业、专门化生产、开展新业务和创建新组织的经营中来。当然,创业过程中,许多农户都经历过失败,主要原因在于:缺乏长远规划、行业认知不足,或存在创业冲动、对困难预计不足,或创业过程中发生资金流不畅甚至断裂,同时也表现出缺乏管理经验。农业的准公共产品属性,以及农户创业的高风险性、低收益性和脆弱性,决定了农户创业需要政府、市场共同支持并分摊创业风险。农户创业需要有良好的外部环境:不仅需要自然环境提供适宜的气候、水文、光照、土壤等条件,而且需要技术环境为创业提供技术供给、技术咨询和技术服务;不仅需要经济环境提供日益增长的产品需求和市场,而且需要市场环境提供适宜的竞争、稳定的价格;不仅需要制度环境提供良好的土地、法律、知识产权保护等制度安排,而且需要政策环境提供有效的财政、金融、产业政策支持。就目前各省市的政策文件来看,对农户创业的支持重点主要集中在金融政策和财税政策方面,集中于贷款支持及税收的相对优惠。而对返乡创业的农民工来说,由于他们常年在外务工,子女的教育及社会保险关系可能会在原务工地,如何保障他们的权益是将来政府完善创业政策的基本方向。

一、农户创业典型个案

推动农户创业,是改变中国农村经济落后、产业发展水平低下的关键环节,对加快农业、农村现代化进程和城乡经济社会一体化发展具有重要的现实意义。本章通过对农户创业典型个案和地方政府的创业支持政策进行分析和梳理,旨在了解农户创业的基本状况与特点,并厘清地方政府在促进农户创业方面已经出台的支持政策,为构建农户创业促进的制度框架和优化现行政策设计提供依据。

(一) 传统农业规模化经营的创业典型个案

【案例 8-1】重庆市荣昌县农户蓝云霞,年富力强,开拓创新精神强,懂经营、会管理,带领周围农户于 2011 年 3 月 15 日注册成立荣昌县久丰水稻股份专业合作社,从事粮油规模化、标准化、机械化生产。经过几年的发展,截至 2012 年合作社已有入社农户 113 户,注册资金 804.74 万元,其中,103 户农户土地 154.74 亩折合入股 154.74 万元,入股资金及固定资产 650 万元。截至 2012 年有久保田 688 联合收割机一台,农用运输车 3 辆,约翰迪尔 704 拖拉机 1 台,两行插秧机 10 台,微耕机 11 台,机动喷雾器 15 台,农用水泵 14 台套,农用机械原值 80 余万元。2013 年,合作社在清江镇竹林村 5 社、6 社、7 社和分水 4 社流转承包耕地 554 亩(承包期限到 2027 年 8 月 31 日)。合作社采用机耕、机插、机防、机收等全程机械化作业,促进了农业劳动生产率提高、农村劳动力资源优化配置,推进了现代农业进程,不仅节本增收,而且改变了祖祖辈辈"面朝黄土背朝天"的局面。与此同时,合作社在自有基地周边探索实施了水稻生产全程社会化服务面积 850 亩,实现服务收入 47 万元,并助农节本增收 200 元/亩,得到当地老百姓一致好评。在服务过程中,为了满足农户的需求,合作社提供多个水稻品种由农户选择,育秧、机耕、机插秧、施肥、病虫害防治、机收等全部由合作社统一帮农户完成,农户只需支付合作社约 550 元/亩(因水稻品种而定)的费用,产出的稻谷全部归农户所有,有效解决了农村劳动力不足、劳动力成本高和劳动效率低下等问题,带领周围村民脱贫致富。

资料来源:案例来源于本课题组的调研整理。

【案例 8-2】重庆市双泉村五组村民胡昌荣,初中毕业便在家务农,常年的务农经验使他领悟到每家每户的小规模经营很难达到较高的收益,小规模经营不划算,效益不高,所以要扩大经营规模,增加土地规模效益。为增加家庭的收入,胡昌荣经过再三思考,开始尝试大面积种植莲藕。

由于没有相关的大规模种植经验,家里人和亲朋好友起初都对胡昌荣不理解,甚至还有许多顾虑,为何好端端的要搞大规模种植,这样会承担很大的风险。这些顾虑给了刚下定决心的胡昌荣很大的压力,家里人都说:"万一卖不出去怎么办?"类似这样的问题让胡昌荣很头疼,因为他自己心里也没什么底,更没有把握说服家人。但既然已经下定决心要干出一番事业,就不能畏首畏尾,胡昌荣顶住家人和亲戚朋友的压力,东筹西借筹集了 3 万余元,在首次承包经营的 20 余亩藕塘开始了集中种植。功夫不负有心人,在胡昌荣的精心管理之下 20 余亩藕塘给他带来了可观的经济收入，初尝甜头的胡昌荣更加坚信了自己扩大土地经营规模，获取规模效益的想法，于是在下一年又进一步扩大了藕塘承包面积，并且提前支付全部承包费，准备大干一场。

截至2012年，在胡昌荣莲藕的种植面积已达上百亩。富裕了他一个，那不算富，要带动周围的乡亲父老共同富裕，那才算真富。为了帮助周围的人共同致富，胡昌荣带动周围的人一同种植莲藕。都知道种莲藕容易，但是挖莲藕却相当难，为了解决挖藕难的问题，他组织了一批人专门帮人挖莲藕，他组织的这个挖藕队在莲藕收获季节奔走于附近的乡镇，四处为人挖藕，这个挖藕队在附近乡镇早已小有名气。他组织的这个挖藕队不仅解决了劳动力的就业问题，而且帮助他们增加了收入。

近年来由于效益的不断提高，胡昌荣的种植规模还在进一步扩大，同时胡昌荣在自己致富的同时带动周围群众共同致富，带动周围村庄的农户一同种植，热心的胡昌荣被广大村民评为村组干部。

资料来源：案例来源于课题组的调研整理。

（二）建立新产业的创业典型个案

【案例8-3】重庆市荣昌县天常村十社村民魏芳曾被授予"广顺街道2008年度肉牛养殖状元"称号。1995年她独自外出务工创业，受2008年金融危机的影响，她和老公刘君志于2008年5月结束了在广东东莞的餐饮生意，回到家乡谋求发展之路。回乡之后，魏芳曾多次选择创业门路，但由于种种原因都没有成功。就在她思想沉闷、创业无路时，一个偶然的机会，她从永川一个朋友处了解到肉牛养殖收入颇高的信息，通过现场考察、市场打探，在朋友介绍的基础上，凭着一股不服输的闯劲、干劲，投入近30万元用于新建养牛场地、买牛、买设备，风风火火地发展起了肉牛养殖产业。2008年，刚加入养牛行列的魏芳也栽了跟头，非但没有赚到钱，反而亏损了1万多元。但是她并没有气馁，认真分析总结亏损原因，并主动找到永川养牛的朋友共同探讨交流养殖心得，发现养殖亏损的直接原因是经验缺乏。

经过一年多的肉牛养殖，她积累了一定的养殖经验，加上勤劳、踏实、肯干，乐于接受新的知识，这为肉牛养殖创造了主观条件。同时肉牛养殖业销售价格比较稳定，市场需求比较大，利润比较可观。2009年她重整旗鼓，加大投资力度，饲养50余头肉牛，经过不懈努力，终于实现了盈利，这个返乡的农民工开心地笑了。重庆市委组织部、重庆电视台联合制作的"双培大讲坛"节目于2009年7月6日对魏芳回乡创业历程进行了长达15分钟的宣传报道。

魏芳返乡创业勤致富的事迹，在带领群众齐进步上起到了积极的带动作用，在新农村建设中起到了较好的模范带头作用，体现了新时代农村妇女的素质。她总是毫不吝啬地向别人传授自己的致富心得和经验,而且当邻里生活上出现困难的时候,她都会主动地施以援手,并引领他们走上致富路。在党的富民政策的感召下,魏芳从一个返乡民工发展成一个被誉为"肉牛养殖状元"的致富女能手。我们有理由相信,在这样的创业人员带动下,农村经济发展一定能越发得红火。

资料来源:案例来源于课题组的调研整理。

【案例 8-4】四川省成都市双流县籍田镇长征村的代成华,由于父母体弱多病,家庭负担较重,初中毕业后,便承担起了家庭的重担,为了生计,于 1993 年踏上南下打工路,在打工期间,自己勤学苦干,和工友有较好的关系,并得到较好的口碑,由于自己虚心学习业务、技术知识,经过多年的努力,自己掌握了一门过硬的技术——厨艺,1998 年拿到 2 级厨师证书,为自己在创业路上打下了坚实基础。

由于改革开放不断深入和取得的伟大成果,党中央多年来对农村、农业、农民的增产、增收、增效倍加关注,并制定了一系列措施,就传统农业生产种植观念模式转向现代农业种植规模制定了相关政策。2001 年,长征村全面进行了土地重组和流转,并就农业结构的调整做出集体规划,村两委在做了大量工作的情况下,全村集中成片种植了优质梨 300 亩,代成华也种植了 8.5 亩,由于初期种植的管理技术、经验不足,当年的梨树苗死亡率达 70% 以上,但他并没有气馁,2002 年他主动放弃外出打工的念头,回家发展自己的产业。回家后,他购买了种植、管理果树的相关书籍,自己结合实际,请教技术人员,虚心学习技术、学习管理,解决果树种植中的实际问题。经过努力,2003 年他种植的果树终于开花结果,见到了实效,他的果园近年来每年可盈利 300 多万元。由于他勤奋好学,2002 年被村党支部确定为入党积极分子,2003 年被村上聘为村农技员,并于当年光荣加入中国共产党,他两年的艰辛工作得到了最大的回报。2004 年全县实行并村并组,他被选为长征村村委会担任民兵连长职务并兼任农技员及镇片区果树农技员。他深感自己的责任重大,在担任农技员及镇片区农技员这几年中,勤奋学习、刻苦钻研,积累了相当丰富的理论知识和科学技术,凡是老百姓在农业生产、果品种植管理中遇到的难题,不分白天黑夜,随叫随到,急群众之急,想群众之想,及时为群众解决各种问题,时刻把老百姓的事当做自己的事来做,得到了领导和群众的一致好评。由于代成华工作表现突出,2006 年被评为双流县优秀共产党员。

资料来源:案例来源于课题组的调研整理。

(三)专门化生产的创业典型个案

【案例 8-5】毕业于四川农业大学植保专业的唐云毅,从事农业生产社会化服务 13 年,理论知识扎实,实践经验丰富,懂经营,会管理,在荣昌农业行业中具有较高知名度和信誉度。他于2011年2月注册成立荣昌县鑫稼源农业服务股份合作社，担任合作社理事长。合作社基地位于重庆市荣昌县清江镇河中村。自成立以来，该社积极引导农户科学种植，实现良种、良法、良制合理匹配，积极实施现代农业的社会化服务。主要开展机耕、机插、机防、机收等农业生产全程社会化服务，组织开展农业生产技术咨询、农机展销、农机操作技术培训、农机维护保养、农资供应等综合业务服务，以及粮油规模化、标准化、机械化生产。经过两年多的发展，截至2014年，入社农户达到346户，注册资金680万元。115户农户土地426.53亩折合入股18万元，固定资产41万元。2012年实现经营收入307.2万元，带动成员增收425 780元，累计利润30 891元，返利及分红28 358元，提取公积金2 533元。

2012年该社成员为12个镇街开展了有声有色的农业生产技术服务，完成病虫害机防作业服务面积34 217亩次，为农户挽回经济损失443.5万元。2012年完成机械化耕种收作业服务面积2 254亩，为农户节本增收24.6万元，辐射周边8个乡镇，跨区作业12个镇街，带动周边2 356户农户参与农业机械化作业。

2013年合作社在清江镇河中村、塔水村和分水社区（共计923亩）主要实施了"土地全托、保底收益（每亩500斤稻谷）、四六分成"的水稻生产全程社会化服务和农户部分生产环节社会化服务，从中汲取了较为丰富的社会化服务经验。2014年该社计划实施水稻社会化服务与全产业链相结合的全新社会化服务模式，延伸服务链条，实现从统一采购优质稻种、统一无公害生产技术，到统一机收作业和统一回收湿粮烘干并加工销售的一条龙社会化服务，一并解决农户良种良法配套生产，以及劳动力严重不足和节本增效等制约农业产业化发展的瓶颈问题。

资料来源：案例来源于课题组的调研整理。

【案例8-6】出生于公兴镇兰家沟村5组一普通农民家庭的杨运怀，父母都是地道的农民。初中毕业后未能深入高一级学习，就选择在家务农、种植蔬菜，但种植规模不大，效益也不高。正苦于没有技术指导时，公兴镇组织农村青年学习科技，培训蔬菜种植技术。他兴趣大增，抱着"反正又不交钱，学了说不定还有助于提高蔬菜种植效益"的心态，报名参加了培训。由于人年轻，脑子转得快，学得也快，再加上老师的讲解生动易懂、切合实际，而且还在田间手把手地教，杨运怀很快掌握了种植蔬菜的要领，对未来也充满了信心。

在自己的努力下，蔬菜种植面积不断扩大，经济收入也有了很大提高，渐渐被当地村民称为"蔬菜大王"。在技术的指导和辛勤工作下，蔬菜产量提高了，销路却成了问题。为了扩大销路，让蔬菜卖出好价钱，1992年经朋友介绍他购买了一辆货车，将种植的蔬菜运到外地销售。由于精力有限，营销的效益比种植的效益高，杨运怀便决定不再种植蔬菜，专心于销售，这一干就是15年。2006

年，公兴镇的蔬菜已经供不应求了，杨运怀常常找不到货源，为此，他又有了重新种植蔬菜的想法。在一次朋友聚会上，他和同样搞蔬菜营销的肖家全、冯声福谈起了自己的想法，没想到两位朋友也正有此意，于是他们一拍即合。在进行了认真考察之后，决定承包土地发展蔬菜种植，但因多种原因当时未能实现。2007年9月，在公兴镇党委、政府和青云寺村民委员会的大力支持下，他们终于如愿以偿，在青云寺村2组承包土地100多亩，搞起了自己的蔬菜种植园。

2007年10月，为给当地村民增加就业机会，杨运怀同朋友商量后，在当地招聘了22名村民到蔬菜园务工。在承包土地的当月，他种植了青笋40余亩，年底向市场供应青笋150 000千克左右。同时，在镇、县两级政府的扶农、惠农优惠政策支持下，蔬菜基地建设了56亩钢架大棚。有了钢架大棚和科学的蔬菜栽培技术，不仅产量得到大大提高，而且可以种植反季节蔬菜，从而增加经济效益。后来，杨运怀和相邻的养殖有限公司共同建成了种养结合循环经济示范点，引起了县、市领导的高度重视，经常迎接各级领导和单位的光临指导。

2008年年初，杨运怀在钢架大棚内种植豇豆15亩，苦瓜37亩，在苦瓜中间种辣椒30亩，黄瓜19亩，萝卜12亩，在无大棚的田间种植花菜21亩。在6月初的收获季节，蔬菜园向市场供应各类新鲜时令蔬菜90余万斤。随着自己事业的发展，原来招聘的工人已远远满足不了需要，蔬菜园再次招收了6名来自汉源的移民，此时，蔬菜园的工人队伍壮大到28人。根据劳动量的不同，每一位工人可以获得800~1 200元的工资，这大大增加了当地群众的收入。2008年3月，杨运怀的蔬菜园有了自己的名字，这个名字就叫"三跨绿色蔬菜基地"。政府一直以来都很重视农业项目，鼓励农民创业致富，在知道杨运怀的事迹之后，政府专门为蔬菜基地修水渠、道路，架设电线，解决了他的后顾之忧，并鼓励他继续把事业做大做强，并带动当地的农户一道发家致富。看着杨运怀的事业蒸蒸日上，周围的群众也跃跃欲试，开始搞起了蔬菜种植。吃水不忘挖井人，杨运怀想到政府对自己的扶持，便无偿地为他们提供技术服务和指导，由于不计回报地付出，他受到了大家的欢迎和尊重。

资料来源：案例来源于课题组的调研整理。

（四）开展新业务的创业典型个案

【案例8-7】徐鹏金作为一名水产行业的领头人，自1985年入行以来，已有23年的艰难创业历程，经历了许多的困难，并取得成功。徐鹏金家住金桥镇临江村二组，曾担任村会计，并兼社长和村共青团书记至1992年卸任。1982年11月，400亩标准化商品鱼基地红石渔场的建设在临江村开工，这是全村乃至全镇的一件大喜事，大家充满了发展养殖业、走致富路子的喜悦。当时他被镇上抽到渔场建设指挥部，参与了整个建设过程，先后负责土地规划、占用赔偿、修建材料收放、后勤等多个工作。在负责协调群众土地占用赔偿工作中，面对100余户群众及生产队的土地占用、青苗赔偿，深入各户了解群众想法，倾听群众意见，认真协调集体与群众关系，热情安抚有情绪的个别群众，顺利地完成政府安排的赔偿任务；在负责材料收放工作中，对材料质量和数量严格把关，来料验收时，石灰没有烧好的不要、重量不够的不放行，渔场建设指挥长李尚荣在工作会上说："材料把关为渔场防止损失、节约的钱可以买两个东风车了。"在干部群众的齐心努力下，渔场建设按期完工投产，每年渔场为国家创收30余万元。

1985年在渔场第三期工程完成后，徐鹏金向渔场承包了13亩鱼池，从此开始了自己的个人创业之路，进入水产养殖行业。他面临三大难题：一是缺少养鱼技术，二是缺少生产资金，三是不了解市场渠道。要克服以上"拦路虎"，必须要有勇气和毅力，还要有灵活的方法。

为了踏上致富之路，徐鹏金开动脑筋为自己制定了一套实用的办法。首先针对养殖技术这条"虎"，他决定到品牌饲料通威饲料厂，找到售后服务部门的技术专家王启明工程师，拜为师傅以学好科学养鱼方法，刚开始时王工因不了解他而不接受拜师，为了向王工程师表明诚意，徐鹏金特地把王工从眉山县接到家里，考察了承包的三个鱼池，介绍了自己的养殖计划，展示了生产准备情况，他的决心和诚意打动了这位养殖专家，当即欣然地接受了他的拜师。在家里摆出事先准备好的香、蜡、纸钱及酒肉，请出师父上座，徒弟下跪行礼拜了师、恭敬地敬了酒。王工将专长的鲤鲫鱼养殖技术及防病知识传授给徐鹏金。在1992年红石渔场没有人养殖草鱼时，徐鹏金率先进行尝试养草鱼，由于养殖草鱼有"三病"难题，风险较大，他就专门到四川农学院找到草鱼鱼病防治权威、农学院院长汪开毓教授，三次去雅安市向专家求教，掌握了整套草鱼养殖技术。由于缺乏生产资金，徐鹏金便放下脸面向多个亲朋好友借钱，维持了生产所需。到年末收获成鱼时，为解决销售难的问题，他还专门购买了一辆农用车，配上鱼箱、氧气瓶，亲自运鱼外销，同时为其他养鱼户服务。为打听鱼价的信息，乘公共汽车专程到雅安、汉元、广元、旺苍、苍溪、阆中、南部等市县了解行情、联系买主。

2006年5月在县科技局、县水务局、县农业资源开发局和金桥镇政府的大力支持下，经过徐鹏金的认真组织和协调成立了临江水产技术协会，开创了全省村级水产群众科技组织先例。临江水产技术协会会员来源于双流县无公害水产品标准化生产示范基地红石渔场和擦耳渔场的养殖户、成都农产品批发中心水产区摊主、成都来卜食品有限公司技术管理人员，人数57人，主管部门为县科学技术学会。协会办公地点位于红石渔场，配备有办公室、鱼病治疗室、综合管理房，养殖面积800亩。协会理事会和会员全部来自生产第一线，结构丰富合理，适宜于水产科学养殖，有较强的市场竞争力。协会自成立以来，积极发挥群团组织的凝聚作用，重点抓好以科学技术培训、外出学习养殖先进经验、无公害养殖推广等工作，全年进行科技培训（外出学习）17期（次），累计参加培训600余人次。

为了抓好技术培训，徐鹏金还专门邀请中国鱼病学会常务理事张素芳教授进行授课，并担任技术顾问，传授有关美斑鱼的养殖、防病等关键技术；在培训活动中印发各种资料、书册1 000余份。在金桥镇政府、水务局、农发局、科技局和来卜食品有限公司等的支持下，协会组织会员分批出去到眉山市、邛崃市、都江堰市、省水文水资源研究所、龙泉驿区等水产养殖较好的地点考察学习，进行生产管理经验交流，其中两次去眉山市、两次去都江堰市学习交流。临江水产技术协会成立以来已有一定的声望，各地来协会观摩人员达400余人次，其中有来自陕西、厦门及省内广元、绵阳、南充、内江、宜宾、卢州等同行。与水产销售环节（成都市农产品中心批发市场）、水产品加工环节（来卜食品有限公司）、鱼病控制环节（芳草药业）建立了联系交流机制，实现了产品生产、市场信息、技术、病害防治的定期交流，打造生产、加工、销售、水产品质量安全等产业一条龙有机链接模式。在协会办公地点搭建100平方米阳光棚，内设12个大型展板，进行的技术宣传图文生动、内容丰富。协会会员通过培训，观念得以转变，标准化、质量化等意识得到提高，生产中全部使用了标准渔用饲料（通威、斯特佳、国雄、凤凰等品牌饲料）；防病治病中全部使用了符合无公害要求的有生产质量管理规范（good manufacturing practices，GMP）认证的安全鱼药（成都芳草药业有限公司生产的渔药）；红石渔场、擦耳渔场已纳入无公害水产养殖基地建设，养殖品种得到省级无公害认证。

2007年11月，农业部到协会养殖基地进行水产品质量抽检；12月，由于临江水产协会养殖规范，投入品质量要求严格，被定为国家水产品质量安全被抽查单位。协会以开展技术服务、产供销服务，联系并带领广大养鱼户积极投入养殖生产，促进了渔业发展，实现了年产成鱼1 800吨的好局面，协会工作受到了县科技局、人事局、教育局、镇政府的表彰奖励。徐鹏金之后又组织协会申报试验项目，先后实施9个品种、技术推广和建设项目。2006年引进水产养殖新品种匙吻鲟、加州鲈，该两个项目取得成功，其中加州鲈试验使用无偿资金0.7万元，匙吻鲟试验经费自筹。同年，与水产品加工企业成都市来卜食品有限联合建立鲫鱼养殖生产基地600亩，创新水产养殖现代模式，修建协会办公室、鱼病实验室、饲料储存室、道路等，项目共投入无偿资金20万元。2007年引进新品种中华胭脂鱼养殖成功，使用无偿资金2万元；进行虾实施养殖，使用无偿资金2万元。2010年引进新品种欧洲鳇鱼、岁鱼，项目已申报；另有50亩无公害丁鱼岁鱼项目正在申报之中；泥鳅养殖推广项目使用无偿资金0.8万元。同年，成都昆山都市农业园区无偿投资14万元建孵化池、恒温室、深水井，他的创业之路取得了巨大的成功。

资料来源：案例来源于课题组的调研整理。

【案例8-8】在公兴镇双塘村，冯序贵有着很高的知名度，这缘于他不断追求，勤于学习，勇于创新，摸索出了一条依靠技术、勤劳致富的成功之路，成为当地农民群众科技致富的带头人。

1990年初中毕业的冯序贵，在家务农，当时改革的春风正吹遍整个大江南北，初中毕业的冯序贵意识到传统的种植、养殖模式已经不能够适应现实的农业生产需要，中国农民再也不能像以前那样"面朝黄土背朝天"地耕作了。必须依靠科技的力量改变现状，在土地上获取最大的利用价值。2001年3月15日，冯序贵承包了50亩的水塘，其中有20亩的冬水田可以用来种植莲藕，剩下的30亩用来搞养鱼。经过一年的辛勤努力后，并没有赚到多少钱。经过总结，他认为学习科技知识是当务之急，为了下一年能取得效益，冯序贵白天顶着烈日在外面干农活，晚上点着电灯学习科技知识，武装自己的头脑。一方面联络镇科学技术办公室工作人员为自己提供优良的莲藕品种，另一方面联系渔业公司的工作人员优良的鱼苗和养殖技术指导。经过自己的辛勤努力终于自己获得了成功，这一年收入达到6万余元。几年来，冯序贵不断开发新技术，推广新成果，广泛听取别人意见和吸取先进经验，积累了一整套适合当地发展的"集成技术"。田间地头，他为农户耐心讲解科学知识，手把手教种植，传授护理方法，他把自己所知所学的知识毫无保留地传授给每一位需要帮助的村民，被村民亲切地称为活"农家百科全书"。

资料来源：案例来源于课题组的调研整理。

（五）创建新组织的创业典型个案

【案例8-9】在双黄路公兴镇段内有一处"碧海山庄"大型招牌的门楼格外引人注目，放眼望去，一幅山水图画映入眼帘：青山绿树间掩映着一座门楼。这就是四川省成都市公兴镇百姓创业家杰出创业者邬良洪先后投资280多万元、年产值逾200万元的"碧海山庄"休闲庄。"蝉噪林逾静，鸟鸣山更幽"，这里是集垂钓、餐饮、娱乐休闲于一体的休闲度假胜地。邬良洪家住公兴镇双塘村6社，1998年初中毕业便被家人托人送到温江华亨酒店当厨师学徒，拜师学艺。他凭借着自己的勤奋努力、机灵好学，深受师傅的喜爱，随着年龄的增长，技艺变得炉火纯青，自己的思维也慢慢变得成熟，心中也有了一些想法。打工挣工资不是办法，永远也不能致富，只有当老板，才有出头的一天，从此当老板的信念一直在他的心中占据重要的地位。

2002年他离开华亨酒店，回到家乡公兴镇月光湖度假村，辛勤工作的他得到老板的赏识，被破格提拔为行政总厨，掌管厨房一切事务。经过三年的奋斗，不管从管理经验上，还是在资金上都有了一定的积累，距自己的老板梦更近了一步。2006年，他自己拿出了2万元，又在亲戚朋友那里东拼西凑借了4万元，盘下了公兴镇加油站旁的一座两层楼三个铺面的商铺,准备搞餐饮,取名青豆花饭庄。自从饭庄开张,由于价格实惠,味道鲜美,深受当地百姓、过路商贾的喜爱,生意蒸蒸日上,好不红火。2007年5月他又接手"碧海山庄"。这里青山常在,绿水环绕,空气清新,风景秀丽。可同时容纳200人就餐、棋牌娱乐、商务会议,标准客房各种设施应有尽有,内有30亩鱼塘,可垂钓休闲,离省级旅游景区黄龙溪只有20分钟车程,交通便利,是休闲、娱乐、度假的首选之地。碧海山庄年收入达200余万元,税收收入10万余元,解决当地近30人就业问题。这里员工不少人都是就近的村民,他们不仅学会了厨艺、服务等,而且能照顾家庭,邬良洪现在自己致富了,但他没有忘记自己的父老乡亲,他主动安排村内的困难户进庄务工挣钱,在生活上尽量照顾他们。

资料来源:案例来源于课题组的调研整理。

【案例 8-10】出生于四川省仁寿县钢铁乡红湖村额徐勇军,初中毕业后,便回家务农,家居高山,无经济收入,十分贫困。徐勇军觉得这样下去也不是办法,决定南下广东打工。到广东后,进入一家进出口公司。由于自己文化水平不高,也没技术,只能做些跑腿的活,工资也不高,经过两三年的打工生活,觉得在这儿混,还不如回到家乡,即使挣不了大钱,至少能照顾父母、妻儿。怀着这样的想法,于1995年回到家乡四川,开始做一些小生意,勉强维持一家的生活。一次偶然的机会,他遇到一个外地来购买草帽的吴先生。当时红湖村只有几家编织草帽的,并且全部都是小作坊式的,年产量只有几千顶,远远不能满足市场需求,于是他就有一个大胆的想法,收购成品草帽再转销。他便东拼西凑了两万多元钱。第一次收购了四万顶草帽,并顺利销售出去,赚了八千元钱,他高兴得哭了,他觉得搞草帽销售很有赚头,通过自己的努力是能赚钱的。但是本地产草帽的数量有限,而市场空间太大,如果只利用本地生产草帽搞流通营销,也无法赚太多的钱,何不利用本地的原材料——草辫,自己办一个较大规模的草辫加工厂。一边收购草辫用于加工,一边收购本地农户生产的草帽搞营销。这样既能帮助周围群众解决草辫销售难的问题,又能解决周围一些剩余劳动力,有了如此想法,就同妻子一道外出参观学习、考察,学到了草帽编织技术、草辫编织技术、机器维修技术。

于是在1997年他将房屋修了交通便利的粮丰大桥旁,并建了一个600平方米的生产车间,购买了包丝机15台、编织机10台、压辫机2台、压帽机1台,仅这些,已花光了多年积蓄。如果投产,还需大量资金,于是通过朋友担保,向银行贷款10万元,在村里招了20多个工人,早上天不亮,夫妻俩就出去收购草辫,到工人上班时间就指导技术。

他还购买了一辆货车,早上夫妻俩一样同去购买草辫。回家后,徐勇军主要负责草帽销售,妻子主要负责草帽生产。年生产草帽80多万顶,还帮周围群众销售100万顶,同时,同外省客户形成了固定业务,每年实现产值20多万元。通过自己的努力，两三年已还清所有贷款，并且还有盈利，草帽加工厂也扩大了规模，有35人生产草帽，有5人生产草帽包丝，有4人压瓣，有2人压帽，有2人印花，先后解决剩余劳动力50人左右。

同时，在他的带动下，周围邻居有10户先后走上草辫加工之路，而且这10户农户每年生产草帽超过10万顶，纯收入近10万元，这10户农户的草帽基本上是徐勇军帮忙销售的。这样既搞活了经济，又带动了地方经济的发展，使自己和周围群众先后走上致富之路。

资料来源：案例来源于课题组的调研整理。

（六）农户创业失败的典型个案

【案例8-11】 "80后"的何彪出生在河南商丘，他一直有一个创业梦想，想闯出自己的一番事业。可他的创业历程却并非我们想象得那般一帆风顺。何彪自小便在当地的农村生活，对自己生长的土地极为熟悉。他认为农村生态环境较好，没有城市的喧嚣，在这样的环境下适合发展养殖业。但是对搞什么养殖，能给自己带来多大的回报，他却感到十分迷茫。经过仔细思考、咨询，他最终认准了兔子养殖。具有实践精神的何彪说干就干，他立即购入兔子养殖的相关设备和资料书籍。养殖开始时，何彪想到了很多的阻碍，如自己没有相关的养殖经验、对销售也是不甚了解等。所以何彪一开始并没有进行大规模的养殖。就这样何彪开启了自己的创业之路，但随着养殖的深入，问题也逐渐暴露出来，由于良种兔子的饲养对养殖环境要求比较高，何彪每天都要在饲养棚打扫卫生、给兔子喂食、进行消毒工作等。但就是这样，每天还会有兔子死亡，何彪每天提心吊胆，疲惫不堪。而且，兔子的养殖需要三个月才能见效，而且何彪的养殖规模很小，限制了其收益的增长。而且由于自己缺乏管理经验，养殖场开支与日俱增，坚持了半年之后，何彪无奈选择了退出。

资料来源：中国创业网。

【案例8-12】 家住江西赣州的郑文峰一直有着创业的梦想，经过在深圳十余年打工的资金积累。2012年郑文峰毅然回到了家乡赣州准备自己创业。他承包了380亩的山林，准备种果树，搞养殖，做一个农家乐式的农场。但一年的时间投入了他辛苦积攒的17万元也只是修了一条简易的山路，交通成了最大的限制。并且，后来还发现老家经济相对落后，农家乐市场并不好。坚持了一年的惨淡经营后，郑文峰的创业之路也草草收场。后来郑文峰总结自己的经验教训时意识到，自己在投资创业前没有详细的规划，只凭一时兴起，没有经过长期调查和详细规划，自己在从事农家乐行业前并没有对该行业做充分的了解。

资料来源：中国创业网。

【案例 8-13】浙江省永嘉县的刘吉利是一位"弃文从农"的大学生。大学毕业后，他曾在消防队和房地产公司工作过，收入也相对不错。但刘吉利自小便有一个自己的创业梦想。经过深思熟虑，怀揣着梦想的他辞去了工作，开启了创业之路。他联合两名大学同学共同出资，从山东寿光以每粒一元的价格引进了 5 000 多粒种子，共计 20 多个品种。完成了种子的引进后，他们又租赁了永嘉县岩头镇的 3 亩土地，主要从事观赏型迷你南瓜和特大南瓜的种植，在南瓜种植大棚的间隙，刘吉利还种植了花生。为了便于管理，刘吉利在村里租了一间房子居住。

经过了一年多的苦心经营，刘吉利的果园到了收获的季节，优质的果子吸引了众多游客，并多次被当地的媒体报道。首战告捷的刘吉利立即想到的就是扩大规模，当即决定租用 60 亩农田开展水果种植。但由于刘吉利扩张盲目、农业生产经验缺乏等问题，果园的经营出现了困境，南瓜苗大面积枯死。为了解决这一问题刘吉利聘请专家进行指导，而且自己还参加培训，这无形中加重了成本负担。此外，他在土地流转时并未和当地农户协商好流转土地的用途，导致双方出现纠纷。为此刘吉利又付出了 20 多万元的成本，这些关键问题没解决好，导致了他的失败。

资料来源：中国创业网。

二、农户创业环境分析

在以上列举的典型的成功个案和失败个案中，可以看出创业的成功离不开对身边诸多要素的综合利用。创业发生、创业传导、创业合作、条件设立及创业路径等方面环环相扣。其中，创业发生包含农民的创业意识、农民创业动机，以及对创业机会的识别。农民创业是一种主观意愿，起源于对创业成功所获得利益的追求和冲动。农民创业的根本动机是在创业意识支配下对创业利益的追求，对创业机会的识别主要依赖于个人对机会的洞察能力。在创业动机方面：根据相关的心理学研究，需求是促成人们各种行为的基础，而在不同的阶段人会表现出不同的需求，而且每种需求都有着不同的迫切程度。而那些迫切的需求正是激励人们行动的主要源泉。在对成功创业的农户进行分析时，我们不难发现他们在创业过程中表现出对创业利益的追逐。例如，案例 7-4 中昆山村的胡守刚，他从懂事的那一天，就发誓要帮家里摆脱贫困，摆脱贫困是他面对挫折的动力。

根据企业家意识的鸟形模型和预测意识的 ACE 模型，一个人是在有了创业意识之后才会采取创业行为的，而创业意识会受到诸多外部因素的影响。在前文列举的成功案例中，我们不难发现，成功的创业者要善于把握所处的环境，充分利用其中的优势。农户创业作为一项系统性工程，无论是普通农户还是农村企业带头人，他们要成功创业，既要有必要的要素投入，更要有合适的外部环境，这些环境主要包括自然环境、制度环境、技术环境、政策环境、经济环境、市场环境等。

（一）自然环境

1. 农户创业要建立在良好的自然环境基础之上

自然环境主要包括土壤、气候、水文、地理、物理距离等自然条件。农户创业一个显著的特点在于自然环境对它的影响十分明显，而且对自然环境的依赖性很高。因为农户创业的项目多属于农业或与农业相关的项目，农业是自然再生产与经济再生产的交织，没有良好的自然环境，农业就无法得到发展，农户创业就无法顺利推进。特别是传统农业的规模化经营型创业，对自然环境的要求比较高，只有在符合条件的地势和气候下，才能开展规模化经营。因此，农户创业项目地址的选择，需要综合考虑土壤条件、气候、水利、地理和交通等因素，这些因素共同对创业中的农产品生产产生决定性的影响。如果选择在气象、水文、地理、生态环境脆弱的地区，就可能使创业项目遭遇巨大的自然灾害风险，甚至使农业创业项目"颗粒无收"，或者导致创业失败。

2. 新产业和新技术类型的农户创业大多需要建立在人工改良的自然环境中

随着现代农业基础技术的发展，温室技术在农业领域不断得到广泛运用，同时，"农业创业园区"也在我国各地不断涌现。这些现象本质上是人工模拟农作物良好生长的自然环境，缩短农产品市场与消费的物理距离，实现创业规模经济效应。但是，作为一个新的创业者来讲，创造一个良好的微观自然环境，需要大量的投资，这可能远超出其投资能力，因而在一些地区，由政府出资建立专门的农业创业园区，是极其必要的。因为，这不仅可以使众多创业者共享创业基础设施，而且可以借助政府的资金和搭建的平台，大幅度降低建设成本、技术成本、信息成本，从而提前实现创业预期目标。

（二）技术环境

技术是大多数创业农户创业活动的生命和基石，因此农户创业需要良好的技术环境。特别是建立新产业和专门化生产这两种农户创业类型，需要强有力的技术作为支撑。技术环境包括技术研发与创新、技术推广、技术服务，这三个要件可能统一在一个主体中，共同构成技术供给方，创业主体便成为创业技术需求方。

农户创业自然对科技产生需求，因而需要适宜的技术供给。在大多数情形下，这三个要素是分离的，分散在三个不同的主体之间，共同构成技术供应方，只是技术供给方式不同而已。为了提高研发效率，技术研发主体可能直接选择向技术推广中介转让技术，然后在通过推广中介向创业主体转让技术。技术服务主体主要是指对创业主体提供技术指导，这些技术指导有些是收费的（如个别疾病防治），有些是免费的（如流行疾病防疫）。

从科技创新成果的转化来看，过去我国的行政性技术转化导致了科技和经济"两张皮"的现象，而市场导向下的科技成果转化模式，充分考虑了地域资源优势、了解了市场需求情况，能够促使科技创新成果高效快速转化，及时有效地发挥其潜在生产力的价值。在科技成果转化过程中，关键是要疏通科技成果信息流通的渠道，使科技成果信息的供需双方有效沟通，这是国外的成功经验。因此，要想在供给与需求者之间疏通科技成果信息的通道，健全高效的成果信息咨询、技术服务等中介服务机构是十分必要的，中介服务机构能够以其掌握的供需信息、协调供求双方关系，建立双方交流的平台，能够提升科技成果转化率。因此，建立市场导向的科技成果转化模式，也有助于改善创业者的技术环境。例如，案例 8-5 中的唐云毅，带领合作社积极引导农户接受新品种，种植新品种，为创业的成功提供科技保障。

（三）经济环境

农户创业需要良好的经济环境。经济环境主要包括以下两个方面。

1. 经济可持续发展，居民收入持续提高

宏观经济稳定和可持续发展，不仅可以确保财政收入增长，使政府有更多的财力支持"三农"和农村、农户创业，而且可以确保城乡居民收入稳定增长，对农产品形成更多的有效需求，从而通过有效需求进一步引导农户创业。因此，稳定和可持续的宏观经济环境，能够为农户创业提供良好的市场动力。

2. 农业进入由传统农业向现代农业转型时期

如果农业农村生产方式仍然以小农生产为主导，农民不愿意释放土地经营权和使用权，就无法确保农户创业实现规模化、效益化、现代化。而城市化和工业化加快推进，带动了大批农村剩余劳动力进城务工，并迁移到城市安居乐业，这恰好为我国农户创业提供了良好的土地要素集中的环境条件。同时，党的十八大和 2013 年的中央一号文件确立了我国农业现代化发展的战略转型，为农户创业提供了良好的发展环境。

（四）市场环境

农户创业是为激活我国农业农村经济发展而创新的一种致富方式。农业、农户创业的成功，离不开健全、有序的市场环境。所谓市场环境，是指创业主体所面临的市场容量、市场结构及市场规范化程度等。良好的市场环境，可以确保创业主体的产品迅速地实现价值，获取满意的经济效益。农户创业的市场环境主要包括市场需求、市场竞争、市场中介等方面。

1. 市场需求变动

以需求为导向，选择农户创业项目。在商品相对过剩背景下，农户创业必须与市场接轨，以市场需求为导向，其生产的产品和服务才能最终实现价值。农户创业形成的产品，能否顺利销售出去，与市场需求存在密切关系。因此，农户创业的项目选取，首先要了解市场需求，调查市场需求，根据市场需求识别创业机会、评估创业风险、挖掘创业潜力。如果在更广泛的市场存在较大的需求空间，就可以推进创业过程。同时，创业产品销售需要广泛挖掘市场潜力，拓展市场需求空间，并根据市场需求变化，灵活调整创业产品，确保创业产品顺利销售。可见，市场需求是农户创业的出发点和落脚点，脱离市场需求的创业将失去其存在的价值和意义。

2. 市场竞争加剧

在农户创业中，市场竞争对手越多，市场竞争越充分，创业利润就越薄，甚至可能只有创业风险，没有创业收益。因此，在农户创业中，创业主体需要考察和评估创业产品的市场竞争态势。如果市场竞争比较充分，就应当寻求创业产品差异化、特色化战略，走特优产品和有机产品之路，这是在竞争中获得创业成功的关键所在。如果竞争不充分，就可以在创业环节走大众经营路线，在确保产品质量基础上扩大经营规模，追求创业的规模经济效应。可见，了解市场竞争环境，对农户创业战略的选择和取胜，具有至关重要的意义。

3. 市场服务中介

在市场经济条件下，要想建立以市场为导向的农户创业模式，就要组建市场服务中介机构和销售平台，并充分发挥其信息优势和销售作用，从而帮助创业的农户有效克服信息不对称、不完全等市场失灵现象，促进创业产品和服务顺利实现市场价值。当前，我国的农业供销合作社、农业专业合作社等中介机构，就具有一定的销售服务和信息提供功能，为创业者提供了一定的市场服务条件。但目前我国中介市场服务体系还不健全，多数中介机构功能过于单一，结构不完善，不能给供需双方提供及时、准确的信息，这使农产品的生产与消费严重脱节。此外，农户创业的生产环节，包括播种、施肥、除草、田间管理、疾病防疫、储藏、保鲜等，都离不开技术服务中介提供的必要的技术服务。如果缺失这些技术服务，就无法与市场服务中介建立起有效的信息联系和对接关系。因为在高品质的农产品交易市场，需要提供农产品的产地、施肥、田间管理等信息，这些信息都与生产中的技术运用高度相关。农户创业者使用的技术不仅需要研发者原始提供，还需要服务者连续指导，才能真正内化为创业者自身的技能。

（五）制度环境

农户创业需要相关的制度环境做支撑，这些制度主要包括科技成果转化制度、知识产权保护制度和土地流转制度等。

1. 科技成果转化制度

建立新产业和开展新业务类型的农户创业，离不开对农业科技的运用，需要将农业科技转化为现实的生产力。农业科技成果转化是在特定的制度安排下，通过技术市场，将科技成果从研发者或推广者手中转移到技术需求者手中的过程。农业科技成果转化作为农业科技进步的关键环节，对农村经济发展起着至关重要的作用。而科学合理的转化制度，对约束和规范科技成果转化过程中各参与者的行为、降低交易费用、获取较全面的信息、实现外部性的内部化等有重要的促进作用（万钢，2011）。所以，美国、法国等西方发达国家，都通过制定《科技成果转化法》来规范科技成果的运用与转化。

目前中国科技成果转化正处于计划向市场制度转型期，但依然摆脱不了传统转化制度的制约。政府主导型的科技成果转化制度下，政府各部门科研管理机构是各科研项目的发布者，同时他们又将经过科研团队和评审专家最终确定的科研成果送交各相关部门应用，政府部门充当了科研成果转化的中介角色；企业招标型科技成果转化形式，主要针对一些国有大中型企业和有实力的三资企业。企业自身的技术部门通过搜集在运营中出现的一些技术和管理问题，并将其整理成招标项目，随后向科研机构提供信息和资金支持，在科研成果产出之后进行验收，对达到预定质量要求的科研成果立即实现其向应用方面的转化。供给主体的科研成果转化模式中，科研单位作为科技研发和转化的主导方，其根据一定的前沿理论和自身的科研能力共同形成某个领域的科研成果，通过科研成果的专利化或产业化后进行市场化推广，以此将科研成果作为一种要素投入向生产价值转化。

上述两种转化模式，虽然在特定历史阶段对推动我国农业技术进步、促进农村经济发展起到了一定的积极作用，但现有的农业科技成果转化制度缺乏系统的体制和政策支持，科技成果的供给者和需求者之间存在严重的信息不对称问题，而且风险投资者在信息平台缺失的情况下无法形成科技成果的产业化应用，这在一定程度上降低了科技成果的转化效率。除此之外，农业科技成果常被看做公益性产品而非商品，从事农业科技成果转化部门不能从中获取一定的经济收益，缺乏一定的动力，而且转化过程中存在科技成果产权界定不清晰、交易成本高等问题，这些都严重影响到中国农业科技成果的高效转化。

2. 知识产权保护制度

知识产权保护制度是解决科技成果转化过程中双方利益冲突的"看不见的手"，对科技成果转化具有重要的激励作用。针对科技创新成果在市场交易中存在的产权界定不清晰等诸多问题，建立了以《中华人民共和国专利法》《中华人民共和国商标法》《中华人民共和国著作权法》《中华人民共和国反不正当竞争法》为核心的知识产权法律保护和激励体系，这些知识产权保护制度，同样适用于农业科技成果的保护。为了解决农业科技与农业经济脱节的问题，推动产学研联合协作，可以制定《产学研联合协作法》，对其协作形式、法律地位、各方权利义务、法律责任做出明确规定，依法发挥产学研联合协作对农业科技成果转化的促进作用。同时，农户创业是以一定项目为载体的有组织的创业活动，《中华人民共和国公司法》《中华人民共和国税法》等相关法律制度都与农户创业活动息息相关。

3. 土地流转制度

农业、农村创业需要重组土地要素，实现土地的集中规模化经营，这就需要将土地从分散经营的农户手中流转到创业的农户手中，特别是传统农业规模化经营类型的创业更是需要大量的土地。没有大量土地要素的集聚，农户创业就不可能实现。而农村土地集聚，需要土地有序流转。在土地流转过程中，土地流转形式、流转场所建设、流转价格决定、流转收益分配、流转权属变更、流转纠纷仲裁、流转市场监管等问题，都需要通过健全的法律法规予以确定。中国土地流转法律不健全、市场不完善，是土地流转的主要障碍，也进一步阻碍了农户创业的顺利推进。而十八届三中全会也明确提出，要加快建立中国农村土地流转市场，让土地要素在现代农业发展中进一步活起来。

（六）政策环境

1. 财税政策

农业具有公共产品的性质、农产品经营具有自然与市场双重风险性，决定了农户创业活动的非排他性。如果仅仅依靠市场机制进行调节，创业者需要面临创业的高成本和高风险，而且会出现效益的外溢。这种创业成本与收益的不对称性，会挫伤创业者的积极性。为了弥补市场失灵和市场缺陷，自然需要政府介入。农户创业的成本较高、风险较大、收益相对较低，致使大量投资主体对其望而却步，这决定了政府部门的财政支出和税收优惠成为引导农户创业的主导力量。

具体说来，财税政策对农户创业的促进作用，主要是通过财政投资、财政补贴和税收减免三个途径来实现的。首先，农户创业需要良好的水利、道路、交通、通信、信息化等基础设施条件，这些设施属于公共生产条件，具有较强的效益外溢性，创业主体不愿意或无力投资，需要政府财政投资来推进。其次，创业农户不仅面临着巨大的自然风险和市场风险，而且在创业阶段还面临较长的建设周期与创业风险；不仅要在生产环节（如要素价格补贴），而且要在销售环节（如农产品价格补贴）给予适当的财政补贴，如我国推行的农机具补贴、农业技术补贴等政策，均属于财政补贴机制。对农户创业的财政补贴，实质上是通过补贴工具，帮助创业主体分摊部分创业成本和风险，提高创业收益。

2. 金融政策

财政政策往往是对创业主体的无偿资助。而金融政策主要是引导金融部门对农村创业主体提供相应的金融支持，供求双方是建立在"互惠互利、信用合作"的基础之上的。金融部门需要在确保资金安全的前提下，方可实现信贷资金的发放。因此，金融部门在支持农村创业者时，往往需要附加较为严格的信贷条件，包括抵押和担保条件。引导金融部门对创业农户给予优惠利率的贷款，从而刺激农户创业。

总之，金融政策使用的主要目的在于帮助创业的农户改善融资环境，扩展融资的渠道，促进创业农户进行可持续的融资，确保其有稳定的资金流。

农户创业是对传统农业经营模式的一大突破，促使农业现代化、产业化、集约化发展，同时对实现农村产业结构优化升级具有重要的现实意义。

三、创业成功与创业失败的对比分析

（一）创业成功农户行为特征

1. 创业农户主要追求产出和效益最大化

随着市场经济的发展和人们生活水平的提高，传统小农和大宗作物生产方式已经不能满足人们日益增长的物质文化生活和对农产品品质的需要，而且面临着被市场淘汰的危险。鉴于此，农户选择创业，无论是从事较大规模的农业产业化经营，还是从事除种养殖业以外的农产品加工及非农经营，其最终目的都是增强消费者信心，扩大市场占有率，提高经济效益，增加农户收入水平。

2. 创业农户大多属于风险偏好性农户

创业本身受市场、政策等众多因素的影响，存在很大的不确定性，因此农户创业行为属于一项风险投资活动。这一特性进一步决定了创业主体的行为特征，即具有一定的风险偏好性。创业是一个长期的过程，从前期创业机会的识别、市场信息的搜集、创业项目的甄选等，到各种生产要素的购买、投入生产，最后到产品和服务的市场销售等每个阶段，创业主体都将承受巨大的风险压力。而保守型农户不会产生这种创业意识和冒险行为。因此，一般开展农户创业的行为主体大多属于风险偏好型农户。

3. 创业农户文化水平普遍要求较高

农户创业中，农户作为创业项目的主要负责人，其创业成功与否和项目主要负责人的文化水平高低和组织管理能力大小等存在较强的正相关关系。据统计，在我国现有的创业农户中，90%以上的创业农户负责人都具有初中以上的文化程度。文化水平较高的农户由于其接受的知识比较先进，导致其思想观念比较前沿，对市场信息的洞察力、判断力以及反应力都比较强，能够优先发现创业商机。同时在创业过程中，能够运用所学的知识进行有效的组织和管理，科学预算成本收益、及时进行风险控制等，因而创业的有效性和成功率较高。

4. 创业农户对外部资金和技术依赖性高

大量的资金和技术投入是农户创业的必备要素。一方面，农村创业农户虽然拥有一定的自有资本，但与创业所需的巨额资金相比却相差甚远，需要大量融资。但是，农户收入来源有限，同时农业生产受季节影响明显，具有较大的不确定性，导致金融机构对农户的信贷需求不轻易借贷；同时，农户拥有的有效抵押品数量有限，这在一定程度上强化了金融机构审慎经营的原则。因此，"融资难"导致的创业资金不足成为摆在众多创业农户面前的突出难题。另一方面，创业主体技术水平低，多数创业新技术需要从外部学习、引入，创业成功与否，与能否获得急需的技术高度相关。

（二）农户创业失败归因

1. 步骤不全型的创业失败

创业属于一个复杂的活动，其成功与否受到多方面因素的制约，但就创业者而言要想获得成功，就必须遵循创业活动的基本规律。一般而言，创业活动包含三个基本步骤：第一步为创业前的准备工作，创业者需要考虑自己创业的动因、自己所具备的条件，以及项目的选择、信息的搜集等，在选择项目时要根据自己的实际情况。第二步为项目分析，即创业者要对自己项目进行中如启动资金筹集等问题进行深入考虑。第三步为创业的落实，想法只有付诸实践才能取得成功，从那些失败的创业案例不难看出那些农户创业时的创业步骤大多有所欠缺。这样容易过高估计自己的实力，以及对周围环境分析不足，如案例 8-12 中提到江西赣州的郑文峰，没有考虑到当地的经济发展情况，贸然从事农家乐经营活动，最终只能惨淡经营。步骤不全型创业失败有诸多表现，如创业活动策划不充分、对风险和困难认识不够、没有做好相应的准备、自我定位不准确，以及对创业项目不熟悉、资金等准备不足等。这些原因中有一些与创业者的性格、年龄和知识水平相关。例如，对创业的风险和困难认识不够，它会随着创业活动的深入及创业者阅历的增加而得到改善，而创业设备等准备不足的情况也可以经过努力做得更好。

2. 经验欠缺、判断失误型的创业失败

经验的积累是农户在创业道路上必须跨越的一个门槛。作为创业成果的产品是要在市场进行检验的，而在农户创业过程中大多数都属于首次创业，对创业过程中可能出现的问题估计不足，盲目自大，最终导致创业失败。

四、地方政府对农户的创业支持

（一）地方农户创业支持政策

1. 浙江省的创业支持

2009 年浙江省人民政府办公厅出台《关于切实做好当前农民工工作的实施意见》，鼓励有条件、有能力的农民工返乡创业。将鼓励创业、促进就业的政策扩大到城乡所有创业人员，落实小额担保贷款及贴息、职业培训补贴、职业技能鉴定补贴等各项优惠扶持政策，在用地、信贷、收费、信息、工商登记、纳税服务等方面给予支持，积极开展开业指导、项目开发、跟踪扶持等服务，鼓励和引导农民工返乡创业。

2013 年浙江省省政府又发布了《关于促进农民收入持续普遍较快增长的若干意见》，要求培育农村创业主体，深入实施农村实用人才培养计划，大力培育农业创业人才。扶持现有农村中小企业、个体工商户和原料加工经纪人、农家乐休闲旅游业经营户等创业主体做大做强，并带动广大农民在配套领域创业兴办实体。引导大中专毕业生、返乡农民工、退伍军人、大学生"村官"等在现代农业、森林经营业、原料加工业、农家乐休闲旅游业、社区服务业、商品流通业、再生资源回收利用业、电子商务业等领域创业，进一步壮大个体工商户、小微企业、网店等农民创业主体队伍。实施"电子商务进万村"工程，对农村电子商务服务店的宽带费用、配送车辆的物流费用给予优惠。着力打造农民创业平台。要求依托县城和中心镇培育、产业集聚区和工业园区建设、集体物业经济发展，规划建设标准厂房、店面商铺、营业用房等农民创业基地。鼓励欠发达地区打造农民工返乡创业示范园，山海协作产业园专门设立农民工返乡创业区块，鼓励发达地区企业支持和服务农民工返乡创业。农村土地综合整治节余的建设用地指标优先用于农民创业园建设。同时加强构建创业服务体系，加快建立县级综合性农民创业服务中心和区域性分中心，开展信息咨询、技术指导、土地流转、场所租赁、资金融通、人才引进、人员培训、行政审批、工商登记等服务。创新农民创业信贷产品和服务，推广小额信用贷款、农户联保贷款和创业贷款，扩大丰收小额贷款卡、丰收创业卡、金穗惠农卡等覆盖面，重点支持对农业新型生产经营主体的信贷服务。扩大其可抵押物的范围，推动林权、农房、土地承包经营权等抵押贷款，增加财政贴息。鼓励和支持各地统筹整合农民就业创业有关资金，加大对农民创业培训、创业贷款贴息等支持力度。给予农民创业用地、用电、用水等优惠政策。

2. 河南省的创业支持

2009 年河南省人民政府出台了《关于切实做好当前农民工工作的通知》（豫政明电〔2009〕1 号），指出应大力发展现代农业，鼓励和支持返乡农民工从事种养殖等农业生产，多形式参与新农村建设，大力扶持农民工返乡创业。对返乡创业的农民工实行特殊的优惠政策，在其创业企业登记后，给予其三年的政策扶持，其中包括税费和小额信贷的优惠，并且在企业准入、登记、注册资本等方面参照当地城镇下岗失业人员的创业优惠政策实行。对申报个体户的农户，实行管理、登记、证照等事业性收费的免除；对从事农林牧渔项目的农户，免除其企业所得税的征收。农民工创办的企业缴纳房产税和土地使用税有困难的，向主管税务机关提出减免申请，可适当减免或不予征收，并且加大创业信贷支持。各省辖市、县（市、区）政府加大投入，扩大信用担保基金规模，积极为返乡创业农民工提供小额信贷支持。返乡农民工自主创业的，各地小额贷款担保基金可为其提供最高 5 万元的小额贷款担保，扶持期内从事微利项目的小额担保贷款，财政全额予以贴息。扩大返乡创业农民工申请贷款抵押担保财产的范围，各类动产和不动产都允许用于贷款担保，切实缓解返乡农民工贷款难。简化返乡创业农民工申请小额贷款程序，返乡创业农民工申请小额贷款由乡镇劳动保障事务所出具返乡证明，进行审查推荐，县级小额担保贷款中心进行资格认定和项目审查并承诺担保，经办银行发放贷款。

建立返乡创业基地。文件要求各市、县各级政府要统筹协调各类开发区、产业集聚区、专业市场为返乡农民工开辟专门的返乡创业孵化园区，落实优惠政策，完善服务功能，集中提供开业指导、创业培训、税费减免、创业咨询、项目推介、员工招聘等一站式服务。已经建成的城市就业创业园区也要对返乡农民工开放。同时，引导和鼓励返乡创业者利用闲置的集体建设用地和破产、倒闭企业旧厂房、镇村边角地，农村撤并废弃不用的中小学校舍等进行创业。确需使用未利用地进行创业的应办理转用手续。返乡创业农民工创办符合环保、安全、消防条件的小型加工项目，允许其在本人宅基地范围内建设生产用房。县城、乡镇要积极开辟场所，建立农民工市场，实行税费减免，鼓励返乡农民工进场入市从事个体经营。

在信息及后勤保障方面，要求为创业者提供创业信息和技术服务。简化手续，优化创业环境，推行联合审批、一站式服务和限时办结等制度，为农民工回乡创业开通"绿色通道"，提供及时、高效、便捷的服务。各地要依托乡镇劳动保障站所，免费为有创业意愿的农民工提供创业培训、项目信息、开业指导、小额贷款、政策咨询等服务，提高返乡农民工的创业能力和经营管理水平，同时要妥善安排返乡农民工子女入学，统筹安排，确保每一个返乡农民工子女都能入学。属于义务教育阶段的要按照就近入学的原则安排，并享受当地义务教育阶段学生的有关待遇。

2008年河南省人民政府办公厅《关于认真做好农民工回乡创业工作的通知》指出要积极支持农民工返乡创业，鼓励多形式创业，采取措施，鼓励外出农民工回到户籍所在的县（市、区）、乡镇创办各类企业、兴办各类专业合作组织或从事个体经营等。各地要根据国家产业政策和本地经济社会发展规划，紧密结合当地优势产业和特色经济，指导和帮助回乡农民工选准、选好创业项目。

重点鼓励、支持回乡创业农民工进入科技创新型、资源综合利用型、劳动密集型、农副产品加工型、现代服务型等产业或行业。积极引导回乡创业农民工主动接受大中型企业的辐射带动，创办为大中型企业服务的配套配件企业；围绕高科技产业终端环节或外部配套产品生产，发展劳动密集型组装加工业；在运输、商贸、餐饮、娱乐等领域发展个体私营企业，着力发展文化产业、现代物流、社区服务、旅游等现代服务业；利用农村资源优势，发展农副产品加工、规模化种植养殖、特色农业、传统手工艺品制作和编织业。

对农民工回乡创业，除国家法律、法规明令禁止和限制的行业或领域外，均允许进入，各级政府和有关部门不得自行设置限制条件。鼓励、支持回乡创业农民工平等参与国有（集体）企业改制改组和公用设施、基础设施、社会公益性项目建设等。降低工商登记门槛，允许回乡创业农民工的家庭住所、租借房、临时商业用房在符合安全、环保、消防等要求的前提下作为创业经营场所。

实行政策优惠。各地要把农民工回乡创业纳入招商引资范围，回乡创业农民工与外地客商享受同样的优惠政策。对农民工回乡创业，在登记注册后给予三年扶持期，扶持期内参照就业再就业政策的规定实行税费和小额担保贷款优惠；同时对从事个体经营的，适当提高营业税的起征点，对不征营业税、增值税的回乡创业农民工不再征收个人所得税。符合有关条件的，要按规定享受国家和当地扶持发展中小企业、非公有制经济、现代服务业、高新技术企业、农产品加工业及农业产业化龙头企业的优惠政策。

提供金融服务。农村金融服务机构要加快推进农村信用工程建设，大力推行信用证制度、农户联保贷款制度，拓宽农户小额信贷和联保贷款覆盖面，加大对回乡创业的信贷支持力度，放宽小额担保贷款条件，降低反担保门槛和贷款抵（质）押标准，积极给回乡创业农民工发放小额担保贷款，扶持期内由财政按规定予以贴息。创业人员证照齐全的房屋产权、土地使用权益、机器设备、大件耐用消费品和有价证券，以及注册商标、发明专利等无形资产均可作为抵（质）押品；第三人反担保的对象，可由机关、事业单位的在职职工扩大到经济效益好的企业中层以上管理人员。对成立经济合作组织或创办中小企业的回乡创业农民工，政策性开发银行要积极给予信贷支持。

妥善解决创业用地问题。各级政府及有关部门要把农民工回乡创业生产经营用地统筹纳入城乡发展总体规划，搞好基础设施及配套建设，允许集体建设用地用于农民工回乡创业。要引导和鼓励回乡创业农民工利用闲置土地、厂房、镇村边角地、农村撤并的中小学校舍、荒山、荒滩等进行创业。按照依法、自愿、有偿的原则，鼓励土地向有资金、懂技术的回乡创业农民工手中流转。回乡创业农民工创办符合环保、安全、消防条件的小型加工项目，允许在宅基地范围内建设生产用房。对创业成功、符合产业政策和规划要求的，要鼓励其长期投资，妥善解决好规模用地问题。

建立回乡创业基地。要积极发展创业园区、各类专业批发市场、商业街、商贸城等用于农民工回乡创业。鼓励各类开发区（高新技术园区、经济开发区、产业园区等）、工业集聚区和中小企业创业基地为农民工回乡创业提供支持，积极开展回乡创业服务，扶持回乡创业人才，培育回乡创业群体，引导回乡创业农民工集中经营、聚集发展。

提供信息和技术服务。各级政府和有关部门特别是县（市、区）、乡镇政府要积极为农民工回乡创业提供公共服务，优化创业环境。要建立创业信息发布平台，加强对回乡创业农民工的信息服务，及时公布各项行政审批、核准、备案事项和办事指南，发布法律、法规、政策和各类市场信息。要依托当地科研机构或高等院校，帮助创业农民工同有关专家和技术人员建立经常性联系，为农民工回乡创业提供必要的技术支持。同时积极发展创业服务中介机构，鼓励和支持行业协会、商会等组织充分发挥作用，为回乡创业农民工提供法律援助、技术支持、市场开发、财务评估、信贷咨询等服务。

提高创业人员经营管理水平。各地要对回乡创业农民工免费开展创业培训，有条件的地方可依托现有机构成立回乡创业农民工指导（服务）中心，免费为创业农民工提供项目信息、开业指导、小额贷款、政策咨询等服务，提高其创业能力和经营管理水平。要有计划地组织有资金、懂技术、会管理、立志回乡创业的优秀农民工到省内外重点企业、龙头企业、大型企业学习锻炼，帮助他们拓展创业思路。

2009河南省工商行政管理局发布的《关于支持返乡农民工创业就业的若干意见》包括以下方面：一是实行创业就业零收费制度。对返乡农民工申办个体工商户、创办合伙企业、独资企业或农民专业合作社的，一律免收登记类、证照类等有关行政事业性收费。二是放宽出资限额。返乡农民工从事农产品加工、贩运，经营小旅店、小饭店、理发店等，创办合伙企业、独资企业或农民合作社，一律不受注册资本数额限制。三是放宽出资方式。返乡农民工从事工商业经营活动的，可以以房屋、农机具等实物形式或合法方式取得的荒山、滩头、水域使用权、采矿权、出租车经营权等非货币方式出资，出资比例可达到注册资本总额的80%。四是放宽名称登记条件。返乡农民工申请企业名称登记的，凡达到法定最低注册资本（金）数额的企业法人，具有一定规模的合伙企业、个人独资企业，均可申请冠省名。申办个体工商户，可申请冠用其所在地市或县市区行政区划名称。五是放宽经营场所登记条件。允许返乡农民工将符合条件的自有住房作为工商登记注册的住所、经营场所；提交住所、经营场所产权证明有困难的，可由房管部门、街道办事处、居委会、村委会等有关方面出具使用证明。六是拓宽创业领域。凡是国家法律、行政法规未明确禁止进入的行业和领域都要允许返乡农民工参与投资。除国家法律、行政法规明确规定的事项继续实行前置审批外，其余事项不再作为返乡农民工创办企业的前置条件。七是缩短登记时限。返乡农民工申请工商登记申请名称预先核准的，实行当场核准办结；对个体工商户登记实行当日办结；对企业登记除确需对申请材料内容进行实质性审查外的，实行当日办结。领照时间由原规定的5个工作日减为2个工作日。八是实行试营业制度。返乡农民工申办个体工商户、创办合伙企业、独资企业或农民专业合作社的，除经营前置审批的事项外，可实行试营业制度，免费核发有效期为12个月的临时营业执照。九是实行首办负责服务制度。向申请人提供疑难登记解救服务，属工商部门职责范围的及时办理，不属于工商部门职责范围的及时通告有关部门；对需要办理前置审批手续的，提供前置审批部门名称、地址、联系方式等告知服务；可事先预约办理事项实行预约办理，可延时服务办结的，延长工作时间办理完结。十是实行帮扶制度。实行"一带四重点帮扶"制度，每 1 名工商干部帮扶 4 个农民工成为个体工商户或自创私营企业。

3. 重庆市的创业支持

2008 年 10 月 17 日，市政府下发了《关于引导和鼓励农民工返乡创业的意见》（渝办发〔2008〕296 号）。该文件要求放宽准入条件。引导和鼓励返乡创业农民工通过租赁、承包等合法方式利用闲置土地、闲置厂房、镇村边角地、农村撤并的中小学校舍、荒山、荒滩等场地进行创业。允许通过村庄整治等方式盘活集体建设用地存量，将置换出来的集体建设用地优先用于农民工返乡创业，减半收取集体非农用地规费，有关部门原则上按最低限额标准减半收取。

在内容支持方面，农民工返乡创办的企业，在登记注册后，鼓励和支持各类金融机构积极做好农民工返乡创业的各项金融服务工作，加大信贷支持力度。要求市农业担保公司和其他小额贷款担保公司把为农民工返乡创业贷款提供担保作为重要工作内容。返乡创业农民工证照齐全的，房屋产权、机器设备、大件耐用消费品和有价证券以及注册商标、发明专利等无形资产均可作为抵（质）押品，向金融机构申请贷款。金融机构可根据资产状况和诚信度，对返乡创业农民工进行信用等级评估，并根据信用等级发放信用贷款。农民工返乡创办企业或从事个体经营的，纳入就业专项资金小额担保贷款支持范围，并参照市再就业办等部门《关于印发〈关于在部分区县用小额担保贷款政策支持农民工创业就业的试行办法〉的通知》（渝就业办〔2008〕1 号），享受创业培训补贴。引导和鼓励返乡创业人员参加创业培训，将农民工参加创业培训纳入就业再就业培训补贴范围，参照市财政局、市劳动保障局、市再就业办《关于就业再就业培训有关问题的补充通知》（渝财社〔2006〕43 号）扩大"阳光工程"补贴范围。

在审批方面简化审批程序。整合各职能部门涉及创业的相关信息，多渠道收集市场信息，为返乡创业者提供信息服务。建立创业信息发布平台，向返乡创业者公布各项行政审批、核准、备案事项和办事指南，及时提供法律、法规、政策和各类市场信息。要根据国家产业政策，结合本地实际，制定产业发展指导目录，建立返乡创业项目库；要在农民工较为集中的地方，以多种形式组织开展返乡创业项目推介活动；要通过设立热线电话等方式，及时接受创业者的咨询和投诉。

同时重庆发展农业创业的微型企业方面，主要采取"1+3+3"政策扶持体系，即创业者"自己出一点"和"财政补一点、税收返一点、金融机构贷一点"，再加上搭建"农业微型企业培训平台、龙头企业对接平台、农业微企创业孵化平台"等系列帮扶措施。"自己出一点"主要是指创业者自投企业注册资本不低于 50%；"财政补一点"是指政府财政按照创业者自投资金的 50%以内给予微型企业资本金补助；"税收返一点"是指税收以创业者以企业注册资本金等额为限，由财政给予税收奖励;"金融机构贷一点"是指农业微型企业可以申请无抵押担保的创业扶持贷款或小额担保贷款,创业扶持贷款最高不超过 15 万元,执行基准利率,上浮部分由政府补贴,小额担保贷款最高 200 万元,由财政全额贴息。2012 年之后,重庆各地政府面向小微企业的采购项目不低于年度预算总额的 18%,采购评审中对小微企业产品可给予 6%~10%的价格扣除。为了助推民营经济发展,重庆农商行专门从信贷规模中切块 100 亿元额度,专项用于满足农业微型企业融资需求,其中 20 亿元用于支持微型企业。

4. 四川省的创业支持

2014 年四川省人民政府发布《关于进一步做好农民工工作的意见》,其中包括为深入贯彻落实党的十八大、十八届三中全会和省委十届四次全会精神,统筹城乡经济社会发展,加快新型城镇化进程,有序推进农业转移人口市民化,就进一步做好农民工工作提出如下意见。

依法将农民工纳入创业政策扶持范围,依法落实相关税收优惠政策。积极发放小额贷款,扶持具备条件的农民工进城创业。扶持农业微型企业发展的政策有,实行以"3 个 15 万元"为核心的农民工创业扶持计划。一是财政补助政策。对已在工商部门进行注册,且创业者的注册资本高于 10 万元的农户,政府将给予 5 万元的财政补贴,以供创业者扩大经营。二是税收减免政策,扶持对象创办的农业微型企业除享受国家和本省对微型企业及特定行业、区域、环节的税收优惠政策外,其实际缴付的所有税收中地方留存部分实行全额奖励,奖励总额可达 15 万元。三是融资担保政策。扶持对象创办的农业微型企业有贷款需求的,可以以自有财产抵押、税收奖励为质押或信用贷款等方式,到指定银行或担保机构申请 15 万元以下的银行贷款支持或担保。对符合扶持条件的农业微型企业免收所有创办过程中涉及的行政事业性收费。对残疾人、妇女、少数民族、大中专毕业生、复转军人等群体创业出台的既有优惠政策,还可以实行累加。

(二)地方支持政策的缺陷及改进方向

1. 支持政策的缺陷

农户创业者虽然知道国家和地方有相关的鼓励和扶持政策,但对政策的具体内容却并不是十分了解,如在对创业者补贴方面,虽然创业者知道补贴的存在,但对数额还是不太清楚,这增加了自己的创业风险。造成这种情况的原因主要有以下几方面:一是政府方面的宣传不到位;二是创业者方面没有主动了解,有些创业者单方面认为政府政策门槛较高,自己很难达到,从而放弃对政策的详细解读；三是政策设计不合理，规划过于宏伟背离了实际情况，导致在实施的过程中达不到预期效果，仅仅给人以美好的憧憬；四是政府出台的鼓励和支持农户创业的政策法规过于模糊，对政策的执行者和责任人没有明确的界定，导致在政策的执行中出现各部门之间的相互推诿，无法界定明确的责任人。从而使政策的执行大打折扣。例如，重庆出台政策规定允许通过村庄整治等方式盘活集体建设用地存量，将置换出来的集体建设用地优先用于农民工返乡创业，其中对如何甄别返乡创业的农民工规定得很含糊，在实际操作中容易出现"寻租"行为。

2. 支持政策的改进

加快优惠政策的落实：各级政府应推出明确的优惠政策，加大宣传力度。可采取政府工作人员进村入户的方式对群众进行优惠政策的详细解释，并对群众的疑问进行解答，还可通过公益广告的形式对政策进行宣传。与此同时，可以向农户发放优惠政策的宣传单页，同时政府应该构建一条便于群众咨询的通道，便于对群众的疑惑及特殊群体的问题进行及时的解答和反馈。在优惠政策方面，政府应根据实际情况，简化优惠政策办理流程，适度放宽创业农户的注册条件。

加强专项资金的管理：各级政府部门应加大对农户创业的扶持力度，建立农户创业扶持基金并对其进行监督，保证其持续发展。农村、农户创业途中所遇到的最大的问题就是资金短缺。目前大多数创业农户的资金获得主要靠自有资金和对外借款，而且很多都是非正式借款，而这些形式筹集额度有限，且难以持续。因此，由政府牵头组织建立一种可持续发展的农户创业基金，将会有效地提高创业的成功率。

健全创业激励的机制：各级政府建立健全农户创业的激励机制，营造农户创业的良好氛围。将当地农户的创业率及创业成功率纳入相关公务员的考核体系，加大对农户创业的宣传力度，消除对创业的排斥和歧视观念，建立健全的机制，使农户创业和农民增收得到同等的重视，让创业者得到更多的支持。

搭建创业服务的平台：各级政府搭建创业服务平台，为农户创业开辟绿色通道。针对农户在创业过程中所遇到的手续复杂的问题，可以建立一站式办理大厅，相关单位可在大厅设立自己的办事处，加强资源的整合，搭建创业服务的平台。同时还应加强引导，为有创业意向的农户提供政策详解、项目推荐、技术支持、融资服务等，使更多的创业农户受惠。

第九章　推进农户创业的制度框架及政策取向

摘要　改革开放30余年的经验表明，增加农民收入、发展农村工业的最好途径就是支持农户创业。当前，党和国家提出了建设社会主义新农村、推进新型城镇化的战略举措，这是鼓励农户创业的机遇期。如何鼓励和扶持农户创业成为党和国家一项紧迫的任务。本章主要探讨农户创业的制度框架和政策取向，从制度层面和政策层面给出促进农户创业的制度框架和政策组合。激发农户创业参与的激情，保证农户创业持续连贯，收到良好的效益。基于此，本章提出以"增加农民收入、优化劳动力配置、农业产业新业态、农业新技术扩散、农村发展新常态"五大政策为创新方向；在此基础上提出从"财税制度、土地管理、教育培训与产业管理"四个维度给出制度组合和制度创新；最后着重探讨对创业影响日益重要的创业环境，提出"构建激励约束相融的法制环境、构建公共服务体系、搭建多维社会网络、完善基础设施建设、激励激发创新理念"五个维度改善和优化创业环境，培育浓厚的农户创业氛围，形成"政府推动创业、农户积极参与、社会鼓励创业"的良性互动，形成中国农户创业创新的浓郁氛围，农户创业一小步，创新型国家建设一大步。

一、农户创业制度创新方向与制度框架

中央明确提出，要加快建立以工促农、以城带乡的长效机制，积极推进农村改革，激发农民自主创业潜能。因此，农户创业必须紧跟社会主义新农村建设的步伐，创业农户应该成为新农村建设的生力军。一项来自清华大学中国创业研究中心的报告(《中国百姓创业调查报名》)显示，农户是我国创业人群的重要组成部分。因此，农户创业既是完善我国创业体系的重要举措，也是建设社会主义新农村、增加农民收入、提升农村产业的重要途径。农户创业制度创新的方向，也必须以社会主义新农村建设为方向，以增加农户收入、繁荣农村经济为方向，以

服务"三农"、缩小城乡二元经济差距为方向。具体来说，农户创业制度创新方向，应该把握以下几个方面。

（一）农户创业制度的创新方向

1. 以增加农民收入为创新方向

就业是民生之本，创业是就业之基。只有创业，才能带动就业；只有创业，才能增加家庭经营性收入和财产性收入；只有创业，才能造就大量懂技术、会经营、善管理的新型农民；也只有创业特别是就地就近创业，才能更好地建设社会主义新农村。因此，在农户创业制度创新方向的把握上，应把推动农户创业摆在更加突出的位置，鼓励农户自主创业，辩证地看待创业与就业的关系问题，创业是增加农民收入的重要动力。

实践已经证明传统一家一户的小农经营，不是增加农民收入的出路，也不是农民致富的新常态，只有农户创业才能有效提升农业经营的效率，通过吸纳大量剩余劳动力加入创业农户，极大地释放农村生产力，繁荣农村经济。一方面农户创业可以使创业农户自己增加收入，也使就业农民获得工资收入；另一方面还可以带来劳动力转移，农业效率提升，间接增加农业收入。因此，农户创业应当以增加农户收入为创新方向。

2. 以优化劳动力配置为创新方向

亚当·斯密第一次提出了劳动分工，它是随着社会生产力的不断提高，人们经济活动不断地分化和专门化[①]。分工带来效率的提高，它是财富的重要动力。众所周知，我国两千多年的家庭经营，一家一户分散种植，大量劳动力聚集在农业，带来的并不是农民的致富，却是农民普遍贫困。农户创业是农业生产力提高的重要体现，有知识、有技术的农民成为创业者，而文化程度较低的农民则成为雇员，这就是分工所带来的好处，不仅优化了劳动力结构，而且提高了农民收入。

在一个分工越来越发达的农村劳动力市场，农户可以根据自身素质进行合理定位与配置，有能力的农户创业，文化较低的农户到创业农户所在企业就业。两者随着创业领域、创业环节的推进，交替进行，农村劳动力市场越来越完善。创业和就业的分工，不仅彰显了农村劳动力的要素价值，而且提升了劳动资源的配置效率。

基于这样的思考，农户创业应该置于农村劳动力分工的环境之中，以优化劳动力资源配置为创新方向，有效配置农村劳动力资源尤其是农村剩余劳动力资源。因此，可以说，实现农村剩余劳动力转移的有效配置方式就是鼓励和扶持农

---

① 参考自亚当·斯密《国富论》。

户创业。有学者认为实现农村剩余劳动力转移的有效方式在于城市化。但在我国城市化水平仅为 52% 的基础上，远低于发达国家 70% 以上的城市化率。如果没有来自农村内部的动力，农村剩余劳动力转移是很难实现的。要实现城镇化、缩小城乡二元差距，剩余劳动力转移肯定是必不可少的。农户创业是转移剩余劳动力的内生动力，通过创业，带动一批农民实现就地就业，农民成为农业产业工人，极大地提升了农民的生产效率。这不失为缩小城乡收入差距的正确举措。

2014 年 3 月，李克强总理提出，要积极稳妥扎实推进城镇化，到 2020 年，要着力解决约 1 亿进城常住农业转移人口落户城镇、约 1 亿人口的城镇棚户区和城中村改造、约 1 亿人口在中西部地区的城镇化，推动新型城镇化要与农业现代化相辅相成，突出特色推进新农村建设，努力让广大农民群众过上更好的日子[①]。如果没有有效的劳动力配置机制，"三个 1 亿人口"都是空话。农户创业，是实现"三个 1 亿人口"内生动力，是优化劳动配置效率的重要举措。农户创业，带动一大批农民就近转移到城镇或中心村，释放了农业生产效率，农业可以不必因"过密化"而陷于低水平均衡状态。由此可见，农户创业，必须以优化劳动力配置为创新方向。

3. 以农业产业新业态为创新方向

农户创业，还必须考虑到农业产业的特殊性。农户在创业过程中，要以农业产业新业态为创新方向，即考虑到农业的多功能性。农业的多功能性是指农业生产具有经济和非经济两大生产功能，换句话说，农业除了具有生产食物等传统经济功能外，还具备经济、文化、社会环境等方面的非经济生产功能，如粮食安全、食品安全、观光旅游、农业服务业、农业文化等。农业的非经济生产功能有正向功能和负向功能，正向功能包括保障农民生产就业、维持生物多样性、形成良好生态环境、保持农村文化繁荣等；负向功能包括土壤受到过度侵蚀，造成土壤酸性、盐碱性，土地面源污染，大量农药造成农村地下水浸染，过度开垦造成植被破坏、水土流失等。农业是弱质产业，如果农户在创业过程中，未考虑到农业的多功能性，像城市工业那样不计成本地谋取利益，那么这种创业将是不可持续的。

国民经济结构变动，我国工业化运动进入中后期，城市化进程不断推进，显然这对农业发展也提出了更高的要求。当前我国已经进入由农业为工业提供资本原始积累的阶段进入工业反哺农业的阶段，农业逐步由生产功能向非经济功能调整。我们必须深刻理解社会主义新农村建设中"生产发展、生活富裕"的内涵，重新定位农业的多功能性、实现传统农业向现代农业的转变。这种农业功能定位调整的理解，有利于充满满足全国 13 亿人口农产品基本需求，以便提高我国粮食生产的自给率、提升我国农业在全球农业中的竞争力；同时也有利于促进农业与

---

① 参考自李克强《2014 年政府工作报告》。

工业、第三产业的协调发展，促进国民经济协调、同步、健康、稳定地增长。

农户创业过程中，应当立足于农业的多功能性，农村地域的特殊性，既要考虑到创业企业自身的利益问题，更要考虑到粮食安全、食品安全等问题。把创业企业作为农业观光的旅游产品，丰富企业文化，传承农耕文明。因此，农业产业的新业态将是农户创业必须加以考虑的因素，否则农村将承受不起不可持续发展带来的一系列恶果。

4. 以农业新技术扩散为创新方向

农户创业制度改革，必须以信息技术扩散为创新方向。我们发现，鼓励和扶持农户创业，可以让农户摆脱传统的农业生产活动，使农户的思维方式发生变化，有利于农户学习新技术和新知识，促进信息技术的扩散。调研发现，在我国贫困地区，农户主要是"面朝黄土背朝天"的生活方式，习惯于小农经济思维，囿于"我的一亩三分地"，承受压力和风险的能力较小，冒险精神不足。他们很难摆脱传统农业活动，创业的观念相当淡薄。相较于沿海发达地区，内地贫困地区的乡镇企业数量稀少。这种传统的自给自足生产模式导致农业新技术扩散甚为困难。

由上面分析可知，农业必须以新术扩散为创新方向，就要打破传统"自给自足"的思维观念。打破这种观念，最好的途径便是模仿。由于农户接受教育程度普遍较低，受过高等教育的农户很少，模仿和经验知识已经成为农户获得新技术的重要方式。调研发现，农户创业具有很强的示范效应，如果一个农户创业成功，这种成功将会产生巨大的示范效应。这种成功并不局限于农户本身发家致富，也不局限于给其他模仿的农民增加就业机会、提高收入，而在于他们的成功，使其他农户能够通过模仿和经验的学习，带来一大批农户实现创业，逐步摆脱传统生产方式的桎梏，使农户创业的火种呈燎原之势，为农村繁荣做出贡献。

农户创业有其风险性，贫困地区的农户很难接触到创业的相关信息，创业是一种工业活动，逐步延伸到农业领域，但创业的本质特征却没有改变，如创业流程、创业风险评估、产品设计以及生产技术等。贫困地区的农户是较难学习到这种创业知识的。这就要求我们必须以新技术的扩散为创新方向，使创业的火种能够在农村播撒。

5. 以农村发展新常态为创新方向

农户创业还必须考虑到农村发展的新常态。当前农村发展的新常态，就是"物的新农村"和"人的新农村"。2014年12月，中央农村工作会议指出，积极稳妥推进新农村建设，加快改善人居环境，提高农民素质，推动"物的新农村"和"人的新农村"建设齐头并进[①]。所谓"物的新农村"是指道路、饮水、电力设

---

① 参考《2014中央农村工作会议报告》。

施和住房条件等人居环境的改善。推进"人的新农村"是指建立健全农村基本公共服务、关爱农村"三留守"群体、留住乡土文化和建设农村的生态文明。

当前的农村，尤其是中西部农村落后地区，普遍面临的问题是萧条与萎缩，与东部地区繁荣发展的局面形成鲜明对比。主要体现在农村人居环境脏、乱、差的局面还没有得到彻底改善，农村基本公共服务还不健全，农村劳动力主要以"三八六一九九"部队为主，抛荒摞荒现象严重，农村乡土文化面临瓦解，乡村治理成为农村的一个重要问题。农户创业，不能仅考虑农户自身的利益，他们的创业本身就带有一种使命感。

社会学家费孝通（2006a，2006b）对乡土重建提出了自己独特的思想，他认为，要通过发展乡镇企业来增加农户收入，将以农业为基础的已趋衰落的传统乡村"重建"为包含现代工业文明的工农相辅的"新农村"。这种思想既不是现代工业简单替代传统农业，也不是回归传统农业而排斥现代工业，而是将现代工业文明中适合在农村生长的东西嫁接到传统的农业社会中。农户创业，无疑是乡村治理的一种有效手段。通过创业，依托农村的优质资源，发展一批农村新产业，如手工业、观光旅游业、休闲渔业、森林旅游业等，改变了农村单纯以农业为主要产业的产业形式，优化了农村的产业结构，实现农村产业的集聚和人口的聚集。因此，农户创业是农村发展新常态的重要载体，其必须以农村发展新常态为创新方向。

（二）农户创业制度的支持框架

1. 财税金融制度

财税金融制度是解决农户创业融资问题的重要举措，从国家层面来说，主要通过财政补贴和税收减免制度来保障农户创业所需的资金，从社会层面来说，主要通过金融机构健全的贷款制度来保障创业农户所需资金。

农户在创业过程中，需要一定的税费减免与财政补贴支持。税收和财政补贴，是经济发展的"调节器"，也是政府对经济活动进行宏观调控的手段。在世界金融危机的冲击下，面对日益严峻的就业压力，政府要扶持农户以创业带动就业，对农户创业企业实行一定时期的税费减免与优惠政策支持是必要的和合理的。这种制度就是要减轻农村创业的税费负担，引导、鼓励和扶持农户创业，使农业企业越做越大。通过给予创业企业合法的税收优惠和财政补贴政策，给处于创业生命周期中的企业"放水养鱼""输血供氧"，让减免税收成为创业企业的"助推器"，不断增强企业活力，最终可实现财政收入的"丰收"，从而实现创业企业和政府的双赢。

从创业条件来说，农户创业需要健全的金融贷款制度。面对企业流动资金、发展资金短缺的困难，创业农户非常渴望能获得金融机构提供的额度不大，但期限长、利率低、覆盖面广的贷款。对准备创业的农户而言，他们绝大多数都没有富足的资金，也没有资产可供抵押，当然也就很难从银行获取到融资。小额贷款制度同样对创业农户设置较高门槛，当地信用社和银行在执行国家小额贷款政策，要求如果没有偿还能力或者抵押物，也可以找到当地两位有稳定收入的单位正式职工作为担保人，但创业农户往往达不到这样的条件。归结起来，在当前的条件下，农户创业在融资上存在明显的障碍，政府原有的融资机制已经不能满足需求，鼓励农户创业还需要进一步创新融资机制。

2. 土地管理制度

财税金融制度是解决农户创业的融资问题，对创业农户来说，除了融资以外，还需要土地制度提供的要素保障，农户创业不仅需要农地进行农业生产，还需要土地来展开创业的基础设施建设，如创业所需的厂房、办公室或者铺面及相应的水电气网络道路等。对用地量大的创业者来说，以发展特色种植养殖业的大户为代表的规模经营主体，获得创业生产经营用地就面临比较复杂的土地流转问题。

所谓农村土地流转，是指农村土地的经营权流转。拥有土地所有权的村集体将土地承包给农户，拥有承包权的农户再将土地经营权转让给其他农户或组织。这种土地流转，实质上是随着农村生产力的发展，传统自给自足的生产方式不能适应农业生产力，通过土地流转实现规模经营，以提高生产力。农村土地流转实现了所有权、承包权和经营权的"三权"分离，即农村集体拥有所有权，农户拥有承包权，其他使用土地的人拥有经营权或使用权。土地承包经营权的流转包括转包、出租、互换、转让、股份合作等多种形式。通过土地承包权与经营权的依法流转，可以实现土地集约化发展和适度规模化经营，参与土地流转的农业企业等经济组织则利用土地流转扩大生产规模及范围，而农户通过流转农地实现了自身经济效用的最大化。

但是，一方面，土地作为大多数农民赖以生存的主要生产资料之一，给农民提供最基本的生活保障，担当着其社会保障和失业保险的"双重功能"；另一方面，农村土地的细碎化现象很严重，由于我国实行了家庭联产承包责任制，形成了"一亩三分地"的农地格局，农村土地由农户分户承包、小农经营。此时，一方面，农户创办企业参与土地流转要受制于农民对农地流转的意愿，而农户的农地流转决策行为既受"经济理性"驱动，也受"恋土情结"、职业兴趣与生活方式等非经济因素的影响，这都可能不利于农村土地承包经营权的流转；另一方面，农户创办企业参与土地流转还有可能支付较高的协商谈判成本。在参与土地流转的过程中，创业企业如果与一家一户的农民直接谈判则费用比较昂贵，还会加大谈判失败的风险。如果与村集体等第三方谈判，虽然谈判费用较少，也比较容易达成一致，但现实中由于农户缺乏对村集体的信任，他们的质疑则可能会造成以村集体为代表的第三方的失败，还是会影响最终协议的达成。总之，土地管理制度就是解决农户创业的用地需求，帮助其妥善解决规模用地问题。

3. 教育培训制度

农户创业是一项有风险的智力活动，需要创业农户具有理性的分析能力、把控风险的能力。教育培训，就是要解决农户创业能力薄弱的问题。农户创业的教育培训，就是为了提高农户的创业能力，通过短期实用的创业技术传授，使农户能够较快了解创业过程中所遇到的问题，熟悉创业经验，以提高创业成功的概率。这种教育培训，应该本着统筹规划、联系实际、因地制定和分类指导的原则，即对教育程度较高、创业思维丰富的农户，应该着力提升他们的创业技能和管理水平；对文化素质较低、专业能力欠缺的农户，应当采取一些实用性的创业技术传授，如科技下乡、专家大院、开展讨论等方式，侧重实用技术的学习，引导其在市场上找到创业思路，增加创业本领。

调研发现，在创业农户中，很多农户都没有接受过教育培训，绝大多数的人自创办企业以来没有接受过任何进修或培训。调查还显示，在提高自身素质方面，他们迫切期待政府提供的相关支持政策就是政府能够提供免费的创业培训、技术培训、市场培训和管理培训等。对大多数农户而言，以前务农或打工大多从最简单的操作做起，基本上不懂管理，也很少有创业的经验，因此往往也不太清楚创业需要具备什么条件，创业应该办理哪些手续，应该经过哪些程序，有哪些特别需要注意的事项。而显然，这些都是创业者所必须储备的创业知识和技能。农户创业经验的欠缺，再有创业农户大多文化程度不高，没有受过系统的管理知识培训，致使其创办的企业管理不够规范，企业发展的活力与后劲不足，会造成其在激烈的市场竞争中处于劣势。在当前，要真正落实好政府提出的大力扶持农户创业的精神，就要做好对创业农户的创业辅导。可以依托现有机构为创业者提供创业教育、培训和咨询，建立由政府、学校、企业等多方参与的创业培训体系，围绕如何开展创业农户的培训教育、激发创业农户的创业激情、提高创业农户的创业技能，进而提高创业农户的创业成功率。

4. 产业管理制度

农户创业，还离不开产业管理能力，一个良好的企业，管理无疑是一种软实力。健全的产业管理制度，更是创业成功的法宝。农户创业，首先要搞清楚当前的经济大环境和发展大趋势，知道哪些行业是经济社会发展所需要的所谓朝阳行业，而哪些行业是经济社会发展所不需要的所谓没落行业。创业行业的选择非常重要，一般而言，只有选择那些符合经济社会发展方向的朝阳行业进行创业，才能在创业之初就抢得先机，企业必然会随着经济社会和该行业的发展而获得源源不断的商机；反之，如果一开始就选择了即将被社会淘汰的行业进行投资创业，企业也必然会和整个行业一起没落。

产业管理制度，对农户创业来说，更多地体现在产业组合制度上。产业组合制度是一系列正式规则和非正式规则所形成的制度网络，通过这些制度，它能够约束农户创业的行为，使创业过程中和企业运行过程中，减少专业化和分工所带来的交易费用，解决合作博弈问题。农户创业时，应该将交易费用作为优先考虑方向，我们知道，交易费用有三个重要维度，即资产的专用性、交易的不确定性和交易的频率[①]，这三个维度的高低不同，会形成不同的规则制度，带来不同的交易费用。当这三个维度都较低时，通常会形成古典契约关系的市场规制结构，即完全竞争的市场；当这三个维度都很高时，则会形成企业。介于企业和完全市场之间的是"双边规制"结构。产业组合制度管理，便是由农户创业本身的效率决定的。

产业管理制度，还包括风险管理制度，对农户创业者而言，创业就必须权衡其中所面临的机会与风险，理智对待创业机会，冷静分析隐藏在创业机会背后的风险。并且，相对于成熟企业，创业企业处于生命周期中的创业阶段，在市场竞争中获取资源的能力弱，生产经营的经验往往也不足，一般都会面临资源和经验的"双缺口"。所以，创业者与创业企业面临的风险很大。为提高创业成功的概率，在创业过程中创业者和创业企业必须学会控制风险、规避风险，想办法防患于未然，通过提高创业企业获取资源的能力来增强自身的风险抵御能力，通过学习先进的管理经验等方式来增强自身的风险规避能力，从而避免破产和失败。创业环境维度图如图9-1所示。

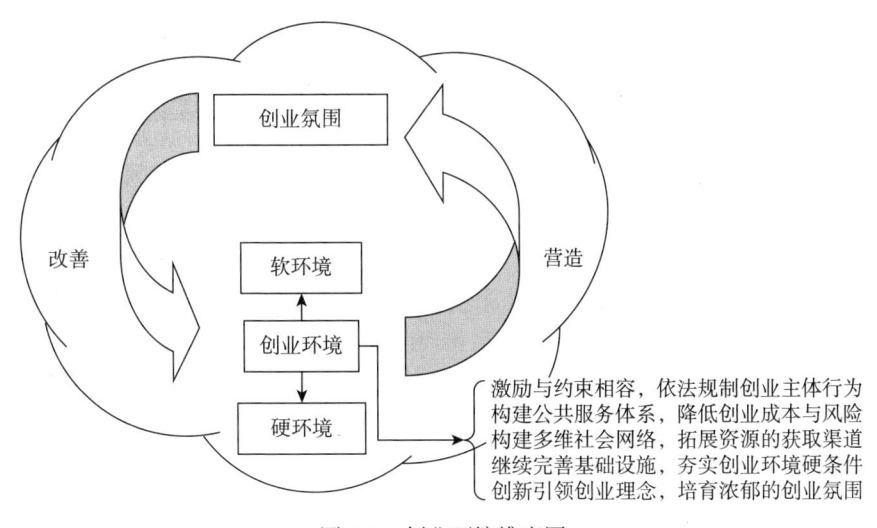

图 9-1 创业环境维度图

---

① 参考自威廉姆森《交易费用经济学：契约关系的规则》。

二、改善创业环境的主要维度

要进一步推进农户创业，政府应该遵循"尊重创业、因势利导、积极支持、完善服务"的指导思想。尊重创业，就是指政府要充分重视农户创业活动，给予他们创业的权利，不能因为他们文化素质较低便冷眼相看，要对他们与招商企业一视同仁，同时要保障他们的合法权益；因势利导，就是指政府应当结合三农问题的实际，在符合国家产业政策的基础上，尽量使创业农户围绕农业领域进行创业，使农业企业的优势得以凸显；积极支持，就是指对创业农户给予政策上的倾斜，只要农户创业活动符合国家法律和产业政策的要求，就应当予以支持，对返乡带来资金的农户，要予以鼓励，给予税收和财政补贴的优惠；完善服务，是指政府应发挥服务型政府的理念，为农户遇到的资金难、融资难、用地难、人才难、办事难等问题，予以帮助，改善他们恶劣的创业环境。这就需要我们的政府在充分了解回乡创业农户最直接最现实的需求和回乡创业面临各种主要障碍的基础上，着重在人才、资金、土地、政府服务等方面进一步完善相关的农户创业支持政策。

农村软环境的建设主要是指农村社会文化环境的建设，而农村硬件建设主要是指基础设施的建设。两者相互作用，共同影响农户创业的发生和持续性。

农村社会文化环境是指农户企业所处的环境，这种环境包括农村的风俗习惯、农民的信仰价值、行为规范、文化传统、生活模式、人口数量和质量及其地理分布，以及社会结构等，随着这些因素不断改变，这种环境也处于动态变动之中。它是一定区域内的农民在其长期的发展历史过程中逐步形成的，对农户创业和创业持续起着潜移默化的影响作用。创业农户的任何活动都要置身于这一环境中，因此创业农户要根据社会文化环境的特点，选择合适的行业、规模、形式进行创业，尊重当地风俗习惯和宗教信仰，充分考虑当地人民普遍的价值观和消费习惯，这对创业的持续有着十分重要的作用。

农村完善的基础设施和良好的资源环境对理性的创业者来说更具有吸引力。创业农户可以利用已有的设施和渠道进行业务的创立和发展，而不用另外花更多的财力、物力和人力来进行基础设施的建设。所以，完善的基础设施和配套设施也是产业集聚现象的一个基础条件。各个创业者集中起来，更容易形成规模效益，享受技术溢出效益带来的便利，更利于产业升级，这个过程也就体现了社会文化软实力与基础设施建设硬实力的相互作用。

以上的分析可以说明建设农村"软件"和"硬件"的重要性。在建设软件的过程中，政府部门起到一种导向的作用，营造积极敢于冒险的热情和勇气，树立彼此信任的文化氛围，倡导开放自由的文化思想，此种社会文化氛围更利于农户创业和创业持续。同时，政府要制定相应的配套激励措施，对促进社会文化环境发展的家庭、个人、团体进行及时的表彰和奖励。在建设硬件的过程中，政府部门应该做到专款专用，完善硬件设施的建设，提供便利的创业环境，为农户创业和发展提供基础性的保障。具体说来，可以从以下几个方面进行思考。

（一）激励与约束相容，依法规制创业主体行为

农户创业是一项系统工程，涉及创业农户、当地政府、各服务供给主体和第三方利益相关者。因此，需要通过激励与约束的措施，依法规制创业相关主体的行为，以便农户创业顺利进行。

首先，从政府层面来说，政府对农户创业政策缺乏系统性和连贯性，往往没有正式的规章制度来保障创业优惠政策的施行。当国家重视农户创业时，便会给出一些农户创业的优惠政策；当国家不重视农户创业时，相应政策会相对较少，甚至没有。这种政策变动带来的农户创业优惠，往往不能从根本上解决农户的创业问题，缺乏针对性，不能形成长效机制。因此，只有通过法律手段，才能从根本上保障农户创业优惠得以实施，用法律制度来保障农户创业，不会因某任领导的离去、到来而受到影响，保障这种创业优惠得以连贯。这种优惠涉及政府管理体制问题，如农户创业的规划、政府对农户创业管理的权责归属、相关管理机构的运行等。农户创业的优惠政策，除了要求政府健全完善相关法律制度，还要求这些法律法规得以切实落实，这就是政府对法律法规的执行力问题。当建立起完善的农户创业优惠法律体系时，还需要这些法律法规得到充分执行。只有这样，农户创业优惠才不是一句空话，农户也才能真正享受到国家对农业企业创业带来的优惠。当前，政府的执行力缺乏监督，权责不明，多头领导，给农户创业带来了很大困扰。因此，本书建议，政府应当明确负责农户创业各部门的权责范围，防止多头领导、互相推诿的局面出现，明确各政府部门的职能、职责和任务，搭建创业指导（服务）中心和基层创业服务平台，让农户能够充分了解创业优惠政策。同时，要对不作为或乱作为的行政执法进行追责，当出现优惠政策的执行问题时，要追究相关责任人。总之，政府应该保障农户创业优惠的规章制度，为农户创业营造一个完善的法律环境。

其次，从农户层面来说，农户作为创业活动最核心的主体，其在创业活动中所扮演的角色是相当关键的。要使创业活动得以顺利进行，农户应当在国家法律和产业政策允许的框架内，做好创业过程中的各项准备工作。对大多数农户来说，他们的受教育程度较低、创业能力较为欠缺，因此在创业过程中，具有很高的风险。从前面的分析可知，农户具有模仿和经验学习的特点。一项成功的创业往往

会引起大批追随着模仿创业，但对农业企业来说，跟风创业也会导致企业生产产品过剩，价格下跌，最终给农户创业积极性造成伤害。因此，在对农户选择创业类型时，应该避免重复性和同质性企业出现。充分利用政府对市场规律的把握，规范农户创业类型，避免跟风现象。同时，创业是一项复杂的具有风险的活动，需要农户在创业过程中做大量的准备，如资金的筹集、土地的租用、人才的招揽等，无不需要农户一一考虑。可见，在创业过程中，农户应当经过严格的创业培训，使他们在创业过程中做到有的放矢，这种培训，既包括对融资能力的训练，也包括跟农户打交道寻求用地支持的训练，还包括各种人事管理制度的训练，以及对风险管控的训练。总之，只有对创业农户进行良好的训练，才能让他们在创业活动中游刃有余，寻求创业的成功。

最后，对利益相关者来说，应当通过农户创业协会进行管理，创业协会旨在为创业服务提供各种服务，为农村经济发展提供支持，同时农户创业协会是协调创业农户与各相关利益主体的良好渠道。这种协调主要包括以下几个方面：不定时开展农户创业联谊活动，通过联谊，使创业农户与各利益相关方融洽关系，同时可以为创业农户和利益相关主体提供各种信息资源，总结创业经验和教训；通过农户创业协会，可以了解创业农户和各利益相关主体在创业过程中遇到的各种困难和诉求，以便政府在农户创业政策上得到充分信息，为完善农户创业政策提供信息，不断优化农户创业环境；当创业农户与利益相关主体发生纠纷时，可以通过农户创业协会进行协调，维护创业农户的合法权益。

（二）建立公共服务体系，降低创业成本与风险

完善的公共服务体系能有效地引导和配置创业资源。一是在县级以下的乡镇和街道分别建设综合性的人力资源和社会保障公共服务平台，为公众提供包括创业在内的相关服务，按照"一站式"服务的要求，实现"进一个门、找一个人、办所有事"的目标，真正做到方便群众。二是设立创业信息库，梳理和创新产品，通过不同的产品来满足不同层次农户的创业需求。充分运用网络等多种资源，建立农户创业信息管理系统。三是强化对农户创业的过程服务，主要开展政策支持、资金支持、法律支持、指导服务支持和后续帮扶等方面的跟踪服务。

（三）构建多维社会网络，拓展资源的获取渠道

农业在国民经济中起基础性作用，而农户创业又在农业领域具有重要作用，并对农业的发展具有举足轻重的作用。涉农行业的创业活动关系到农业经济社会的发展和农业产业的升级。但农业具有弱质性、风险高、周期长等特征，同样涉农企业也具有

农业的这些特征。当资金投入农业领域中，创业农户很难在短期内获得回报，对资金短缺的企业来说，无疑是一项重大的风险，他们很可能会因为技术、信息的不健全和风险的不可控性，而面临创业失败的风险。因此，需要农户在创业过程中构建多维社会网络，拓展资源获取渠道。因此，农户创业需要着力关注支持网络、融资网络和人才网络等多维社会网络，以便获取资源，促进创业成功。

在支持网络中，政府部门是绝对的主角，如科技部、企业孵化器协会等。政府对农户创业的扶持不能仅局限于提供补贴及办公场地这些直接资助。更重要的是政府在信息和网络方面支持、引导的作用。在与支持网络的互动中，农户首先应该做的就是充分利用政府现有的信息平台和公共网络。因为政府部门在协作创业网络中最大的优势在于其本身拥有一个庞大的信息平台和广泛的联络渠道。利用政府的信息平台和公共网络，可以实现网络中各结点以极低的成本进行信息与知识的扩散和传播，为农户提供众多有效资源。

在融资网络中，中国的金融市场资金比较充裕，但市场还不够健全、制度还不够完善，各金融机构业务较为集中。农户想从传统金融机构，如银行，获得资金是极其困难的。从银行融资，就必须有抵押。在信用体系还不成熟的情况下，为了控制风险，银行进行抵押贷款的业务模式无可厚非。可这也在很大程度上使农户从银行融资的可能性几乎不存在。投资网络作为一个整体出现，就是要将孤立的金融机构联系起来，通过某种方式使银行的资金、风险投资的资金及其他金融机构的资金均能流向创业农户。这样一来，融资网络的整体作用远远大于单个机构的简单加总，可在最大程度上化解农户融资难的困境。

人才网络则主要是为了解决创业农户企业的人才问题。农户整合人才网络中的资源也需要信息技术的支持——建立人才库。政府建立人才库，将人才供需双方信息，即农户所需人才信息和寻找就业机会人员的信息放入人才库，有利于供需双方有针对性地寻找信息，缩短人才招聘时间。

（四）加快完善基础设施，夯实创业环境硬条件

完善的基础设施建设是社会公共资源的重要组成部分之一，有利于加快创业者开创新事业，是创业者选择创业领域、创业地域的重要衡量条件之一。农户创业也不例外，由于农户创业的特殊性，农村这一农户创业开展的主要领域，基础设施条件相对落后，极大地制约了农户创业活动的发生和持续，对农户创业的成功也有很大的阻碍作用。因此，农村、农业基础设施建设的不断完善，有利于夯实农户创业环境条件，减少农户创业的后顾之忧。为此，需要地方政府高度重视农户创业区域内的基础设施建设，根据农户创业过程中，对农村交通、道路、水利、电、通信设施等设施的需求，优先考虑加大财政投入；同时，可以根据农户创业的区域集中的特点，合理引导创业

农户向基础设施条件相对完善的地区集聚，并通过创业农户的集聚，尝试在农村创业集中区域建设农户创业产业示范园，并加强对创业园的基础设施条件进一步完善，不仅能够对农户创业起到积极的示范作用，而且有助于提高区域整体的农户创业效率、激发创业热情、营造创业氛围。

（五）创新引领创业理念，培育浓郁的创业氛围

农户创业是发展之基、富民之本。因此，政府应当积极培育创业氛围，充分激发农户乃至全民的创业热情，通过创业达到创新、发展之目的，实现农户创业的大跨越。要在全社会创造农户创业的良好氛围。要进一步解放思想，转变观念，敢创敢试，在全体农民中树立"创业光荣"的理念。农户创业是一项创新活动，要求创业农户克服畏首畏尾、瞻前顾后的保守理念，发扬敢为人先、敢闯敢干的精神。增强农户创业的竞争意识，发扬艰苦奋斗的创业作风。鼓励创业农户创殷实的家业、办红火的企业、开拓大有作为的事业。

同时，培育创业氛围，还需要加强创业文化的建设。文化是经济发展的原动力。为什么沿海地区农户创业活动较频繁，而内陆贫困地区农户创业活动却较稀少？这在很大程度上与创业文化有关，一个地区创业活动往往根植于该地创业文化和创业农户的热情。当农村逐步摆脱自给自足的生产方式，且有闲暇时间来考虑其他活动时，创业就逐步在这种文化氛围中兴起。因此，在创业文化的培育中，要营造农户想创业、敢创业、会创业的氛围。在文化建设进程中，致力于融合公正廉洁的法制环境、开明开放的政策环境、规范有序的市场环境、诚实守信的信用环境、快捷高效的服务环境、文明健康的人文环境和积极向上的舆论环境。全社会要给创业农户以尊重、理解、宽容和热爱，让创业农户成为农户创业的先驱、成为羡慕的对象，使农户创业、创新创优成为农民的共同追求。

三、促进农户创业的政策组合

农户创业主要受到内部和外部环境两大因素的影响，其创业能否成功也受制于这两种因素。农户创业的内部环境主要来自于农户自身，主要是农户对创业观念、想法的认识，它包括农户创业理念的萌芽、信息的获取、风险的评估、规划的制定、成本的权衡等。农户创业是农民摆脱自给自足小农经营的重要步骤，对繁荣农村经济有重要作用；农户创业的外部环境主要是指影响农户创业的各种外在因素，主要对创业所需资源的组织、规划、创业资金的筹集。基于农户内在和外在的环境因素，

本章在农户创业创新的制度框架构建上，对内部层面的制度和外部层面的制度进行分析。内部层面的制度主要涉及农户创业素质等方面，外部层面的制度主要涉及农户创业所遇到的土地、政府服务、创业培训等方面。农户创业政策框架图如图 9-2 所示。以下分别对创业参与、创业进行、创业改进等过程发生的几种制度进行政策分析。

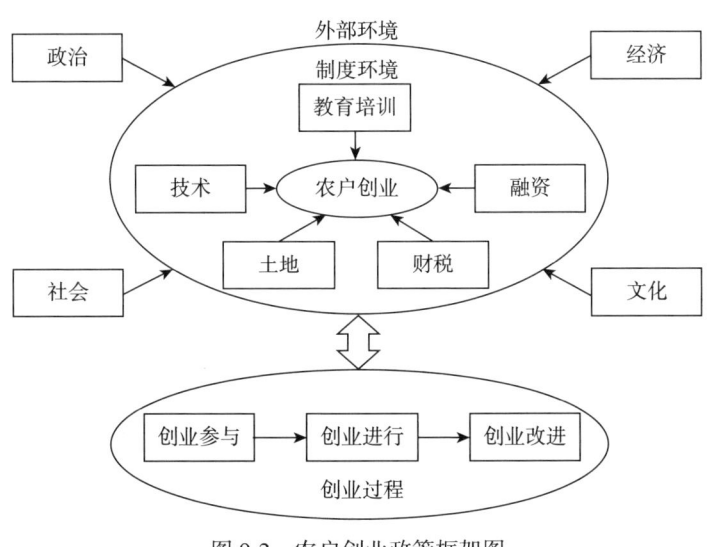

图 9-2　农户创业政策框架图

（一）以农户创业需求为导向，优化创业教育内容

农户是农业生产要素中最活跃的主体，农户也是发展农村经济、解决"三农"问题的关键性主体。为了提高农户素质和劳动技能，促进农村经济发展和农户创业发展，国家有关部门应积极规范劳动力市场，通过培训与教育并举的措施，提高创业农户的素质。

1. 提高创业品质

创业品质尤其是农户创业品质，是一种独特的精神文化，是农耕文明向工业文明进步过程中开出的最为耀眼的花朵，在传统小农经济占主导的社会中，这种创业品质的形成是极其不易的。因此我们要以史为鉴，古为今用，洋为中用，认真发掘古今中外优秀的创业品质，将这种创业品质植根于创业农户身上。同时，要善于发现各地创业农户优秀的创业品质，将他们敢想敢干、吃苦耐劳的创业精神挖掘出来，作为潜在创业农户的典范。通过大力宣传，使他们的创业意识内化于全体农民的思维中，让每个农户都有一颗创业的基因，培育全民创业的文化氛围。

发展创业品质，需要培育创业品质所需要的土壤。培育农户创业品质，需要农户从小农思维的桎梏中解放中出来，使创业不受制于糟粕文化的限制，但需要吸收中外优秀的创业文化。一方面，要继承农户创业品质中的优秀成分，让创业品质在市场经济发展潮流中得以发挥，不过，市场经济由于其自身的盲目性，往往会让农户创业品质受到影响，盲目地创业无疑是一种不良好的创业品质。因此在市场经济中，要取其精华，去其糟粕，融合到创业品质中去。另一方面，对比沿海与内地的创业氛围，可以看出，沿海地区农户创业氛围浓厚，而内地创业氛围较为淡薄。因此，要站在时代的前沿，放眼世界，大胆吸收沿海地区农户的创业经验。

发展创业品质，还需要有一个良好的软环境，主要是建立起一个健全完善的农村创业市场环境。由于我国2 000多年来形成了一种小农经济环境，每个农户都囿于自己的"一亩三分地"，这种环境导致我国农村创业市场普遍不发达。因此建立一个充满活力的农户创业市场环境是很有必要的，只有这样，才能激发起各种市场要素（资本、劳动、技术、管理）参与农户创业，让各种市场要素的潜能得到释放，使农户创业激情不断展现。此外，除了市场环境，还需要有一个高效的政府环境，让政府对农户创业的管理合理合法，由过去管理的"越位""错位""缺位"变为"归位""正位""到位"，让服务型政府的理念贯彻到每个执法者，让政府在农户创业环境中的角色变得更为积极有效。要给创业农户给予优惠政策，在人员培训、用地支持、工商注册等方面给予便利。通过良好的政府机制建设，加强法制管理，强化服务，营造一个良好的农户创业氛围。

发展创业品质，同时还需要一个硬件环境的支撑。主要是国家通过对农村基础设施的投入，让农村成为农户创业的平台。对农村经济、政治、社会、文化等方面的资金投入，使农村越来越适合创业者创业，为建设社会主义新农村助力。当前，农村普遍呈衰落趋势，青壮劳动力大多都外出务工，农村留下的是"三八六一九九"部队，导致抛荒撂荒现象十分严重，土地不能充分发挥其作用。这种萧条的状况不利于农户进行创业。因此，国家要通过对农村尤其是贫困地区的基础设施投入，使创业的硬件环境得到改善。

2. 塑造创业精神

创业精神的核心是追求财富、创造价值。鼓励全民创业，塑造创业精神就是要让"追求财富、创造价值"的理念融入每个农户的心里，成为全体农户的一种创业梦想，让这种梦想能够激发出他们创业的激情和动力，实现发家致富。同时，要培育一种理性创业的创业精神，防止盲目跟风造成创业失败的局面。让这种理性和激情成为一种共同的创业价值观和价值准则。我们认为，创业价值观主要包括"创业有功、合法致富光荣"的价值观念和维护社会公平正义的理念。"创业有功,合法致富光荣",体现了实现个人价值的原则,符合社会主义初级阶段"发展才是硬道理"以及全面建设小康社会和民族崛起的诉求,体现了实现中华民族伟大复兴中国梦的价值取向。它把农户创业的梦想同中国梦结合起来,个人的价值实现同社会价值实现统一起来。而促进社公平正义,是实现中华民族伟大复兴中国梦的重要特征和价值体现,让创业成果由农户创造,让创业成果由农户享有,这种公平正义,既是科学发展观的本质体现,也是坚持党为公、执政为民的必然要求。社会价值观的这两方面是辩证统一的。这种辩证统一主要是指政府在农户创业要发掘那些有创业头脑、积极主动、文化素质较高的人进行创业,让他们成为农村带头致富的能人,同时也要本着公平正义和成果共享的理念,帮扶弱势群体,让那些能创业的人进行创业,不能创业的人进入创业农户所在企业进行就业,通过创业就业达到"造血式"脱贫之目的。

创业精神本质上是把创业活动内化为一种创业信念,让创业者坚定自己创业的动力和激情,这种道德和心理的力量能够使创业农户坦然面对创业过程中的各种困难,保持百折不挠、积极乐观、信念坚定、意志坚强的品格。在任何环境下都能自觉依照法律法规、市场规则、公序良俗规则创业。一方面要激励正在创业的农户,使他们在创业过程中学会拼搏与发展;另一方面鼓励更多的尚未创业的农户尽快加入创业大潮中,并能以昂扬的斗志和良好的心态对待创业。

3. 培养创业能力

要加大对不同领域创业典型的宣传与激励,正确引导社会价值舆论,加大对创业大户的宣传。创业大户是创业农户中具有敏锐创业头脑的人,他们对农户创业起着示范性带头作用,是创业者的先驱,他们的成功会激起一大批农户跟着创业。他们对农村繁荣的贡献不可低估,具有与众不同的,适应市场挑战,不断进行创新活动的素质和品格。因此,政府要培养农户创业能力,应该着重培养创业大户的能力,让他们成为种粮能手、养猪能手,通过对他们创业事迹的宣传,激发越来越多的农民投入农户创业的大潮中。这种创业能力的宣传,可以使农户创业文化得以在农村中生根发芽,让融入创业活动中的农户不断受到激励,让农村创业文化形成良性循环。

农户创业能力的培养,除了加强对创业大户的宣传引导外,还需要有一套有效的规章制度,完善的政策体系,为农户创业像招商引资那样开辟"绿色通道"。通过制定政策文件,给予创业农户优惠的补贴,让他们的创业活动无后顾之忧,让他们干劲十足。本书建议如下:一是加大对创业农户创业能力的培训,通过开办培训班,让那些有创业意识却无创业能力的农户了解创业、热爱创业,最终付诸创业实践。通过给他们法律法规、政策、管理经营等方面的培训，提升他们的创业素质和创业能力。二是建立农户创业协会，让单个农户在面对创业风险时能够有的放矢，不让他们经历创业失败后一蹶不振。创业协会的建立，既可以让农户化解创业风险，也可培养他们创业过程中的协作意识，同时还可以保障他们的合法权益，这对创业能力的培养是很有帮助的。

对如何提升创业农户的培训能力，本书研究建议如下。

首先，加大对创业培训经费的投入。政府应设立农户创业培训基金，拨出专项基金建立固定的培训基地，加强创业培训服务。建立创业项目资源库，积极开发投资少、见效快、风险小等适合农户创业的项目，推行创业培训与开业指导、项目开发等一条龙的培训服务。

其次，整合涉农培训机构。针对当前职业培训涉及部门众多，师资、培训教材五花八门，资金来源、补贴渠道各式各样的问题，积极利用现有的教育基础设施和科技人员，整合资源，加强培训机构的整合，建立以中长期为主，能从根本上提高农户创业素质职业培训机构。例如，可由劳动和社会保障部门牵头动员和协调现有的公立和民办职业技术学院及其他各类培训机构，建立专业的培训师资队伍，增添硬件设施，扩大培训规模，改进培训方式，切实提高培训质量和效益。建立一支相对稳定的编外培训师资队伍，把富有创业实践经验、熟悉创业政策的成功创业家，以及管理、咨询、财税和法律等专业服务人员组织起来，为创业者提供信息、咨询、指导、培训等创业辅助服务，帮助和鼓励有意创业的农户识别创业机会，了解市场动态和市场需求，获得现代经营管理理念，解决创业中遇到的实际问题，开展创业活动。

再次，优化培训对象。针对农户自身的需求及当地产业发展需要，优化培训对象的支持结构，重点加强对点子多、门路多、挣钱多，且具有一定经营管理知识和能力的农户的培训，加强对创业大户、普通创业农户、科技示范户的培训，优化不同对象的培训内容。针对创业大户，要培养他们的创业思维和管理能力，更侧重宏观层面的内容。针对科技示范户，他们通常在某个领域具有较强创业能力，因此要着重培养他们创业实用技术，侧重中观层面的内容；对普通农户而言，他们创业意识相对较为薄弱，容易跟风，着重培养他们手把手操作的能力，侧重微观领域。总之，区别不同对象的培训，使得他们在创业市场中能够得到合理配置。

最后，强化培训内容。当前，我国创业农户的创业能力还比较薄弱，而培训内容也多泛于形式，不能从根本上改变创业农户能力薄弱问题，创业农户的需要不能从创业培训内容中得到很好满足，因此政府应建立创业服务体系。一方面要加强对农户创业观念、理念和意识的教育，鼓励、引导和支持农户创业，增强创业的积极性和主动性。另一方面要建立创业全过程培训，覆盖从策划期、初创期和成长期的不同阶段,包括创业项目选择、企业管理、市场营销、心理素质及相关政策法规等全方位的培训,帮助企业成功创业并不断做大做强,提高市场竞争力。

(二)以农村合作金融为核心,破解创业融资难题

金融支持是影响农户创业活动的关键因素。由于我国农村金融服务体制改革较为滞后,农村金融服务的供需矛盾较为突出。进而限制农户创业的融资问题,政府必须完善农户创业的融资体系,加大对农户创业的支持力度。本书研究建议如下。

首先,建立农户创业资本的统筹体系。政府应加大对农户创业的资金扶持力度。地方政府需将财政补贴向创业农户倾斜。此外,各级政府还可建立有偿的基金体系,鼓励和扶持更多的有创业意向的农户加入创业的行列。

其次,引导创业农户寻求民间融资渠道。当前中国民间的储蓄率依然维持在较高的水准。民间存在着大量的闲置资金。这就需要政府加以引导,使这些限制的资金能够用于农户创业的进程中,以求达到双方互利共赢。需要强调的是,政府在此融资过程中,只应负责中介与监督即可。需按市场规律引导,尊重各主体的市场选择。

再次,建立健全农户创业融资体系。良好的农户创业融资体系不仅要保证创业农户能够有畅通的融资渠道,同时还应保障债权人的利益,保证其能够回收所有款项,从而保证农户创业信贷体系的可持续发展,切实为农户的创业服务。

最后,构建农户创业融资信用体系。农户创业在需要政府和社会金融支持的同时,还需要一个良好的社会信用环境。只有在健全的社会信用体系下,金融对农户创业的支持才能最大限度地发挥作用。对农户创业融资信用体系的建设应做到以下三点,一是农户信用信息的收集;二是建立适度的信用评价体系;三是建立信用监管机制。

(三)以现代农业技术为支撑,提高创业集约程度

大多数农户创业发生在农村领域,大部分创业农户紧紧围绕农业产业,主要包括传统规模化种养业、特色农产品种植业、高附加值产品深加工等方面。无论是传统规模化经营型的创业还是专门化生产型的创业类型,都要契合现代农业的发展要求,都离不开现代农业技术来支撑农户创业始终。2014年中央一号文件明确指出"要努力走出一条生产技术先进、经营规模适度、市场竞争力强、生态环境可持续的中国特色新型农业现代化道路"。这是农业现代化发展方向的新部署,

我们应该充分认识农业现代化发展所面临的形式，加快我国农业现代化的发展进程。创业农户是现代农业建设中的新生力量，是培育新型农业生产经营主体的潜在群体，是推广现代农业技术的重要载体。从农业领域创业活动来看，现代农业技术的推广和应用，能够促使农户发生创业行为，能够加快农户创业"持续—成功"这一过程的推进，是农业生产领域的创业活动的重要支撑要素。因此，在创业农户范围内，大力推广有针对性的现代农业生产技术，有利于提高农户创业的集约化程度，增加农产品附加值，增强农户创业的市场竞争力，提高农户创业的竞争层级。

传统的农业技术推广具有普遍性和普适性，被推广和应用的农业技术水平较为低下，对现代农业特色种养业的适用性不强，因此传统的农业推广政策需要针对创业农户这一特殊群体需求进行适度的调整。基于现代农业技术在农户创业过程中的重要作用，本书建议：在原有农业技术推广路径的基础上，农业技术推广部门应该实地深入了解不同创业农户对现代农业技术的需求差异，并以此为依据，寻找创业农户较易获取所需现代农业技术的渠道和手段，相关技术供给部门可建立农业技术推广平台，为创业农户提供信息支持；对难以获取或者成本较高的现代农业技术，应积极协调相关科研机构、高校院所予以技术支持和协助，鼓励实地指导和推广应用，并加强创业农户之间的交流学习，提高现代农业技术应用效果，为农户创业奠定坚实的技术要素基础。

（四）以土地制度创新为基础，获取创业要素载体

土地是一切经济活动的载体，是农业生产中最重要的生产要素，是农民从事生产经营活动最基本的资源和资本。与其他生产要素相比，土地具有稀缺性，且供给弹性最小。土地需求的多样性与土地的稀缺性之间的矛盾，必然导致各方利益主体之间激烈的土地争夺，最终导致土地的大量流失、闲置、荒芜等，降低了土地的利用效率。

2014年中央一号文件指出，在落实农村土地集体所有权的基础上，稳定农户承包权、放活土地经营权。农民作为从事生产经营活动的经济主体在这场争夺战中处于弱势地位。为了保障农民的生产经营活动能够顺利进行，并提高土地的利用效率，必须以中央一号文件精神为指引，规范土地市场。因此，本书研究建议如下。

首先，明晰土地产权，立法以保障土地流转。在确保当前农村土地集体所有权的前提下，明确农村土地使用权的主体。可通过法律的手段对农村土地的所有制主体，以及其相对应的权利和义务进行明确的界定。赋予农户更多的权益，使土地资源得到更多的优化。

其次，培育农村土地流转市场，完善土地流转机制。一是加强对农业用地的管理，建立健全规模化经营的引导机制。二是对农村土地进行分等定级，依据土地"质量"和供求关系，科学评估，形成土地流转的市场价格，并以此拟定土地流转的价格标准。三是对需要办理土地流转合约变更、续约和解约的农户，及时办理，维护其合法权益。对土地非法交易的行为要严厉打击，确保农村土地流转市场的有序运行。

再次，加强农村土地市场的中介组织建设。一是各级政府部门应对土地流转的数量，以及流转的价格做好搜集、整理工作，并做好相关信息的发布，在土地流转的过程中避免信息不完全造成的损失。二是要积极发展中介交易组织，可尝试通过保险公司或者其他金融机构发行土地证券，促使土地流转自由化，还可以建立区域性的土地使用权交易市场。三是应对当前农村土地抛荒严重的问题，建立农村土地储备制度，此种情况下，可以由集体组织协调，预先办理土地流转手续，使土地得到充分利用。

最后，鼓励发展规模经营，建立现代农业产业体系。规模经营有利于推动农村生产要素的合理流动，并且有利于土地的开发和保护，同时还会对农民的增收及农业科技的推广起到重要的推动作用。在规模经营的生产方式下，大力发展农产品加工和相关现代服务产业，延长农业产业链条，建立农业现代产业体系。围绕农副业生产，以现代的经营方式组建产销一体的龙头企业，推动农业产业经营的规模化发展，逐步实现土地向优势产业、龙头企业集中，向农业产业化和农村工业化方向聚集。

（五）以财政税收政策为支撑，减轻农户创业负担

政府要综合运用财政政策和货币政策，定向使用税收减免和费用补贴，鼓励正式的金融机构加大对农户创业的支持力度。针对金融机构在农户创业的信贷支持中所产生的损失，政府应及时给予适度补偿，并适当下调金融机构的营业税率，对允许计提的贷款损失准备金给予适度税前的减免，促进金融机构对农村支持的可持续发展。在信贷投放、利率浮动等环节要对欠发达地区进行政策倾斜，以此促进欠发达地区金融机构对创业农户的支持。同时，政府应及时设立农户创业风险分担基金，由政府、银行和创业者共担创业失败风险，以此减少农户创业者的后顾之忧。

应摒弃"重外轻内、重大轻小、喜优嫌弱"的观念。给予农户和其他金融服务对象相同的待遇，使其享受同等的优惠政策。我国30多年的改革开放进程中，受惠地区主要是沿海发达地区，外商的投资优惠政策对这些地区的发展起到了重要的推动作用。在当前"工业反哺农业、城市反哺农村"的背景下，欠发达的中

西部地区的广大农户创业正处于起步阶段,对其实施优惠政策能够减轻农户创业负担,是极其必要的。具体而言,其一,可在税收方面给予优惠,对创业农户创办企业,在登记注册后,3~5年内可暂不征税,或征收后进行全部或部分返还,支持企业进一步发展。对农户从事个体经营的,可适当提高营业税的起征点。其二,对吸纳城乡就业困难群体的农户创业企业进行税收减免和政府补贴等,鼓励农户创办的企业招用农村就业困难对象(农村建卡贫困户、农村低保人员、农村残疾人、农村零转移就业家庭人员等)或城镇就业困难对象。

参 考 文 献

奥尔森 M. 1995. 集体行动的逻辑. 陈郁, 等译. 上海: 上海人民出版社.
边燕杰, 丘海雄. 2000. 企业的社会资本及其功效. 中国社会科学, 2: 87-99.
布劳 P. 1988. 社会生活中的交换与权力. 张非, 张黎勤译. 北京: 华夏出版社.
布劳 P. 1991. 不平等和异质性. 王春光, 谢胜赞译. 北京: 中国社会科学出版社.
蔡莉, 崔启国, 史琳. 2007b. 创业环境研究框架. 吉林大学社会科学学报, (1): 50-56.
蔡莉, 葛宝山, 朱秀梅, 等. 2007a. 基于资源视角的创业研究框架构建. 中国工业经济, (11): 96-103.
陈文标. 2012. 农民创业机会识别与把握研究——基于企业家精神视角的分析. 林业经济, (6): 113-115.
陈兴淋. 2007. 南京创业环境现状评价: 一项基于专家问卷的实证研究. 南京社会科学, (7): 135-140.
程郁, 罗丹. 2009. 信贷约束下农户的创业选择: 基于中国农户调查的实证分析. 中国农村经济, (11): 25-38.
崔宝玉. 2010. 农民专业合作社治理结构与资本控制. 改革, (10): 109-114.
戴建华, 薛恒新. 2004. 基于 Shapley 值法的动态联盟伙伴企业利益分配策略. 中国管理科学, (4): 33-36.
德鲁克 P. 1989. 创业精神与创新. 柯政译. 北京: 工人出版社.
德鲁克 P. 2002. 创新与创业精神. 张炜译. 上海: 上海人民出版社.
邓俊森. 2010. 农民合作组织推动农户创业模式探讨——基于对社旗县"小杂粮"合作社的考察. 调研世界, (2): 27-29.
杜博文, 刘德忠. 2013. 农民工返乡创业对农村发展的意义. 大庆社会科学, (1): 85-86.
费方域, 段毅才. 1997. 产权的经济分析. 上海: 上海三联书店.
费孝通. 1948. 乡土中国. 上海: 上海观察社.
费孝通. 2006a. 江村经济. 上海: 上海人民出版社.
费孝通. 2006b. 乡土中国. 上海: 上海人民出版社.
付文杰. 2007. 开展农村创业活动是新农村建设的重要途径. 安徽农业科学, 35(30): 9749-9750.
高静, 张应良. 2014. 农户创业价值实现与环境调节: 自资源拼凑理论透视. 改革, (1): 87-93.
高静, 张应良, 贺昌政. 2012. 农户创业机会识别行为的影响因素实证分析——基于 518 份农户创业调查. 华中农业大学学报(社会科学版), (5): 41-46.
龚小琴, 江柯. 2012. 促进重庆市农民创业培训对策研究. 吉林农业, (1): 9.
辜胜阻. 1991. 非农化与城镇化研究. 杭州: 浙江人民出版社.
辜胜阻, 武兢. 2009. 扶持农民工以创业带动就业的对策研究. 中国人口科学, (3): 2-12.

古家军, 谢凤华. 2012. 农民创业活跃度影响农民收入的区域差异分析——基于1997—2009年的省际面板数据的实证研究. 农业经济问题,（2）: 19-23.

郭红东, 周惠珺. 2013. 先前经验创业警觉与农民创业机会识别——一个中介效应模型及其启示. 浙江大学学报（人文社会科学版）,（7）: 17-27.

郭军盈. 2006. 我国农民创业的区域差异研究. 经济问题探索,（6）: 70-74.

郭元源, 陈瑶瑶, 池仁勇. 2006. 城市创业环境评价方法研究及实证. 科技进步与对策,（2）: 141-145.

国鲁来. 2001. 合作社制度及专业协会实践的制度经济学分析. 中国农村观察,（4）: 36-48.

韩俊, 崔传义. 2008. 从战略高度看待农民工回乡创业. 农村金融研究,（5）: 9-11.

郝朝艳, 平新乔, 张海洋, 等. 2012. 农户的创业选择及其影响因素——来自"农村金融调查"的证据. 中国农村经济,（4）: 57-65.

亨廷顿 S. 2010. 文明的冲突与世界秩序的重建（修订版）. 周琪译. 北京: 新华出版社.

胡俊波. 2012. 农民工返乡创业面临的障碍与对策. 宏观经济管理, 10: 51-52.

胡荣. 2003. 社会经济地位与网络资源. 社会学研究,（5）: 58-69.

黄德林, 宋维平, 王珍. 2007. 新形势下农民创业能力来源的基本判断. 农业经济问题,（9）: 8-13.

黄洁, 买忆娱. 2011. 农民创业者初始社会资本对机会识别类型的预测能力研究. 农业技术经济,（4）: 50-57.

黄金睿. 2010. 环境特性、创业网络对创业机会识别的影响研究——以服务业为例. 吉林大学博士学位论文.

黄敬宝, 杨同梅, 刘玉凤, 等. 2012. 农民创业问题研究——基于106位农民创业者的实证分析. 调研世界,（1）: 36-39.

黄珺, 朱国玮. 2007. 异质性成员关系下的合作均衡——基于我国农民合作经济组织成员关系的研究. 农业技术经济,（5）: 38-43.

黄珺, 顾海英, 朱国玮. 2005. 中国农户合作行为的博弈分析和现实阐释. 中国软科学,（12）: 60-66.

黄晓勇, 刘伟, 李忠云, 等. 2012. 农民工回乡创业: 定义与边界、发生机制及概念模型. 经济体制改革,（4）: 71-75.

黄宗智. 1992. 长江三角洲小农家庭与乡村发展. 北京: 中华书局.

贾愚. 2009. 再谈判与奶业契约稳定性分析. 财贸研究,（2）: 39-44.

姜明伦, 于敏, 郭红东. 2005. 农民合作的经济学分析. 经济问题探索,（3）: 21-25.

姜玉凯. 2011. 中国农村土地流转若干问题再认识: 一种新兴古典框架的解释及现实意义. 新疆农垦经济,（2）: 15-21.

蒋剑勇, 郭红东. 2012. 创业氛围、社会网络和农民创业意向. 中国农村观察,（2）: 20-27.

焦民赤, 厉昌习, 薛兴利. 2013. 我国农民创办企业实证分析. 农业技术经济,（6）: 40-47.

焦晓波,关璞. 2012. 创业型经济的发展和中国农民创业问题理论研究动态. 经济体制改革, (1): 29-33.

晋洪涛. 2009. 基于博弈论视角的农民合作组织研究综述. 山东省农业管理干部学院学报, (2): 4-8.

科尔曼 J. 1999. 社会理论的基础. 邓芳译. 北京: 社会科学文献出版社.

库恩 T. 2012. 科学革命的结构. 金吾伦,胡新和译. 北京: 北京大学出版社.

库尔特 M. 2004. 创业行动. 第三版. 吴秀云译. 北京: 中国人民大学出版社.

乐其顺,雷海章. 2007. 发展生态农业: 广西恭城新农村建设的经验与启示. 农业经济问题, (2): 34-36.

李昆. 2004. 农民专业合作模式选择的技术依据——禀赋约束与资产特征. 江西财经大学学报, (6): 5-10.

李前兵. 2011. 家族成员特征对家族创业行为影响的实证研究. 预测, (3): 59-64.

李全伦,李永涛. 2010. 农民创业带动就业效应的实证研究——以山东、河南调查数据为例. 财政研究, (9): 44-48.

李文金,蔡莉,安舜禹,等. 2012. 关系对创业企业融资的影响研究——基于信任的解释. 数理统计与管理, (3): 491-498.

李勇军,梁樑,凌六一,等. 2009. 基于DEA联盟博弈核仁解的固定成本分摊方法研究. 中国管理科学, (1): 58-63.

林坚,黄胜忠. 2007. 成员异质性与农民专业合作社的所有权分析. 农业经济问题, (10): 12-17.

林南. 2005. 社会资本——关于社会结构与行动的理论. 张磊译. 上海: 上海人民出版社.

林南,俞弘强. 2003. 社会网络与地位获得. 马克思主义与现实, (2): 46-59.

刘斌. 2011. 失地农民创业意向影响因素研究. 西南交通大学硕士学位论文.

刘光明,宋洪远. 2002. 外出劳动力回乡创业: 特征、动因及其影响——对安徽、四川两省四县71位回乡创业者的案例分析. 中国农村经济, (3): 65-71.

刘杰,郑风田. 2011. 社会网络、个人职业选择与地区创业集聚——基于东风村的案例研究. 管理世界, (6): 132-141.

刘蕾,秦德智. 2005. 电子商务中的信任风险分析. 经济问题探索, (9): 146-148.

刘美玉,李哲. 2013. 新生代农民工创业模式的选择与路径优化. 财经问题研究, (6): 95-100.

刘文璞,张厚义,秦少相. 1989. 关于农村私营经济发展的理论分析. 中国社会科学, (6): 63-75.

刘新智,刘雨松. 2013. 金融约束与农户创业行为抑制——基于VAR模型的实证研究. 华中农业大学学报, (4): 25-29.

刘颖娴,郭红东. 2012. 资产专用性与中国农民专业合作社纵向一体化经营. 华南农业大学学报(社会科学版), (4): 47-56.

柳建文. 2005. 现代化进程中的适度社会动员——发展中国家实现社会稳定的重要条件. 社会科学, (1): 73-78.

卢周来. 2009. 合作博弈框架下企业内部权力的分配. 经济研究,（12）：106-118.

鲁倩,贾良定. 2009. 高管团队人口统计学特征、权力与企业多元化战略. 科学与科学技术管理,（5）：181-187.

罗尔斯 J. 2001. 正义论. 何怀宏,何包钢,廖申白译. 北京：中国社会科学出版社.

罗明忠. 2012. 个体特征、资源获取与农民创业——基于广东部分地区问卷调查数据的实证分析. 中国农村观察,（2）：11-19.

马可一,王重鸣. 2003. 创业合作中的信任—承诺—风险. 经济理论与经济管理,（4）：23-27.

马克思 K. 1975. 资本论. 第一卷. 郭大力,王亚南译. 北京：人民出版社.

马歇尔 A. 1964. 经济学原理. 朱志泰译. 北京：商务印书馆.

梅德平. 2004. 共和国成立前革命根据地互助合作组织变迁的历史考察. 中国农史,（2）：103-108.

米塞斯 L. 2010. 人类行为的经济学分析. 赵磊,李淑敏,黄丽丽译. 广州：广东经济出版社.

莫理斯 M,库拉特科 D. 2005. 公司创业：组织内创业发展. 杨燕媛译. 北京：清华大学出版社.

墨媛媛,王振华,唐远雄,等. 2012. 甘肃省农民工创业群体特征分析. 人口与经济,（1）：43-48.

宁亮. 2009. 基于政府行为的创业环境改善研究. 湖南大学学报（社会科学版）,（1）：61-64.

牛静. 2013. 农民创业过程中的问题及对策建议. 中国农学通报,29（17）：146-150.

彭亚敏. 2006. 我国家族企业组织变革的探讨. 扬州教育学院学报,（1）：41-45.

彭艳玲,孔荣,Turvey C G. 2013. 农民创业意愿活跃程度及其影响因素研究——基于需求与供给联立方程模型. 经济与管理研究,（4）：45-51.

浦徐进,刘焕明,蒋力. 2011. 农户合作经济组织内"搭便车"行为的演化及其治理——从行为门槛的视角. 西北农林科技大学学报（社会科学版）,（6）：41-57.

戚迪明,张广胜,杨肖丽,等. 2012. 农民创业意愿的影响因素分析——基于沈阳市119户农民的微观数据. 农业经济,（1）：72-74.

仇广先. 2009. 发展农民合作组织,促进农民创业就业. 上海农村经济,（8）：33-35.

任东峰. 2011. 农民工返乡创业的利弊分析及对策. 经济研究导刊,（7）：69-70.

邵科,徐旭初. 2008. 成员异质性对农民专业合作社治理结构的影响——基于浙江省88家合作社的分析. 西北农林科技大学学报（社会科学版）,（2）：5-9.

沈巧凤. 2007. 创业合伙冲突与创业导向、创业困境的关系研究. 浙江大学硕士学位论文.

苏斯彬,卫龙宝. 2004. 从交易费用角度看实现农业规模经营的新途径——对台州市农业合作社规模效应的交易费用经济学解释. 农业经济,（8）：20-21.

孙翠清,林万龙. 2008. 农户对农村公共服务的需求意愿分析——基于一项全国范围农户调查的实证研究. 中国农业大学学报（社会科学版）,（3）：134-143.

孙红霞,孙梁,李美青. 2010. 农民创业研究前沿探析与我国转型时期研究框架构建. 外国经济与管理,（6）：31-37.

田莉,龙丹. 2009. 创业过程中先前经验的作用解析——最新研究成果评述. 经济理论与经济管理, (11): 41-45.

万钢. 2011. 加快推进科技成果向现实生产力转化. 求是, (13): 52-55.

万秀丽. 2011. 农民专业合作组织: 发挥农民主体性作用的重要载体. 宁夏社会科学, (3): 67-70.

汪浩, 吴连翠. 2011. 农民创业的现状、问题及对策分析——基于安徽省的调查与思考. 农村经济, (5): 121-124.

汪三贵, 刘湘琳, 史识洁, 等. 2010. 人力资本和社会资本对返乡农民工创业的影响. 农业技术经济, (12): 4-10.

王丹宇. 2011. "三农"创业主体分析. 广西社会科学, (10): 65-68.

王国才, 刘栋, 王希凤. 2011. 营销渠道中双边专用性投资对合作创新绩效影响的实证研究. 南开管理评论, (6): 85-94.

王国才, 许景, 王希凤. 2010. 渠道成员间为什么需要"同舟共济"?——双边专用性投资的作用机理研究. 经济管理, (10): 86-95.

王军. 2009. 公司领办的合作社中公司与农户的关系研究. 中国农村观察, (4): 20-25.

王礼力. 2003. 合作经济所有制形式浅议. 西北农林科技大学学报(社会科学版), (6): 77-79.

危旭芳. 2012. 资源要素与中国农民创业模式探析——基于典型案例的考察. 广东行政学院学报, (6): 80-85.

韦吉飞, 李录堂. 2010. 农民创业、分工演进与农村经济增长——基于中国农村统计数据的时间系列分析. 大连理工大学学报(社会科学版), (4): 24-30.

魏喜武, 陈德棉. 2011. 创业警觉性与创业机会的匹配研究. 管理学报, (1): 133-136.

文洪星, 周冀衡, 刘锦怡. 2012. 基于贡献差异的农民专业合作社利益分配模式. 湖南农业大学学报(社会科学版), (6): 12-15.

吴昌华, 戴天放, 邓仁根, 等. 2007. 基于微观视角的农民创业模式研究//吴建华, 尤民生. 华东地区农学会学术年会暨福建省科协第七届学术年会农业分会场论文集. 北京: 中国农学通报期刊社.

吴昌华, 戴天放, 魏建美, 等. 2006. 江西省农民创业调查分析及对策研究. 江西农业大学学报(社会科学版), (2): 29-32.

吴昌华, 邓仁根, 戴天放, 等. 2008. 基于微观视角的农民创业模式选择. 农村经济, (6): 90-92.

吴华清, 梁樑, 吴杰, 等. 2010. DEA 博弈模型的分析与发展. 中国管理科学, (10): 184-192.

吴铭峰. 2012. 基于核仁的供应链合作收益分配研究. 统计与决策, (2): 42-44.

吴秀云. 2004. 创业管理丛书: 创业行动. 北京: 中国人民大学出版社.

夏清华, 易朝辉. 2009. 不确定环境下中国创业支持政策研究. 中国软科学, (1): 66-72.

肖华芳, 包晓岚. 2011. 农民创业的信贷约束——基于湖北省 930 家农村微小企业的实证研究. 农业技术经济, (2): 102-110.

肖华芳, 包晓岚. 2012. 基于政府视角的农民创业环境实证研究——以湖北省为例. 华中农业大学学报, (5): 70-74.

肖卫, 朱有志. 2011. 农民专业化合作的产生与效率的实证分析. 湖南社会科学, (4): 126-129.

萧志泳, 林嵩. 2008. 澳门创业环境研究. 中国软科学, (7): 77-82.

谢韶光. 2011. 农民工返乡创业对农村现代化的影响探析. 经济纵横, (3): 84-86.

熊彼特 J. 1999. 资本主义、社会主义与民主. 吴良健译. 北京: 商务印书馆.

徐斌. 2010. "地下经济"的顽强生存与民营企业的先发优势. 商业经济与管理, (1): 51-60.

许景, 王国才. 2012. 农产品供应链的纵向协作关系管理研究——基于双边专用性投资的视角. 南京工业大学学报(社会科学版), (1): 76-80.

薛永基. 2014. 林区农户生态创业及其关键要素研究. 林业经济, (6): 109-113.

杨俊. 2013. 新世纪创业研究进展与启示探析. 外国经济与管理, (1): 1-11.

杨俊, 张玉利. 2004. 基于企业家资源禀赋的创业行为过程分析. 外国经济与管理, (4), 2-6.

杨丽琼. 2009. 关于农民创业问题研究的若干认识误区. 农业经济问题, (5): 63-67.

杨龙. 2004. 经济发展中的社会动员及其特殊性. 天津社会科学, (4): 52-54.

杨其静, 王宇锋. 2010. 个人禀赋、制度环境与创业决策: 一个实证研究. 经济理论与经济管理, (1): 68-73.

杨文兵. 2011. 农民家庭创业环境、创业活动与创业绩效关系研究. 绍兴文理学院学报(自然科学), (2): 13-18.

杨晔, 俞艳. 2007. 上海创业环境的 GEM 模型分析和政策建议. 上海财经大学学报, (2): 82-89.

姚晓芳, 陈汝超. 2009. 北京、合肥、广州三地创业环境比较研究. 科技进步与对策, (22): 70-73.

于晓宇, 李雪灵, 杨若瑶. 2013. 首次创业失败学习: 来自创业新手、新创企业与行业特征的解释. 管理学报, (1): 77-83.

袁迎珍. 2004. 农业合作组织: 历史变迁和制度演进——推进我国农业经营组织化的新制度经济学分析. 重庆社会科学, (1): 18-20.

张改清. 2011. 农民工返乡创业: 意愿、行为与效应的代际差异比较. 统计与决策, (18): 94-97.

张海洋, 袁雁静. 2011. 村庄金融环境与农户创业行为. 浙江社会科学, (7): 2-12, 46, 155.

张华, 傅兆君. 2005. 江浙两省民营经济发展及创业环境比较. 东南大学学报(哲学社会科学版), (S1): 77-80.

张晖, 温作民, 李丰. 2012. 失地农民雇佣就业、自主创业的影响因素分析——基于苏州市高新区东渚镇的调查. 南京农业大学学报(社会科学版), (1): 16-20.

张珉. 2005. 中美风险投资业的比较: 问题与对策. 株洲工学院学报, (3): 96-98.

张茉楠, 李汉铃. 2005. 基于资源禀赋的企业家机会识别之框架分析. 管理世界, (7): 158-159.

张胜林, 李英民, 王银光. 2002. 交易成本与自发激励: 对传统农业区民间借贷的调查. 金融研究, (2): 125-134.

张晓东, 郭成芳. 2009. 开展农民创业教育, 促进农民创业活动. 中国农村教育, (6): 19-20.

张欣, 张卫平. 2008. 关于解决农民经济合作组织问题的几点建议//中国行政管理学会. "建设服务型政府的理论与实践"研讨会暨中国行政管理学会 2008 年年会论文集. 北京: 中国行政管理学会.

张秀娥,孙中博.2013.农民工返乡创业与社会主义新农村建设关系解析.东北师大学报(哲学社会科学版),(1):10-13.

张应良,陈海莲,卢旭.2012.农户创业活动的多重功效及其传导机理——重庆例证.重庆工商大学学报(社会科学版),(3):57-64.

张宇燕.1991.对制度经济学三种不同研究方法的评价.国外社会科学,(7):26-29.

张玉利,李乾文,陈寒松.2004.创业管理理论的最新评述及研究趋势.预测,(4):20-25.

张玉利,杨俊,戴燕丽.2012.中国情境下的创业研究现状探析与未来研究建议.外国经济与管理,(1):1-9.

张玉利,杨俊,任兵.2008.社会资本、先前经验与创业机会——一个交互效应模型及其启示.管理世界,(7):91-102.

赵浩兴,张巧文.2011.内地农民工返乡创业与沿海地区外力推动:一个机制框架.改革,(3):60-68.

赵慧峰.2007.中国农民专业合作经济组织发育规律及运行机制研究.河北农业大学博士学位论文.

赵西华,周曙东.2006.农民创业现状、影响因素及对策分析,江海学刊,(1):217-222.

钟王黎,郭红东.2010.农民创业意愿影响因素调查.华南农业大学学报,(2):23-27.

周冬梅,鲁若愚.2011.创业网络中基于关系信任的信息搜寻行为研究.管理工程学报,(4):52-57.

周菁华,谢洲.2012a.自身素质、政策激励与农民创业机理.改革,(6):82-88.

周菁华,谢洲.2012b.农民创业能力及其与创业绩效的关系研究——基于重庆市366个创业农民的调查数据.农业技术经济,(5):121-126.

周立群,邓宏图.2001.企业家流动研究:体制、企业家能力分布、人力资本与市场资源配置.经济评论,(6):14-17.

周易,付少平.2012.生计资本对失地农民创业的影响——基于陕西省杨凌区的调研数据.华中农业大学学报(社会科学版),(3):80-84.

朱广其.1996.农户合作农业组织化的主体性选择.经济问题,(5):55-58.

朱红根,康兰媛,翁贞林,等.2010.劳动力输出大省农民工返乡创业意愿影响因素的实证分析——基于江西省1145个返乡农民工的调查数据.中国农村观察,(5):38-47.

朱良瑛.2010.农民合作经济组织变迁研究(1949—2009)——以鄂西梨村为例.华中农业大学硕士学位论文.

朱明芬.2010.农民创业行为影响因素分析——以浙江杭州为例.中国农村经济,(3):25-34.

朱艳.2009.中国农民专业合作经济组织制度及变迁的探索分析.东北财经大学博士学位论文.

祝木伟.2011.创业团队异质性对创业绩效的影响研究——以组织气氛为中介变量.煤炭经济研究,(11):43-45.

庄晋财. 2011. 自主创业视角的中国农民工转移就业研究. 农业经济问题,（8）: 75-80.

Akabayashi K, Tone K. 2006. Egoist's dilemma: a DEA game. Omega, 34: 135-148.

Akin H B. 2010. An evaluation of business environment in turkey from the perspective of entrepreneurship and economic freedom. Bilig,（55）: 21-49.

Aldrich H E, Pfeffer J. 1976. Environments of organizations. Annual Review of Sociology, 2（8）: 79-105.

Aldrich H E, Rosen B, Woodward W. 1987. The impact of social networks on business foundings and profit: a longitudinal study. Frontiers of Entrepreneurship Research,（13）: 154-168.

Al-Khalifa A K, Peterson S E. 2004. On relationship between initial motivation and satisfaction and performance in joint ventures. European Journal of Marketing, 38（1~2）: 150-174.

Alvarez A, Barney J B. 2007. Discovery and creation: alternative theories of entrepreneurial action. Strategic Entrepreneurship Journal, 1（1~2）: 11-26.

Alvarez A, Busenitz W. 2001. The entrepreneurship of resource-based theory. Journal of Management, 27（6）: 755-775.

Amabile T M, Conti R. 1996. Assessing the work environment for creativity. Academy of Management Journal, 39: 1154-1184.

Aoki M. 1984. The Co-operative Game Theory of the Firm. Oxford: Clarendon Press.

Ardichvili A, Cardozo R, Ray S. 2003. A theory of entrepreneurial opportunity identification and development. Journal of Business Venturing, 18（1）: 105-123.

Atherton A, Smallbone D. 2013. Promoting private sector development in China: the challenge of building institutional capacity at the local level. Environment and Planning C-Government and Policy,（1）: 5-23.

Baker T. 2006. Resources in play: bricolage in the toy store. Journal of Business Venturing, 22（5）: 694-711.

Baker T, Miner A, Eesley D. 2003. Improvising firms: bricolage, retrospective interpretation and improvisational competencies in the founding process. Research Policy, 32（2）: 255-276.

Barnard I C. 1938. The Functions of the Executive. Cambridge: Harvard University Press.

Barney J B. 1986. Strategic factor markets: expectation, luck and sustained competitive advantage. Journal of Management, 17（1）: 99-120.

Barney J B. 1991. Firm resources and sustained competitive advantage. Journal of Management,（17）: 99-120.

Baumol W J, Panzar J C, Willig R D. 1982. Contestable market and the theory of industry structure. Harcourt Brace Jovanovich, 72: 1-15.

Black J S. 1988. Work role transitions — a study of American expatriate managers in Japan. Journal of International Business Studies, 19（2）: 277-294.

Blanchflower D G, Meyer B D. 1994. A longitudinal analysis of the young self-employed in Australia and the United States. Small Business Economics, (1): 1-19.

Bourdieu P. 1984. Distinction: A Social Critique of the Judgement of Taste. London: Taylor & Francis-Routledge.

Bourdieu P. 1986. The Forms of Capital in Handbook of Theory and Research for the Sociology of Education. New York: Greenwood.

Brush C G, Greene P G, Hart M. 2001. Form initial idea to unique advantage: the entrepreneurial challenge of constructing a resource base. Academy of Management Executive, (15): 64-78.

Burt S R. 1992. Structural Holes: The Social Structure of Competition. Cambridge: Harvard University Press.

Burt S R. 2004. Structural holes and new ideas. American Journal of Sociology, (2): 349-99.

Burt S R. 2009. Structural Holes: The Social Structure of Competition. Cambridge: Harvard University Press.

Busenitz. 2003. Entrepreneurship research in emergence: past trends and future direction. Journal of Management, (29): 285-308.

Butler J E. 2003. Alertness, bisociative thinking ability and discovery of entrepreneurial opportunities in Asian Hi-tech firms. Frontiers of Entrepreneurship Research, (8): 421-429.

Campbell C. 1997. Boutique government and the challenge of contemporary leadership. Australian Journal of Public Administration, 56 (3): 84-95.

Caruana A, Morris M H, Vella A J. 1998. The effect of centralization and formalization on entrepreneurship in export firms. Journal of Small Business Management, (12): 191-198.

Casas R, Kavaliauske M, Dambrauskaite V. 2011. The impact of external business environment factors to internationalization of "Born Global" companies by promoting entrepreneurship. Transformations in Business & Economics, (2A): 389-400.

Casson M. 1982. The Entrepreneurship: An Economic Theory. Totowa: Barnes.

Chermack T J, Lynham S A. 2002. Assessing institutional sources of scholarly productivity in human resource development from 1995 to 2001. Human Resource Development Quarterly, 13 (3): 341-345.

Child J. 1972. Organizational structure, environment, and performance: the role of strategic choice. Sociology, (6): 1-22.

Christian H, Stephan U. 2012. The influence of socio-cultural environments on the performance of nascent entrepreneurs: community culture, motivation, self-efficacy and start-up success. Entrepreneurship & Regional Development, (6): 9-10.

Clarysse B, Tartari V, Salter A. 2011. The impact of entrepreneurial capacity. Experience and Organizational Support on Academic Entrepreneurship, (9): 291-301.

Coase R H. 1994. The institutional structure of production. The American Economic Review, 82: (4): 713-719.

Conner K R. 1991. A historical comparison of resource-based theory and five schools of thought within industrial organization theory. Do we have a new theory of the firm? Journal of Management, 17 (1): 121-154.

Cooper A C, Woo C Y, Dunkelberg W C. 1989. Entrepreneurship and the initial size of firms. Journal of Business Venturing, (5): 317-332.

Cunha M P. 2005. Bricolage in organizations. Working Paper, Faculdade Economic, Universidade Nova de Lisboa.

Cunha M P, Clegg S R, Mendonca S. 2010. On serendipity organizing. European Management Journal, 28 (5): 319-330.

Daryani M A. 2013. A structural equation modeling study on corporate entrepreneurship: the case of Iranian agricultural sector. Journal of Food Agriculture & Environment, (1): 1168-1175.

Derrida J. 2000. The problem of genesis in the philosophy of Husserl. Filosoficky Casopis, 48 (5): 795-799.

Desai M, Gompers P, Lerner J. 2003. Institutions, capital constraints and entrepreneurial firm dynamics: evidence from Europe. The National Bureau of Economic Research Working Papers.

Deutsch S. 1987. Successful worker training-programs help ease impact of technology. Monthly Labor Review, 110 (11): 14-20.

Dierickx I, Cool K. 1989. Asset stock accumulation and sustainability of competitive advantage. Management Science, 35 (12), 1504-1511.

Dorado S. 2005. Institutional entrepreneurship, partaking, and convening. Organization Studies, 26 (3): 385-414.

Drucker P F. 1985. The discipline of innovation. Harvard Business Review, 63 (3): 67.

Drucker P F. 1987. Managing for business effectiveness. Harvard Business Review, 65 (3): 28-28.

Duymedjian R, Rüling C C. 2010. Towards a foundation of bricolage in organization and management theory. Organization Studies, 31 (2): 133-151.

Eckhardt J T, Shane S. 2003. Opportunities and entrepreneurship. Journal of Management, (3): 333-349.

Evans M, Mondor R, Flaten D. 1989. Expert system and farm-management. Canadian Journal of Agricultural Economics/revue Canadienne D'Economie Rurale, (6): 639-666.

Fafchamps M, Quisumbing A R. 2003. Social roles, human capital, and the intra household division of labor: evidence from Pakistan. Oxford Economic Papers, (1): 36-80.

Ferneley E, Bell F. 2006. Using bricolage to integrate business and information technology innovation in SMEs. Technovation, 26 (2): 232-241.

Flamholtz E G, Randle Y. 2012. Growing Pains: Transitioning from an Entrepreneurship to a Professionally Managed Firm. San Francisco: Jossey Bass Imprint.

Fonseca R, Lopez-Garcia P, Pissarides C A. 2001. Entrepreneurship: start-up costs and employment. European Economic Review, (6): 692-705.

Fox W R, Porca S. 2001. Investing in rural infrastructure. International Regional Science Review, 24 (1): 103-133.

Fuller-Love N, Midmore P, Thomas D, et al. 2006. Entrepreneurship and rural economic development: a scenario analysis approach. International Journal of Entrepreneurial Behavior & Research, (5): 289-305.

Gaglio C M, Katz J A. 2001. The psychological basis of opportunity identification: entrepreneurial alertness. Small Business Economics, (2): 95-111.

Gartner W B. 1985. A conceptual framework of describing the phenomenon of new venture creation. The Academy of Management Review, (4): 696-709.

Gartner W B. 1989. Some suggestions for research on entrepreneurial traits and characteristics. Entrepreneurship Theory and Practice, 14 (1): 222-249.

Gartner W B. 2003. Arriving at the high-growth firm. Journal of Business venturing, 18(2): 189-216.

Garud R, Karnoe P. 2003. Bricolage versus breakthrough: distributed and embedded agency in technology entrepreneurship. Research Policy, 32 (2): 277-300.

Gouldner A W. 1959. The norm of reciprocity: a preliminary statement. Journal of Social & Personal Relationships, 25 (2): 161-178.

Granovetter M. 1973. The strength of weakties. American Journal of Sociology, (6): 121-127.

Granovetter M. 1985. Economic action and social structure: the problem of embeddedness. The American Journal of Medicine, 91 (3): 481-510.

Greblikaite J, Krisciunas K. 2012. The development of features of entrepreneurship's expression in an enterprise. Inzinerine Ekonomika-Engineering Economics, (5): 525-531.

Greve A J, Salaff W. 2003. Social networks and entrepreneurship. Entrepreneurship Theory and Practice, 28 (1): 1-22.

Grossman S J, Hart O D. 1986. The costs and benefits of ownership: a theory of vertical and lateral integration. Journal of Political Economy, 94 (4): 691-719.

Hart O D, Moore J. 1990. Property rights and the nature of the firm. Journal of Political Economy, (8): 1119-1158.

Hatos A, Stefanescu F, Hatos R. 2013. Individual and contextual factors of entrepreneurship in Europe: cross country comparison. Environment and Planning C-Government and Policy, 31 (1): 5-23.

Haugen M S, Vik J. 2008. Farmers as entrepreneurs: the case of farm-based tourism. International

Journal of Entrepreneurship and Small Business, (3): 321-226.

Helfat C E, Peteraf M A. 2003. The dynamic resource-based view: capability lifecycles. Strategic Management Journal, 24 (10): 997-1010.

Hendrikse G W, Veerman C P. 2001. Marketing co-operatives: an incomplete contracting perspective. Journal of Agricultural Economics, 52 (1): 53-64.

Hills G, Lumpkin G T, Singh R P. 1997. Opportunity recognition: perceptions and behaviors of entrepreneurs. Frontiers of Entrepreneurship Research, (17): 203-218.

Hills G, Schrader R C, Lumpkin T. 1999. Opportunity recognition as a creative process. Frontiers of Entrepreneurship Research, (3): 216-227.

Hisrich R D, Peters M P. 1992. Entrepreneurship: Starting, Developing, and Managing a New Enterprise. New York: McGraw-Hill/Irwin.

Holmstrom B. 1979. Moral hazard and observability. The Bell Journal of Economics, 1: 17-19.

Holt D. 1992. Entrepreneurship: New Venture Creation. Upper Saddle River: Prentice-Hall.

Holtz E, Joulfaian D, Rosen H S. 1994. Entrepreneurial decisions and liquidity constraints. Rand Journal of Economics, (25): 334-347.

Homan P J. 1961. Combined continuous sintering and cooler machine. US74280958A. Klongsan: Koppers Co., Inc.

Hopp C, Stephan U. 2012. The influence of socio-cultural environments on the performance of nascent entrepreneurs: community culture, motivation, self-efficacy and start up success. Entrepreneurship and Regional Development, 24 (9~10): 917-945.

Huntingt S P. 1974. Postindustrial politics—How benign will it be. Comparative Politics, 6 (2): 163-191.

Jackson S E, Brett J F, Sessa V I, et al. 1991. Some differences make a difference: individual dissimilarity and group heterogeneity as correlates of recruitment, promotions, and turnover. Journal of Applied Psychology, 76 (5): 675-689.

Jehn K A, Northcraft G B, Neale M A. 1999. Why differences make a difference a field study of diversity, conflict, and performance in workgroups. Administrative Science Quarterly, 44 (4): 741-763.

Jing G A, Ying L Z, Chang Z H. 2013. The farmer entrepreneurs social capital and opportunity recognition behavior. Asian Agricultural Research, (5): 84-88.

Jurkovich R. 1974. A core typology of organizational environments. Administrative Science Quarterly, 6629: 350-365.

Kacker M, Wu R. 2013. Specific investments in franchisor-franchisee relationships: a model. Journal of Marketing Channels, 20: 120-140.

Kahneman D, Lovallo D. 1993. Timid choices and bold forecasts-a cognitive perspective on risk-taking. Management Science, 36 (1): 17-31.

Kaushik S K. 2006. How higher education in rural India helps human rights and entrepreneurship. Journal of Asian Economics, 17 (1): 29-34.

Keh H T, Foo M D, Lim B C. 2002. Opportunity evaluation under risky conditions: the cognitive processes of entrepreneurs. Entrepreneurship Theory and Practice, 27: 125-148.

Khavul S, Bruton G D, Wood E. 2009. Informal family business in Africa. Entrepreneurship Theory and Practice, (6): 1219-1238.

Kirzner I M. 1973. Competition and Entrepreneurship. Chicago: Chicago University Press.

Kirzner I M. 1979. Perception, opportunity, and profit: studies in the theory entrepreneurship. University of Chicago Press, 10 (2): 19-22.

Klein W R, Hillebrand B, Nooteboom B. 2005. Trust, contract and relationship development. Organization Studies, (6): 813-840.

Ko S, Butler J E. 2003. Alertness, bisociative thinking ability and discovery of entrepreneurial opportunities in Asian Hi-tech Firms. In Frontiers of Entrepreneurship Research, Wellesley, MA: Babson College, (5): 421-429.

Kouriloff M. 2000. Exploring perceptions of a priori barriers to entrepreneurship: a multidisciplinary approach. Entrepreneurship Theory and Practice, 25 (2): 59-80.

Krueger I. 1997. Entrepreneurial discovery and the competitive market process: an Austrian approach. Journal of Economic Literature, 35 (1): 66-85.

Lafuente E, Vaillant Y, Rialp J. 2007. Regional differences in the Influence of role models: comparing the entrepreneurial process of rural catalonia. Regional Studies, (6): 779-796.

Levie J, Autio E. 2008. A theoretical grounding and test of the GEM model. Small Business Economics, 31 (3): 235-263.

Lévi-Strauss C. 1967. The Savage Mind. Chicago: University of Chicago Press.

Low M B, Macmillan I C. 1988. Entrepreneurship-past research and future challenges. Journal of Management, 20: 120-140.

Mair J, Mayer J, Lutz E. 2015. Navigating institutional plurality: organizational governance in hybrid organizations. Organization studies, 36 (6): 713-739.

Maslow A H. 1943. A theory of human motivation. Psychological Review, (10): 370-396.

McClelland D C. 1961. The Achieving Society. Princeton: Van Nostrand Co.

Miller D. 1983. The correlates of entrepreneurship in three types of firms. Management Science, 29 (7): 770-792.

Miller D, Toulopuse J M. 1986. Chief executive personality and corporate strategy and structure in small firms. Manage Science, 32 (11): 1389-1409.

Morris M, Vella A J. 1998. The effect of centralization and formalization on entrepreneurship in export firms, 36（1）: 16-29.

Morris M, Lewis P, Sexton D. 1994. Reconceptualizing entrepreneurship: an input-output perspective. Sam Advanced Management Journal, 59（1）: 21-29.

Nakabayashi K, Tone K. 2006. Egoist's dilemma: a DEA game. Omega, （2）: 135-148.

Ng T. 2011. Destructing the hold-up. Economic Letters, 111（3）: 247-248.

Nikolaou E I, Lerapetritis D, Tsagarakisa K P. 2011. An evaluation of the prospects of green entrepreneurship development using a SWOT analysis. International Journal of Sustainable Development and World Ecology, 18（1）: 1-16.

Nooteboom B. 2002. Trust: forms, foundations, functions, failures and figures. Edward Elgar Working Paper, 114（2）: 156-158.

North D, Smallbone D. 2000. The innovativeness and growth of rural SMEs during the 1990s. Regional Studies, 34（2）: 145-157.

North D, Smallbone D. 2006. Developing entrepreneurship and enterprise in Europe's peripheral rural areas: some issues facing policy-makers. European Planning Studies,（1）: 41-60.

Oliver C. 1990. Determinants of interorganizational relationships: integration and future directions. The Academy of Management Review,（11）: 674-678.

Panzar J C, Willig R D. 1981. Economies of scope. American Economic Review,（2）: 268-272.

Pfeffer J, Salancik G. 1978. The External Control of Organizations: A Resource Dependence Perspective. Upper Saddle River: Pearson Education.

Premkumar G, Roberts M. 1999. Adoption of new information technologies in rural small businesses. Omega-International Journal of Management Science, 27（4）: 467-484.

Ray C. 1999. Rural employment — an international perspective. Journal of Rural Studies,（2）: 234-235.

Reynolds P, Bosma E A, Steve H N, et al. 2005. Global entrepreneurship monitor: data collection design and implementation. Small Business Economics, 24: 205-231.

Rigsbee R E. 2000. Developing Strategic Alliances. San Francisco: Crisp Learning Press.

Robertson I T, Lles P A, Gratton L, et al. 1991. The impact of personnel selection and assessment methods on candidates. Human Relations, 44（9）: 963-982.

Royer J S. 1999. Co-operative organizational strategies: a neo-institutional digest. Journal of Cooperatives, 14（1）: 44-67.

Sankaran M. 2005. Micro credit in India: an overview world review of entrepreneurship. Management and Sustainable Development,（1）: 91-100.

Sarasvathy S D, Dew N, Velamuri S R, et al. 2010. Three views of entrepreneurial opportunity. Handbook of Entrepreneurship Research,（5）: 5-13.

Schmeidler D. 1969. The nucleolus of a characteristic function game. SIAM Journal on Applied

Mathematics, (6): 1163-1170.

Schumpeter J A. 1934. Capitalism, socialism and democracy. Harper & Row, (9): 6-13.

Selznick P. 1957. Leadership in administration: a sociological interpretation. Harper & Row, (62): 67-68.

Senyard J M. 2010. Entrepreneurial bricolage and firm performance: Moderating effects of firm change and innovativeness. Annual Meeting of the Academy of Management, Montreal, Canada.

Senyard J, Baker T, Steffens P, et al. 2014. Bricolage as a path to innovativeness for resource-constrained new firms. Journal of Product Innovation Management, 31 (2): 211-230.

Sexton R. 1986. The formation of cooperatives: a game-theoretic approach with implications for cooperative finance, decision making, and stability. American Journal of Agricultural Economics, 68 (2): 321-337.

Shane S. 2000. Prior knowledge neurial and the discovery of entrepreneurial opportunities. Organization Science, 11 (4): 448-469.

Shane S. 2003. Opportunities and entreneurship. Journal of Management, (3): 333-349.

Shane S, Stuart T. 2002. Organizational endowments and the performance of university start-ups. Management Science, 48 (1): 154-170.

Shane S, Venkataraman S. 2000. The promise of entrepreneurship as a field of research, Academy of Management Review, 25 (1): 217-226.

Shapley L S. 1953. A value for n-person games. Contributions to the theory of games. Annals of Mathematics Studies, 28: 307-317.

Shields J F. 2005. Does rural location matter? The significance of a rural setting for small businesses. Journal of Developmental Entrepreneurship, (1): 49-63.

Shook C L, Priem R L, McGee J E. 2003. Venture creation and the enterprising individual: a review and synthesis. Journal of Management, (3): 279-399.

Singh R P, Hills G E, Lumpkin G T, et al. 1999. The entrepreneurial opportunity recognition process: examining the role of self-perceived alertness and social networks. Academy of Management, (10): G1-G6.

Sirmon D, Hitt M A. 2003. Managing resources: linking unique resources, management, and wealth creation in family firms. Entrepreneurship, Theory & Practice, (7): 339-358.

Smallbone D, Baldock R, Burgess S. 2002. Targeted support for high-growth start-ups: some policy issues. Environment and Planning C-Government and Policy, 20 (2): 195-209.

Staatz J. 1983. The cooperative as a coalition: a game-theoretic approach. American Journal of Agricultural Economics, 65 (5): 6-12.

Stathopoulou S, Psaltopoulos D, Skuras D. 2004. Rural entrepreneurship in Europe: a research framework and agenda. International Journal of Entrepreneurial Behavior & Research, (6):

404-425.

Steffens P, Davidsson P, Fitzsimmons J. 2009. Performance configurations over time: implications for growth-and profit-oriented strategies. Entrepreneurship Theory and Practice, 33(1): 15-148.

Stevenson H H. 1998. New Business Ventures and the Entrepreneur. New York: Mcgraw-Hill/Irwin.

Stevenson H H, Muzyka D F, Timmons J A. 1987. Venture capital in transition-a-monte-carlo simulation of changes in investment patterns. Journal of Business Venturing, 2 (2): 103-121.

Stinchfield B T, Nelson R E, Wood M S. 2013. Learning from levi-Strauss' legacy: art, craft, engineering, bricolage, and brokerage in entrepreneurship. Entrepreneurship Theory and Practice, 37 (4): 889-921.

Stuhlmacher A F, Stevenson M K. 1994. Predicting the strength of preference for labor contracts using policy modeling. Organizational Behavior and Human Decision Processes, 57 (2): 253-289.

Timmons J A. 1975. Guided entrepreneurship. Business Horizons, 18 (6): 49-52.

Timmons J A, Spinelli S. 1994. New venture creation: entrepreneurship for the 21st century. Boston: Irwin, (5): 90-110.

Timmons J A, Spinelli S. 2008. New Venture Creation: Entrepreneurship for 21st Century (5th Edition). New York: Mc Graw-Hill Higher Education.

Uzzi B. 1996. Sources and consequences of embeddedness for the economic performance of organizations: the network effect. American Sociological Review, 61: 674-698.

van de Ven A H. 1976. On the nature, formation, and maintenance of relations among organizations. The Academy of Management Review. 1 (4): 24-36.

Varadarajan P R, Fahy J. 1993. Sustainable competitive advantage in service industries. A Conceptual Model and Research Propositions, 57 (4): 83-99.

Vial V. 2011. Micro-entrepreneurship in a hostile environment: evidence from Indonesia. Bulletin of Indonesian Economic Studies, 47 (2): 233-262.

Ward T B. 2004. Cognition creativity and entrepreneurship. Journal of Business Venturing, 19 (2): 173-188.

Weick K E, Roberts K H. 1993. Collective mind in organizations-heedful interrelating on flight decks. Administrative Science Quarterly, 38 (3): 357-381.

Wellman B, Berkowitz S D. 1988. Social Structures: A Network Approach. Cambridge: Cambridge University Press.

Wennekers S, Thurik R. 1999. Linking entrepreneurship and economic growth. Small Business Economics, (1): 27-56.

Wernerfelt B. 1984. A resource-based view of firm. Strategic Management Journal, (5): 71-80.

Westenholz A. 1999. From a logic perspective to a paradox perspective in the analysis of an employee-owned company. Economic and Industrial Democracy, 20 (4): 503-534.

Wortman M S. 1990. Rural entrepreneurship research: an integration into the entrepreneurship field. Agribusiness, (4): 329-344.

Yoo I K. 2000. Utilization of Social networks for immigrant entrepreneurship: a case study of Korean immigrants in the atlanta area. International Review of Sociology, (10): 347-363.

Zahra S A, Covin J G. 1995. Contextual influences on the corporate entrepreneurship-performance relationship: a longitudinal analysis. Journal of Business, 10 (1): 43-58.

后　　记

　　《中国农户创业研究》系研究团队历时4年完成的2010年度国家社科基金年度规划重点项目"新农村建设背景下中国农户创业理论与实证研究"（批准号：10AGL007）最终研究成果。

　　中国农业农村经济的发展，农民始终是主体。以农户或其集合体为基础的农民创业是推进我国农业现代化的基本手段和重要途径。通过农户创业，有助于促进农业分工分业、改造传统农业；促进农户创业，有助于拓展农业多重功能、发展农村非农产业；以县城和集镇作为农户创业主平台，有助于推进农村城镇化和工业化发展；推进农户创业，能帮助解决农业发展中的诸如保障粮食安全、稳定农民增收、消化农村剩余劳动力、改变农村劳动力弱质化等相关问题，研究农户创业意义重大。理论上，对不同区域不同农户基于不同产业创业进行比较分析，探寻农户创业活动的内在规律，为丰富发展创业理论提供素材；从内在条件和外部约束探究农户创业的发生机理，将拓展农户创业研究的分析框架。实践上，研究农户创业的传导机理，阐释农户创业对改造传统农业、发展非农产业、推进农村城镇化与工业化的促进作用，为地方政府制定农户创业的支持政策提供新主张；研究农户创业的参与激励和保障创业持续的条件设立，可以为设计农户创业的激励机制、建设农户创业的公共支撑体系提供新途径；研究农户创业相关主体的合作博弈，可以为加强农户创业合作、推进农户创业组织创新提供新思路；研究农户创业的路径依赖与模式优选，可以为寻求具有明显适应性特征的农户创业路径和创业模式提供新方法。本书将为推进我国农业农村现代化建设的微观决策与宏观管理提供有力的理论指导和丰富的实践参考。

　　基于以上现实背景和研究意义，本成果基于交易成本视角，以行为选择理论、制度创新理论、激励相容理论和合作博弈理论为理论基础，多种研究手段和研究方法集成使用，力求实证分析和规范研究、定性分析与定量研究紧密结合，系统研究农户创业问题。主要内容如下。

　　一是内在条件与外部约束作用下农户创业发生机理。以创业理论和典型案例为基础，立足农户创业的个体禀赋、创业环境和动力机制三维视角，研究农户创业内在条件（创业能力与创业动机等）和外部约束（产业约束与环境约束等）作用下，如何激发创业动机、诱发创业行为，即在发现创业机会前提下，研究创业主体基于机会-风险和收益-成本如何理性创业。

二是农户创业活动的多重功效及其传导机理。浓郁的创业氛围有利于培植新主体、催生新企业、孕育新市场、带动多人就业，从而促进县域经济发展。从农户创业的理论分析到农民创业的实践分析，以理论指导实践；从重庆农户创业作为一个整体进行分析到选取重庆市典型区域进行个案分析，以针对问题进行深化研究；通过对典型地区农户创业问题的研究，揭示农户创业活动对中国传统农业改造、农村非农产业发展以及推进农村城镇化建设的多重功效，尝试探寻农户创业活动的传导机理。

三是农户创业的参与激励与行为持续的条件设立。创业动机驱使创业行为，不同的行为选择导致不同的创业效果，而创业效果受到创业内在要素与外部环境的约束。照此逻辑，鼓励农户创业，政府在给予必要支持的同时还应发挥市场的激励功能，创业者自身财富动机驱动的同时还需要有创业者非财富动机的社会动员。从农户特质、政策驱动和社会动员三维视角研究农户创业激励，分析如何激励创业主体主动参与，阐释农户创业激励与约束机制，探讨如何建立农户创业的公共支撑体系以保障农户创业行为的连贯持续。

四是农户创业相关主体的合作博弈。单个农户创业面临自然风险和市场风险，作为有限理性经济人的创业农户亦有最小努力与最大产出的"机会主义动机"，而合作不但能够规避双重风险、节约交易成本，而且能够带来合作剩余，对双边都有利。以行业分工理论为基础，比较分析个体农户创业与群体农户创业、普通农户创业与异质农户创业行为差异基础上，研究创业农户合作偏好、合作方式、合作组织及利益分割等内容。

五是农户创业的模式选择及路径依赖。从创业主体、创业环境、社会网络三个维度分析农户创业行为的影响，并通过调研问卷，采用线性概率回归模型分析，研究"创业环境→创业行为""社会网络→创业行为"的作用，并分析其内在影响机理和影响方式，探讨可遵循的创业路径。研究过程中，将基础设施、公共服务、农户外出务工积累的弱连带社会网络规模等因素作为主要变量，在实证研究的基础上，结合案例剖析等手段，设计农户在不同创业领域应遵循的创业路径，以减少创业成本、降低创业风险。

六是推进农户创业的制度框架与政策取向。以激发农户创业参与为核心，以产业引导和环境塑造为主导，研究创业教育创新（发展创业品质、塑造创业精神、培养创业能力）、融资体制创新（构建多层次金融市场体系、正确引导民间融资、支持农民成立合作金融组织）、创业环境创新（为农户创业提供政策支撑、为农户创业搭建平台、为农户创业营造高效政务环境）等内容，阐释农户创业内在条件塑造与外部环境支持。

通过研究，形成了如下重要观点。

（1）无论是生存型农户创业还是机会型农户创业，创业活动的发生都离不开内部资源和外部资源的有效拼凑，以及创业农户对创业机会的有效识别。因农户个体特质和拥有资源禀赋的差异，比较显著地影响不同农户创业行为的发生。农业生产技术、务农经验、熟识的农村社会网络关系以及政府为鼓励农业经济发展营造的政策环境是农户创业行为发生的主要推动力量。

（2）农户的创业活动通过农村土地资源重组、人力资本积累、科学技术扩散以及专业分工发展等传导途径改造传统农业生产方式，以发展现代家庭工业、创办材料加工企业、兴办农产品物流业、开展乡村休闲旅游业和农村社区服务业等形式促进非农产业发展，通过人口集聚、产业集聚以及空间集聚实现就业结构转变、产业结构转型以及地域结构转轨，逐步实现农村城镇化。

（3）农户特质、政策驱动、社会动员三维动因是影响农户创业参与的主要因素。创业特质中创业警觉、先前经验和培训经历，创业环境中的政府政策和基础设施对农户创业参与影响显著。而目前农户创业主要是基于政府主导、农户内在创业素质相互诱导的创业参与机制，社会动员有待进一步加强。制度层面的户籍导致农户创业"业缘网络"与"资源网络"的分离，社会保障制度不完善增加了农户创业风险，土地流转价格攀升增加了农户创业成本。

（4）随着农村分工分业的深入，许多农户创业组织逐渐突破血缘、地缘关系的限制，成立农业合作组织专门从事创业活动，农户创业合作行为出现。不同特质农户创业的合作行为有差异，主要受户主年龄、平均受教育水平、家庭背景、个人社会关系、户均劳动力数、人均土地面积、农户家庭年收入等个人特质的影响。而农户创业的合作偏好选择也受多种因素的影响，农户创业会根据自己的性格特征、行为习惯、经验知识及资金技术等主客观条件来选择创业合作模式。对合作的具体运行，从投资到控制权分配再到收益分配，不同合作类型的创业农户会根据合作不同发展阶段的特点，对应选择不同的分配方式。

（5）农户创业模式的选择和路径依赖受创业环境的影响。创业环境中的基础设施、公共服务对农户创业领域、创业形式选择较为重要。农户基于外出务工积累的弱连带社会网络规模对农户开展具有创新性的创业领域和现代化的经营组织形式具有显著正向影响，弱连带的社会网络资本在农户创业中作用日渐重要。金融服务作为重要的创业支持，但农户创业当前受到的金融约束普遍严重。因区域环境的差异，能较好解释为什么 A 区域的农户比 B 区域的农户更容易实现创业。

本成果属于综合性研究，需要采集大量样本阐释农户创业相关理论，才能透视农户创业活动内在规律，提出促进农户创业的政策建议。囿于主观条件和客观因素的限制，研究成果尚存不足或欠缺。一是由于客观原因和调查难度，农户的分散性较大，调查的样本和采集的案例数量上还是显得不够充足。课题组正式调研选定了河南洛阳、浙江海盐、四川双流县、大英县、井研县,以及重庆的黔江区、合川区、永川区、铜梁县、荣昌县等典型地区进行问卷发放和案例访谈,进行农户创业情况的微观调查,发放问卷1 000份,回收692份,由于问卷题项较多,所以有效问卷共518份。采集的典型个案200余份,筛选后有效个案150余份。二是当初课题设计时企图回答三个问题,即"为什么A农户创业成功而B农户创业失败?""为什么农户在A产业比B产业更容易实现创业?""为什么A区域比B区域更有利于农户创业?"从而透视农户创业发生的内在机理。通过研究,揭示出了农户创业成败的外部约束与内在缘由,且具有相关特质的农户才有较大的把握实现成功创业,也从某种程度上阐明了发达地区比不发达地区的农户更能实现创业,而产业之间的比较因选择的农户创业业态在不同区域之间的差异不太明显却无法较好地阐释为什么农户在A产业比B产业更容易实现创业,这有待于今后采集相关样本进行后续研究。

当前中国农业农村发展面临多重集中转轨进程:一是传统农业向现代农业转型的产业转轨进程,二是传统体制向市场体制转轨的制度转轨进程,三是传统乡村向现代乡村转型的社会转轨进程,四是城乡分治向城乡一体的结构转轨进程。在这多维集中转轨进程中农户作为农业农村经济发展的微观主体,在全民创业大背景下中国农户创业理应成为一种新常态。可在创业过程中有些问题诸如农户创业的环境约束、农户创业的创新驱动都需要深入展开研究。

该项成果的取得,得益于多方支持与帮助。在此:

感谢国家社科规划办给予立项和结项的支持。感谢学术前辈和同仁提供的丰富的参考文献。感谢项目评审和结项鉴定专家的付出与认同。感谢项目开题时,南京农业大学钟甫宁教授、中国农业大学何秀荣教授、华南农业大学罗必良教授、西北农林科技大学王征兵教授提出了非常宝贵的意见和中肯的建议。感谢西南大学社会科学处和经济管理学院领导的支持。

感谢西南大学农村经济与管理研究中心戴思锐教授,从项目选题、设计论证、研究过程都给予了全程指导和无私关怀。是戴老先生引我入学术殿堂,也只有在认真完成该成果后,才真切体会到了做学问有乐趣、做研究要舍得。

感谢为本书提供基础数据的地方政府、职能部门、农民朋友,特别是身为"地方父母官"的朋友们,为我们实地调查提供了诸多便利。他们是四川省双流区的成都,四川省井研县的显锋,四川省大英县的小龙,重庆市荣昌区的罗雄、媛媛、重庆市璧山区的昌遂,重庆市潼南区的裕仁等。谢谢你们为农民创业者提供更多的创业平台,祝愿创业的农民朋友取得显著的创业成果。

特别感谢我们这一支充满活力与朝气的研究团队,宽容的文福教授、勤奋的高静博士、踏实的新智博士、睿智的自敏博士、聪明的杨丹博士、执著的秀川博士、善思的宋辉博士、活跃的孔立博士、豁达的范昕博士,以及还在奋力前行的国珍、卫卫、杨芳、陈博等。谢谢你们的支持与配合。让我们共同努力,为了我们美好的明天携手前行。

最后感谢科学出版社给予的大力支持!感谢李嘉编辑对本书顺利出版的辛勤付出!

由于时间仓促和水平有限,书中难免会有不妥之处,敬请读者批评指正。

《中国农户创业研究》课题组

2015 年 10 月 1 日